2019 하반기 채용대비

금호
아시아나그룹

직무적성검사 및 한자시험

종합편

금호아시아나

Always with you

사람이 길에서 우연하게 만나거나 함께 살아가는 것만이 인연은 아니라고 생각합니다.
책을 펴내는 출판사와 그 책을 읽는 독자의 만남도 소중한 인연입니다.
(주)시대고시기획은 항상 독자의 마음을 헤아리기 위해 노력하고 있습니다.
늘 독자와 함께 하겠습니다.

1946년 창업 이래 수많은 시련과 고비가 있었으나 금호아시아나는 집념과 불굴의 도전정신으로 이를 이겨냈으며, '기업을 통한 국가공헌 및 사회기여'라는 경영철학 아래 고용을 확대하고 교육 및 문화사업에 대한 투자를 게을리 하지 않는 등 사회 환원에 앞장서왔다. 특히 금호아시아나는 1977년 금호아시아나문화재단 설립 이후 30여 년 동안 '영재는 기르고, 문화는 가꾸고'라는 설립 취지에 맞게, 학술 연구와 교육사업 진흥에 관심을 두었고, 다양한 기획전시 및 신진 유망작가 발굴 등 한국 문화예술 전반에 걸쳐 폭넓은 지원활동을 펼침으로써 국내 메세나 활동의 대명사로 자리매김했다. 금호아시아나는 향후 해외시장 진출 강화와 그룹이 강점을 가지고 있는 타이어, 항공, 건설, 레저 등 시너지 효과 극대화에 부합하는 사업군에 대한 신규성장동력을 확보, 지속적으로 업계 최고 1등 기업가치를 창출해 나갈 방침이다. 이를 위해 금호아시아나그룹은 채용절차에서 취업 준비생들이 업무에 필요한 기본역량을 갖추고 있는지 평가하기 위해 직무적성검사 및 한자시험을 실시하여 맞춤인재를 선발하고 있다.

이에 (주)시대고시기획에서는 적성검사를 준비하는 데 있어 좋은 길잡이가 되어주고자 다음과 같은 특징을 가진 본서를 출간하게 되었다.

도서의 특징

첫 째 2019년 상반기에 출제된 금호아시아나그룹 직무적성검사 및 한자시험의 최신기출문제를 수록하여 최근 출제경향을 한눈에 파악할 수 있도록 하였다.

둘 째 금호아시아나그룹 직무적성검사 및 한자시험의 기출문제 분석 · 연구를 바탕으로 최종정리 모의고사를 수록하여, 실제 시험장에서의 시험에 대비할 수 있도록 하였다.

셋 째 인성검사에 대비할 수 있도록 인성검사 예제를 수록하였으며, 금호아시아나그룹의 면접 기출 질문을 수록하여 필기시험과 인성검사는 물론 면접까지 한 권으로 대비할 수 있도록 하였다.

끝으로 이 책으로 금호아시아나그룹 직무적성검사 및 한자시험을 준비하는 여러분 모두에게 합격의 기쁨이 있기를 진심으로 기원한다.

SD적성검사연구소 씀

금호아시아나그룹 소개

개요

> "새로운 **금호아시아나**는 이해관계자들의 삶을 향상시키고
> 업계 최고 1등의 기업가치를 창출해내는 **아름다운 기업**을 지향합니다."

금호아시아나그룹은 故 박인천 창업회장에 의해 1946년 광주택시를 설립, 운송업에 뛰어들면서 시작되었으며, 현재 건설, 타이어, 항공, 육상운송, 레저, IT사업부문 등 다양한 사업군을 거느린 굴지의 대기업으로 성장했다. 금호고속은 국내 고속버스시장 점유율 1위, 아시아나항공은 '올해의 항공사' 상을 연이어 수상하며 글로벌 항공업계에서 명성을 높이고 있다.

목적

금호아시아나그룹 이해관계자들의 삶의 질 향상

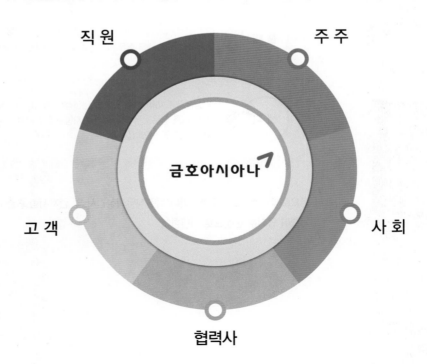

신입사원 채용 안내

채용시기

- 매년 상반기 3~4월, 하반기 9~10월에 그룹공채로 실시하며, 각각 7월 1일과 1월 1일에 입사한다.

지원자격

- 졸업예정자 또는 기졸업자
- 병역필 또는 면제자
- 해외여행에 결격 사유가 없는 자

기 타

- 국가보훈대상자는 관계법에 의거 우대한다.
- 필요자격 및 학위보유자는 우대한다.
- 지원사항 및 제출서류에 허위사실이 있는 경우 채용이 취소될 수 있다.
- 지원자 본인이 직접 제출한 서류는 반환이 가능하다(홈페이지 내 공지사항 참조).

채용전형 절차

서류전형 ▶ 직무적성검사 및 한자시험 ▶ 1차 면접 (역량면접 / 집단토의) ▶ 2차 면접 (인성면접) ▶ 건강검진 ▶ 최종 합격

GSAT

언어논리

❶ 다의어 '지다'

06

> 보 기
>
> 넘어가다 얹다 맡다 지다 떨어지다

① 넘어가다　　　　　② 얹다
③ 맡다　　　　　　　☑ 지다
⑤ 떨어지다

⋯⋯ 2019 GSAT 삼성3급 직무적성검사 계열공통 봉투모의고사 3회분 제3회 언어논리 06번

수리논리

❶ 소금물의 농도(섞이기 전 농도 구하기)

대표유형 Ⅱ **농 도**

설탕물 500g이 있다. 이 설탕물에 3%의 설탕물 200g을 온전히 섞었더니 설탕물의 농도는 7%가 되었다. 500g의 설탕물에 녹아 있던 설탕은 몇 g인가?

① 31g　　　　　　　② 37g
☑ 43g　　　　　　　④ 49g
⑤ 55g

⋯⋯ 2019 GSAT 삼성3급 직무적성검사 종합편 p.70_대표유형

❷ 숫자카드 나열

31　숫자 1, 2, 3, 4가 적혀 있는 카드가 있다. 이중 한 숫자의 카드는 2장이 있다. 이 5장의 카드를 일렬로 나열하려고 한다. 카드를 나열할 때 홀수끼리 또는 짝수끼리는 서로 인접할 수 없으나 같은 숫자의 카드일 경우는 인접할 수 있다. 2장이 될 수 있는 카드의 숫자를 모두 고르면?

① 1, 4　　　　　　　② 2, 3
③ 1, 2, 4　　　　　　④ 2, 3, 4
☑ 1, 2, 3, 4

⋯⋯ 2019 GSAT 삼성3급 직무적성검사 종합편 p.89_31번

❶ 진실게임(2명이 거짓말, 3명이 진실)

19 S회사 사무실에 도둑이 들었다. 범인은 2명이고, 용의자로 지목된 A, B, C, D, E가 다음과 같이 진술했다.
이 중 2명이 거짓말을 하고 있다고 할 때, 다음 중 동시에 범인이 될 수 있는 사람으로 짝지어진 것은?

> A : B나 C 중에 한 명만 범인이에요.
> B : 저는 확실히 범인이 아닙니다.
> C : 제가 봤는데 E가 범인이에요.
> D : A가 범인이 확실해요.
> E : 사실은 제가 범인이에요.

① A, B   ☑ D, E
③ B, C   ④ B, D
⑤ C, E

···→ 2019 GSAT 삼성3급 직무적성검사 계열공통 봉투모의고사 3회분 제1회 추리 19번

o···· 시각적사고

❶ 단면을 보고 도형의 모양을 유추하는 문제

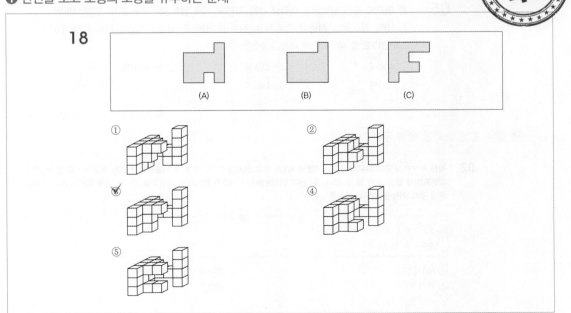

···→ 2019 GSAT 삼성3급 직무적성검사 종합편 p.227_18번

2019 주요기업 **적중문제**

SK그룹

실행역량(검사 A)

19 상반기 적중

❶ 업무가 미숙한 상황

C사원은 최근 인사이동에 따라 A부서로 옮겨오게 되었다. 그런데 인수인계를 하는 과정에서 몇 가지 업무를 제대로 전달받지 못했다. 하지만 상사는 C사원이 당연히 모든 업무를 다 알고 있으리라 생각하고 기한을 정해준 후 업무를 지시하고 있다. C사원은 상사가 지시한 업무를 하겠다고 대답은 했지만, 막상 업무를 하려니 어떻게 해야 할지 당황스러운 상황이다. 이 상황에서 당신이 C사원이라면 어떻게 하겠는가?

① 팀 공유 폴더의 지난 업무 파일들을 참고하여 업무를 수행한다.
② 상사에게 현재 상황을 솔직하게 이야기하고 모르는 부분에 대해 다시 설명을 듣는다.
③ 옆에 앉은 다른 팀원에게 자신의 업무를 대신 해달라고 부탁한다.
④ 자신이 할 수 있는 데까지 방법을 찾다가 그래도 안 되겠으면 다시 설명을 듣는다.
⑤ 어차피 새로 들어왔으니 실수가 잦아도 상관없다 생각하며, 자신이 아는 지식을 총동원하여 일을 수행한다.

⋯→ 2019 SKCT SK그룹 종합역량검사 종합편 본문 p.6_대표유형

인지역량 Ⅰ – 수리(검사 B)

19 상반기 적중

❶ 인원수 구하기

05 한 학교의 올해 남학생과 여학생 수는 작년에 비해 남학생은 8% 증가하였고, 여학생은 10% 감소했다. 작년의 전체 학생 수는 820명이고, 올해는 작년에 비해 10명이 감소하였다고 할 때, 작년의 여학생 수는?

① 400명　　　　　② 410명　　　　　☒ 420명
④ 430명　　　　　⑤ 440명

⋯→ 2019 SKCT 기출이 답이다 2회 p.93_05번

❷ 같은 조에 배치될 확률 구하기

02 직원 A ~ P 16명이 야유회에 가서 4명씩 4개의 조로 행사를 한다. 첫 번째 이벤트에서 같은 조였던 사람은 두 번째 이벤트에서 같은 조가 될 수 없다. 두 번째 이벤트에서 1, 4조가 보기처럼 주어졌을 때, 두 번째 이벤트에서 나머지 두개 조의 가능한 경우의 수는?

〈보 기〉

• 1조 : I, J, K, L
• 4조 : M, N, O, P

① 8가지　　　　　② 10가지
③ 12가지　　　　　④ 14가지
☒ 16가지

⋯→ 2019 SKCT 봉투모의고사 3회분 제1회 인지역량 Ⅰ – 수리 비판적 사고_02번

LG그룹

○···· **언어추리**

❶ 진실게임(1명이 거짓말, 4명이 진실)

> **대표유형 ②** 진실게임
>
> L기업의 A, B, C, D 네 부서에 한 명씩 신입사원을 선발하였다. 지원자는 총 5명이었으며, 선발 결과에 대해 다음과 같이 진술하였다. 이 중 1명의 진술만 거짓으로 밝혀졌다고 할 때, 다음 중 항상 옳은 것은?
>
> > • 지원자 1 : 지원자 2가 A부서에 선발되었다.
> > • 지원자 2 : 지원자 3은 A 또는 D부서에 선발되었다.
> > • 지원자 3 : 지원자 4는 C부서가 아닌 다른 부서에 선발되었다.
> > • 지원자 4 : 지원자 5는 D부서에 선발되었다.
> > • 지원자 5 : 나는 D부서에 선발되었는데, 지원자 1은 선발되지 않았다.
>
> ① 지원자 1은 B부서에 선발되었다.
> ② 지원자 2는 A부서에 선발되었다.
> ③ 지원자 3은 D부서에 선발되었다.
> ☑ 지원자 4는 B부서에 선발되었다.
> ⑤ 지원자 5는 C부서에 선발되었다.

···→ 2019 LG그룹 인적성검사 종합편 p.52_대표유형

○···· **수리력**

❶ 최댓값/최솟값

05 A, B가 서로 20km 떨어져 있고, A와 B 사이에 A로부터 7.6km 떨어진 곳에는 400m 길이의 다리가 있다. A가 먼저 시속 6km로 출발하고, B가 x분 후에 시속 12km로 출발하여 A와 B가 다리 위에서 만났다고 할 때, x의 최댓값과 최솟값의 차를 구하면?(단, 다리와 일반 도로 사이의 경계는 다리에 포함한다)

① 3 ② 4
③ 5 ☑ 6
⑤ 7

···→ 2019 LG그룹 인적성검사 기출이 답이다 최신기출문제 p.65_05번

시험장 Tip

필수 준비물

❶ 신분증

주민등록증, 외국인등록증, 여권, 운전면허증 중 하나

❷ 필기도구

컴퓨터용 사인펜, 수정테이프, 연필, 지우개, 볼펜 등

유의사항

❶ 찍어서 틀리면 감점이 있으므로 모르는 문제는 찍지 말고 놔두는 것이 좋다.(단, 한자 영역은 찍기 가능)

❷ 영역별로 시험이 진행되므로 한 과목이라도 과락이 생기지 않도록 한다.

시험 진행(금호아시아나그룹 직무적성검사 및 한자시험)

영 역	문항 수	제한 시간
언어능력	40문항	5분
수리능력	30문항	12분
추리능력	40문항	8분
사무지각능력	40문항	6분
분석판단능력	30문항	7분
상황판단능력	30문항	7분
직무상식능력	40문항	6분
인성검사	210문항	50분
휴식 시간		
한자시험	50문항	40분

알아두면 좋은 Tip

❶ 각 교실의 시험 감독관과 방송에 의해 시험이 진행되므로 안내되는 지시 사항을 잘 준수한다.

❷ 수험장에 도착해서는 화장실에 사람이 몰릴 수 있으므로 미리미리 간다.

❸ 만일을 대비하여 여분의 필기구를 준비한다.

❹ 정답을 시험지에 표시하고 답안지에 옮겨 적을 만큼 충분한 시간을 주는 시험이 아니므로 답안지에 바로바로 마킹한다.

❺ 길게 진행되는 시험이 아니더라도 시험에 집중하는 만큼 빨리 피로해지므로, 초콜릿 등의 간단한 간식을 챙긴다.

▶ 합격 후기

" 합격 선배들이 알려주는
금호아시아나그룹
직무적성검사 및 한자시험 합격기 "

😄 합격으로 믿는 수험서!

자소서부터 광탈도 많이 했지만 필기시험에서 정말 많이 떨어졌습니다. 금호아시아나그룹의 직무적성검사는 다른 기업보다 영역이 많아 더 힘들었고, 직무상식능력 영역은 너무 넓은 분야의 지식을 요구해 수험서 한권으로 준비해도 되는지 불안했지만 시대고시 금호아시아나그룹 수험서를 믿고 책 한 권을 닳도록 정성스럽게 풀고 또 풀었습니다. 공부하는 내내 불안해하고 걱정했던 것과 달리 수험서를 믿고 열심히 공부해서인지 직무적성검사를 통과할 수 있었습니다!

😊 약한 부분도 꼼꼼하게

금호아시아나그룹 직무적성검사는 영역이 많기로 잘 알려져 있는데 저는 특히 한자시험이 두려웠습니다. 문제집을 많이 풀어보는 방법밖에 없다고 판단해 시대고시 문제집에 나오는 한자들은 모두 외우듯이 공부를 하였습니다. 최신기출문제와 상세한 해설 등과 함께 공부하다보니 한자 같은 약한 영역도 많이 보완되었고 실력이 점점 향상되었습니다. 그 결과 제 한시간이 짧은 실제 시험에서도 자신감 있게 풀 수 있었고 합격까지 이어진 것 같습니다!

이 책의 차례

최신기출문제

I Wish you the best of luck!

(주)시대고시기획
(주)시대교육

www.**sidaegosi**.com

시험정보 · 자료실 · 이벤트
합격을 위한 최고의 선택

시대에듀

www.**sdedu**.co.kr

자격증 · 공무원 · 취업까지
BEST 온라인 강의 제공

최신기출문제

1 언어능력

※ 다음 중 맞춤법에 어긋나는 것을 고르시오. [1~2]

01
① 그는 목이 메어 한동안 말을 잇지 못했다.
② 어제는 종일 아이를 치다꺼리하느라 잠시도 쉬지 못했다.
③ 웬일로 선물까지 준비했는지 모르겠다.
④ 노루가 나타난 것은 나무꾼이 도끼로 나무를 베고 있을 때였다.

[해설]
'어찌 된'의 뜻을 나타내는 관형사는 '웬'이므로, '어찌 된 일로'라는 함의를 가진 '웬일'이 맞는 말이다.

오답확인
① 메다 : 어떤 감정이 북받쳐 목소리가 잘 나지 않음
② 치다꺼리 : 남의 자잘한 일을 보살펴서 도와줌
④ 베다 : 날이 있는 연장 따위로 무엇을 끊거나 자르거나 가름

02
① 윗층에 누가 사는지 모르겠다.
② 오뚝이는 아무리 쓰러뜨려도 잘도 일어난다.
③ 새 컴퓨터를 살 생각에 좋아서 깡충깡충 뛰었다.
④ 그의 초라한 모습이 내 호기심을 당겼다.

[해설]
'웃-' 및 '윗-'은 명사 '위'에 맞추어 통일한다.
예 윗넓이, 윗니, 윗도리 등
다만, 된소리나 거센소리 앞에서는 '위-'로 한다.
예 위짝, 위쪽, 위층 등

03
① 이번 회의에 참석하는데 많은 준비가 필요했다.
② 너는 정말 쓸데 없는 일만 하는구나.
③ 이 일을 어떻게 처리해야 할 지 걱정이야.
④ 여행을 다녀온 지 벌써 세 달이 지났어.

[해설]
'지'는 경과한 시간을 나타내는 의존 명사이므로 한글 맞춤법에 따라 앞의 말과 띄어 써야 한다.

오답확인
① 참석하는데 → 참석하는 데 : '데'가 '일'이나 '것'의 뜻을 나타내는 의존 명사로 쓰였으므로 '참석하는 데'로 띄어 써야 한다.
② 쓸데 없는 → 쓸데없는 : '쓸데없다'는 하나로 굳어진 단어이므로 붙여 써야 한다.
③ 처리해야 할 지 → 처리해야 할지 : 'ㅡㄹ지'는 하나의 연결 어미이므로 '처리해야 할지'가 올바른 표기이다.

04
① 그녀가 사는 데는 회사에서 한참 멀다.
② KTX를 타면 서울과 목포간에 3시간이 걸린다.
③ 드실 수 있는만큼만 가져가 주십시오.
④ 비가 올 것 같은 데 우산을 챙겨가야지.

[해설]
'데'는 '장소'를 의미하는 의존명사이므로 띄어 써야 한다.

오답확인
② 목포간에 → 목포 간에 : '간'은 '한 대상에서 다른 대상까지의 사이'를 의미하는 의존명사이므로 띄어 써야 한다.
③ 있는만큼만 → 있는 만큼만 : '만큼'은 '정도'를 의미하는 의존명사이므로 띄어 써야 한다.
④ 같은 데 → 같은데 : '데'가 연결형 어미일 때는 붙여 써야 한다.

05 다음 밑줄 친 단어와 같은 의미로 사용된 것은?

> 선물을 받고 좋아할 모습을 상상하니 저절로 입가에 웃음이 돌았다.

① 공장이 무리 없이 잘 돌고 있다.
② 무리한 운동으로 인해 머리가 핑 돌았다.
③ 아버지는 항상 아침 일찍 일어나 동네 한 바퀴를 돌고 오셨다.
④ 그는 냉기가 도는 차가운 바닥에 누워 생각에 잠겼다.

[해설]
어떤 기운이나 빛이 겉으로 나타나다.

오답확인
① 기능이나 체제가 제대로 작용하다.
② 눈이나 머리 따위가 정신을 차릴 수 없도록 아찔하여지다.
③ 일정한 범위 안을 이리저리 왔다 갔다 하다.

06 다음 중 밑줄 친 단어의 발음이 틀린 것은?

① 아이가 책을 읽고 있어. — [일꼬]
② 시를 한 수 읊고 있었다. — [읍꼬]
③ 시냇물이 참 맑구나. — [막꾸나]
④ 늙지 않는 비결이 뭔가? — [늑찌]

[해설]
겹받침 'ㄺ, ㄻ, ㄼ'은 어말 또는 자음 앞에서 각각 'ㄱ, ㅁ, ㅂ'으로 발음한다. 다만, 용언의 어간 말음 'ㄺ'은 'ㄱ' 앞에서 [ㄹ]로 발음한다. 그러므로 '맑구나'는 [말꾸나]로 발음해야 한다.

2 수리능력

※ 다음 식을 계산한 값을 구하시오. [1~2]

01

$$4,355 - 23.85 \div 0.15$$

① 1,901   ② 2,190

③ 3,856   ④ 4,196

[해설]

$4,355 - 23.85 \div 0.15 = 4,355 - 159 = 4,196$

02

$$0.28 + 2.4682 - 0.9681$$

① 1.8701   ② 1.7801

③ 1.7601   ④ 1.5601

[해설]

$0.28 + 2.4682 - 0.9681 = 2.7482 - 0.9681 = 1.7801$

03 다음의 주어진 계산식이 성립한다면 $(32+8) \times 22$의 값은?

$$62 \times (30+3) = 52$$

① -18 ② -6

③ 18 ④ 6

[해설]

주어진 식에서 +는 ÷로, ×는 −로 쓰였다.

$\therefore (32 \div 8) - 22 = 4 - 22 = -18$

04 다음 빈칸에 들어갈 숫자를 구하면?

$$208 \times (\quad) - 19{,}945 = 44{,}951$$

① 616

② 552

③ 476

④ 312

[해설]

$208 \times (\quad) = 44{,}951 + 19{,}945 \rightarrow 208 \times (\quad) = 64{,}896 \rightarrow (\quad) = 64{,}896 \div 208 = 312$

$\therefore 312$

05 1부터 200까지의 숫자 중 약수가 3개인 수는 몇 개인가?

① 5개

② 6개

③ 7개

④ 8개

[해설]

1에서 200까지의 숫자 중 소수인 수는 약수가 2개이다.

따라서 소수의 제곱은 약수가 3개이므로 2, 3, 5, 7, 11, 13의 제곱인 4, 9, 25, 49, 121, 169 총 6개이다.

06 다음은 2018년에 가구주들이 노후준비방법에 대해 응답한 자료를 반영한 그래프이다. 다음 중 가장 구성비가 큰 항목의 구성비 대비 네 번째로 구성비가 큰 항목의 구성비의 비율로 옳은 것은?(단, 소수점 아래 둘째 자리에서 반올림한다)

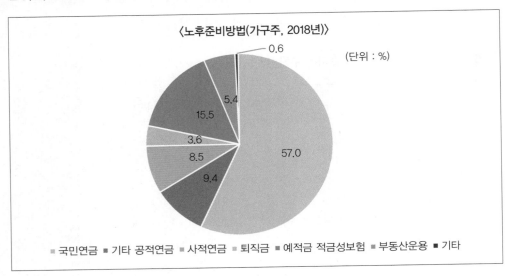

〈노후준비방법(가구주, 2018년)〉

(단위 : %)

■ 국민연금 ■ 기타 공적연금 ■ 사적연금 ■ 퇴직금 ■ 예적금 적금성보험 ■ 부동산운용 ■ 기타

① 11.2% ② 14.9%
③ 17.4% ④ 19.1%

[해설]
가장 구성비가 큰 항목은 국민연금으로 57.0%이며, 네 번째로 구성비가 큰 항목은 사적연금으로 8.5%이다. 따라서 가장 구성비가 큰 항목의 구성비 대비 네 번째로 구성비가 큰 항목의 구성비의 비율은 $\frac{8.5}{57.0} \times 100 ≒ 14.9\%$이다.

3 추리능력

※ 일정한 규칙으로 수·문자를 나열할 때, 괄호 안에 들어갈 알맞은 것을 고르시오. [1~3]

01

캐 해 새 채 매 애 ( )

① 매   ② 배

③ 래   ④ 채

[해설]

+3, ÷2가 반복되는 수열이다.

캐	해	새	채	매	애	(래)
11	14	7	10	5	8	4

02

휴 유 츄 츄 뷰 튜 뉴 ( )

① 큐   ② 슈

③ 듀   ④ 휴

[해설]

홀수 항은 −4, 짝수 항은 +2로 나열된 수열이다.

휴	유	츄	츄	뷰	튜	뉴	(휴)
14	8	10	10	6	12	2	14

03

| 11 21 10 10 36 8 8 ( ) 5 |

① 12　　　　　　　　　　　　　② 13

③ 36　　　　　　　　　　　　　④ 39

[해설]

각 항을 3개씩 묶고 각각 A, B, C라고 하면 다음과 같다.

$A\ B\ C \rightarrow B = A^2 - C^2$

따라서 ( ) $= 8^2 - 5^2 = 39$

※ 다음 제시된 낱말의 대응 관계로 볼 때, 빈칸에 들어갈 알맞은 것을 고르시오. [4~6]

04

| ( ) : 추출하다 = ( ) : 올리다 |

① 용질, 구름　　　　　　　　　② 고체, 공기

③ 액체, 공간　　　　　　　　　④ 용매, 물건

[해설]

제시된 낱말은 목적어와 동사의 관계이다.

'용매'를 '추출'하고, '물건'을 '올린다'.

05

> 기혼 : (　) = 팔다 : 사다

① 이혼　　　　　　　　② 파혼
③ 미혼　　　　　　　　④ 약혼

[해설]
제시된 낱말은 반의 관계이다.
'팔다'와 '사다'는 반의 관계이며, '기혼'과 '미혼'은 반의 관계이다.

06

> 암시 : (　) = (　) : 갈등

① 시사, 알력　　　　　② 귀띔, 해소
③ 계시, 발전　　　　　④ 충고, 칡덩굴

[해설]
제시된 낱말은 유의 관계이다.
넌지시 알림을 뜻하는 '암시'의 유의어는 어떤 것을 미리 간접적으로 표현함을 뜻하는 '시사'이고, '갈등'의 유의어는 서로 의견이 달라 충돌함을 뜻하는 '알력'이다.

01 다음 중 제시된 문자와 다른 것은?

밝붉볈븕벍벍밝붉빍

① 밝붉볈븕벍벍밝붉빍   ② 밝붉볈븕벍벍밝붉빍
③ 밝붉볈븕벍벍빍붉빍   ④ 밝붉볈븕벍벍밝붉빍

[해설]
밝붉볈븕벍벍밝붉빍 – 밝붉볈븕벍벍빍붉빍

02 다음 중 제시된 문자와 같은 것은?

促成廁上生物薎謠詠六卿呈

① 促成廁上生沕薎謠詠六卿呈   ② 促成廁上生物薎謠詠六卿呈
③ 促成廁上生物薎謠泳六卿呈   ④ 促成廁士生物薎謠詠六卿呈

[해설]
오답확인
① 促成廁上生沕薎謠詠六卿呈
③ 促成廁上生物薎謠泳六卿呈
④ 促成廁士生物薎謠詠六卿呈

03 다음 제시된 좌우의 문자 중 서로 다른 문자의 개수는?

PRODRUBARDY – BRUDPUBIRPV

① 4개   ② 6개

③ 7개   ④ 9개

[해설]

<u>P</u>RO<u>D</u>RU<u>BA</u>R<u>D</u>Y – <u>B</u>RUD<u>P</u>U<u>B</u>I<u>R</u>PV

04 다음 제시된 문자와 같은 것의 개수를 모두 고르면?

校

郊	塊	交	塊	郊	愧	校	郊	魁	塊	郊	校
魁	魁	交	校	魁	交	塊	魁	交	郊	愧	交
校	交	愧	塊	郊	魁	愧	交	愧	校	郊	塊
塊	魁	郊	愧	校	塊	魁	交	塊	愧	愧	校

① 4개   ② 5개

③ 6개   ④ 7개

[해설]

郊	塊	交	塊	郊	愧	<u>校</u>	郊	魁	塊	郊	<u>校</u>
魁	魁	交	<u>校</u>	魁	交	塊	魁	交	郊	愧	交
<u>校</u>	交	愧	塊	郊	魁	愧	交	愧	<u>校</u>	郊	塊
塊	魁	郊	愧	<u>校</u>	塊	魁	交	塊	愧	愧	<u>校</u>

05 다음 표에 제시되지 않은 문자를 고르면?

235	261	298	204	274	290	247	219	228	242	230	202
248	239	211	200	248	267	281	277	210	206	221	283
201	235	267	206	298	274	202	248	239	228	277	221
290	204	242	261	222	248	219	281	248	210	283	230

① 200   ② 293

③ 211   ④ 247

[해설]

235	261	298	204	274	290	<u>247</u>	219	228	242	230	202
248	239	<u>211</u>	<u>200</u>	248	267	281	277	210	206	221	283
201	235	267	206	298	274	202	248	239	228	277	221
290	204	242	261	222	248	219	281	248	210	283	230

5 분석판단능력

01 다음 명제가 '참'일 때, 항상 옳은 것은?

> • 어떤 학생은 공부를 잘한다.
> • 체력이 좋으면 공부를 잘한다.
> • 모든 체육부원은 체력이 좋다.
> • 모든 체육부원은 학생이다.

① 체력이 좋으면 체육부원이다.
② 공부를 잘하면 체력이 좋다.
③ 어떤 체육부원은 공부를 잘한다.
④ 모든 학생은 체력이 좋다.

[해설]

제시된 명제를 벤다이어그램으로 나타내면 다음과 같다.

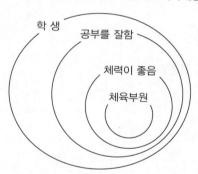

따라서 모든 체육부원은 체력이 좋고, 체력이 좋으면 공부를 잘하므로 어떤 체육부원이든 모든 체육부원은 공부를 잘한다.

오답확인

① 체력이 좋은 학생 중 체육부원이 아닌 학생이 존재할 수 있다.
② 공부를 잘하는 사람 중 체력이 좋지 않은 학생이 존재할 수 있다.
④ 모든 학생이 체력이 좋지는 않다.

02   영업팀의 A, B, C, D, E사원은 출장으로 인해 ○○호텔에 투숙하게 되었다. ○○호텔은 5층 건물로 A~E사원이 서로 다른 층에 묵는다고 할 때, 다음에 근거하여 바르게 추론한 것은?

> • A사원은 2층에 묵는다.
> • B사원은 A사원보다 높은 층에 묵지만, C사원보다는 낮은 층에 묵는다.
> • D사원은 C사원 바로 아래층에 묵는다.

① E사원은 1층에 묵는다.
② B사원은 4층에 묵는다.
③ E사원은 가장 높은 층에 묵는다.
④ C사원은 D사원보다 높은 층에 묵지만, E사원보다는 낮은 층에 묵는다.

[해설]
B사원은 2층에 묵는 A사원보다 높은 층에 묵지만, C사원보다는 낮은 층에 묵으므로 3층 또는 4층에 묵을 수 있다. 그러나 D사원이 C사원 바로 아래층에 묵는다고 하였으므로 D사원이 4층, B사원은 3층에 묵는 것을 알 수 있다. 따라서 A~D를 높은 층에 묵는 순서대로 나열하면 'C − D − B − A'가 되며, E는 남은 1층에 묵는 것을 알 수 있다.

03   다음 명제를 통해 얻을 수 있는 결론으로 타당한 것은?

> • 어떤 책은 낙서가 되어 있다.
> • 낙서가 되어 있는 것은 모두 벽지이다.
> • 모든 벽지는 분홍색이다.

① 모든 책은 분홍색이다.
② 분홍색인 것은 모두 책이다.
③ 어떤 책은 분홍색이다.
④ 낙서가 되어 있는 것은 모두 벽지이다.

[해설]
어떤 책 → 낙서가 되어 있다. → (모두) 벽지이다. → (모두) 분홍색이다.
따라서 어떤 책은 분홍색이다.

04 다음 제시된 오류와 관련 있는 것을 고르면?

> 판단의 기준이 절대적인 것이 아닌 다른 대상과의 비교를 통해서 평가하는 오류이다. 대비되는 정보로 인해 평가자의 판단이 왜곡되는 현상이라고 볼 수 있다.

① 민아는 철수의 여자친구니까, 이번 회장으로 뽑아야겠다.
② TV에 나오는 여배우는 참 예쁘구나. 그럼 나는 못생긴 것 같다.
③ (두 명의 학생이 인사하는 것을 보고) 우리 학교 학생들은 참 인사를 잘하는구나.
④ A작가의 B소설 내용이 사회비판적인 것을 보니, A작가는 사회비판적인 소설가이다.

[해설]
제시문은 부당한 대비의 오류를 설명한 내용이다. 여배우의 외모와 나의 외모를 주관적으로 비교하고 있는 ②가 동일한 오류를 범하고 있다.

오답확인
① 사적 관계에 호소하는 오류
③ · ④ 성급한 일반화의 오류

05 다음 중 논리적 오류가 아닌 것은?

① 이 화장품은 유명 연예인들이 애용하는 제품이다. 그러므로 이 화장품은 품질이 좋다.
② 세계에서 이 카메라가 가장 가볍고 성능이 좋다. 그러므로 이 카메라의 각 부품 역시 세계에서 가장 가볍고 성능이 좋을 것임이 틀림없다.
③ 회사원들이 회사를 사직하고 있다. 저 사람은 회사원이다. 그러므로 저 사람은 회사를 사직하고 있다.
④ 개는 잡식 동물이다. 삽살개는 개다. 그러므로 삽살개는 잡식 동물이다.

[해설]
오답확인
① 부적절한 권위에 호소하는 오류
② 분할(분해)의 오류
③ 우연의 오류

※ 상황판단능력은 정답을 따로 제공하지 않는 영역입니다.

01 P사원과 같은 팀에 근무하는 E대리는 평소 내성적인 성격으로 혼자 지내는 것을 좋아한다. 그러던 중 P사원은 E대리의 생일이 얼마 남지 않았다는 것과 취미가 클래식 감상이라는 것을 알았다. 평소 E대리에게 많은 도움을 받은 P사원이 개인적으로 축하를 해주려고 한다면 어떻게 하겠는가?

① 평소 E대리가 좋아하는 클래식 CD를 선물한다.
② 클래식 공연에 함께 간다.
③ 직원들에게 E대리의 생일을 알리고 파티를 준비한다.
④ 생일에 축하 문자를 남긴다.

02 K사원은 G팀에 속해있다. 그러나 G팀의 팀원들은 왠지 모르게 K사원을 따돌리는 느낌이다. 팀 회의를 진행할 때 K사원이 내는 아이디어를 가볍게 듣고 넘긴다거나 K사원과 점심식사를 피하는 등 은근슬쩍 왕따를 시키고 있다. 당신이 K사원이라면 어떻게 하겠는가?

① 팀장에게 보고한다.
② 익명으로 회사 게시판에 글을 올린다.
③ 회사 감찰반에 투서한다.
④ 팀원들과 인간적으로 친해지려고 노력한다.

03 부서원들끼리 점심식사를 마치고 A사원의 카드로 우선 한꺼번에 계산을 하게 되었다. 다른 부서원들은 정확히 A사원에게 점심값을 전달했는데 평소 껄끄러웠던 선임 B대리가 실제 금액보다 적은 금액을 A사원에게 주었다. 당신이 A사원이라면 어떻게 행동하겠는가?

① 큰 금액은 아니므로 개의치 않는다.
② 즉시 그 자리에서 B대리에게 금액이 틀리다고 말한다.
③ 다음에 다시 본인이 점심식사 가격을 계산하게 될 때 가벼운 농담조로 B대리에게 이 사실을 말한다.
④ B대리가 계산할 때 B가 덜 낸 만큼 본인도 덜 낸다.

04 A사원은 팀원이 모두 5명인 K팀에 소속되어 있다. 그러나 최근 회사의 구조조정으로 본인과 팀장 이외의 세 명이 퇴사했고, 이들은 모두 경쟁사인 P회사로 옮겨 원래 했던 일과 비슷한 일을 하고 있다. 예전 팀원들과 P회사 스카우터가 A에게 함께 일할 것을 제안했는데, 당신이 A사원이라면 어떻게 하겠는가?

① 친분 여부와 관계없이 현재 회사에 대한 만족도를 따져본다.
② 친분 여부와 관계없이 P회사의 근무환경을 고려하여 결정한다.
③ 함께 일했던 동료들이 있으므로 고민하지 않고 이직한다.
④ K팀의 팀장에게 스카우트를 제안 받은 사실을 알린다.

01 기업 내 직무들 간의 상대적 가치를 기준으로 임금을 결정하는 방법은?

① 직무급(Job−based pay)
② 연공급(Seniority−based pay)
③ 역량급(Competency−based pay)
④ 능력급(Skill−based pay)

[해설]
직무급이란 직무의 상대적 가치로 임금을 차등화하는 임금결정 방법이다.

오답확인
② 연공급(Seniority−based pay) : 근속연수를 근간으로 임금을 차등화하는 임금결정 방법
③ 역량급(Competency−based pay) : 보유한 역량을 근간으로 임금을 차등화하는 임금결정 방법
④ 능력급(Skill−based pay) : 보유한 스킬을 근간으로 임금을 차등화하는 임금결정 방법

02 다음 중 환율인상의 영향이 아닌 것은?

① 국제수지 개선효과
② 외채 상환 시 원화부담 가중
③ 수입 증가
④ 국내물가 상승

[해설]
환율인상의 영향
· 수출 증가, 수입 감소로 국제수지 개선효과
· 수입품의 가격 상승에 따른 국내물가 상승
· 외채 상환 시 원화부담 가중

03 다음 중 기업이 재정 상태나 경영 실적을 실제보다 좋게 보이게 할 목적으로 부당한 방법으로 자산이나 이익을 부풀려 계산하는 회계를 뜻하는 용어는?

① 공장회계
② 재특회계
③ 분식회계
④ 리스회계

[해설]
분식회계는 분식결산이라고도 하며, 기업이 자산이나 이익을 실제보다 부풀려 재무재표상의 수치를 고의로 왜곡시키는 것을 말한다.

오답확인
① 공장회계 : 제조공업을 경영하는 기업에서, 본사의 회계에 대하여 공장에서 행하는 회계
② 재특회계 : 재정융자특별회계법에 따라 정부가 국민복지 향상과 주요산업의 지원에 필요한 자금을 대여할 목적으로 설치되어 재정경제부 장관이 관리ㆍ운용하는 재정융자특별회계
④ 리스회계 : 각국에서 기업금융의 한 형태로 리스 이용이 늘어나고 있으며, 이에 따른 회계처리 방법

04 다음 왕대의 업적으로 알맞은 것은?

근초고왕

① 율령 반포
② 마한 정복
③ 불교 공인
④ 웅진 천도

[해설]
백제 근초고왕은 마한을 정복하여 백제의 영토를 전라도 남쪽 바닷가까지 확장하였다.

오답확인
① 백제 고이왕 때 율령을 반포하였다.
③ 백제 침류왕 때 불교를 공인하였다.
④ 백제 문주왕 때 웅진(공주)으로 천도하였다.

05 다음 글을 읽고, 옳은 것을 고르면?

> Some people in the city like pigeons. These people think pigeons make the city people feel closer to nature. But some people in the city do not like pigeons at all. These people think pigeons carry diseases.

① Pigeons do not carry diseases.
② All city people like pigeons.
③ Not all city people like pigeons.
④ No city people like pigeons.

[해설]
본문에서 어떤 도시 사람들은 비둘기가 질병을 옮긴다고 생각해서 전혀 좋아하지 않는다고 이야기한다. 따라서 '모든 도시 사람들이 비둘기를 좋아하는 것은 아니다.'가 적절하다.

오답확인
① 비둘기들은 질병을 옮기지 않는다.
② 모든 도시 사람들은 비둘기를 좋아한다.
④ 도시 사람 아무도 비둘기를 좋아하지 않는다.
「어떤 도시 사람들은 비둘기를 좋아한다. 이 사람들은 비둘기가 도시 사람들에게 자연을 더 가깝게 느끼게 해 준다고 생각 한다. 그러나 어떤 도시 사람들은 비둘기를 전혀 좋아하지 않는다. 이 사람들은 비둘기가 질병을 옮긴다고 생각한다.」

8 한자시험

※ 다음 성어(成語)에서 '☐'에 들어갈 한자로 알맞은 것을 고르시오. [1~3]

01

一☐兩得

① 車　　　　　　　　② 擧
③ 去　　　　　　　　④ 據

[해설]
일거양득(一擧兩得)의 거는 들 거(擧)이다.

오답확인
① 수레 거(車)
③ 갈 거(去)
④ 근거 거(據)

02

☐慨無量

① 監　　　　　　　　② 甘
③ 感　　　　　　　　④ 敢

[해설]
감개무량(感慨無量)의 감은 느낄 감(感)이다.

오답확인
① 볼 감(監)
② 달 감(甘)
④ 감히 감(敢)

03

自□撞着

① 歌   ② 加

③ 價   ④ 家

[해설]
자가당착(自家撞着)의 가는 집 가(家)이다.

오답확인
① 노래 가(歌)
② 더할 가(加)
③ 값 가(價)

04   다음 성어(成語)에서 뜻풀이로 적절한 것을 고르면?

磨斧爲針

① 도끼를 갈아 바늘을 만들다.

② 숨기려던 정체가 드러나다.

③ 앞을 내다보는 안목

④ 많으면 많을수록 더욱 좋다.

[해설]
마부위침(磨斧爲針) : 도끼를 갈아 바늘을 만들다.

오답확인
② 마각노출(馬脚露出) : 숨기려던 정체가 드러나다.
③ 선견지명(先見之明) : 앞을 내다보는 안목
④ 다다익선(多多益善) : 많으면 많을수록 더욱 좋다.

05 다음 중 독음이 같은 한자끼리 바르게 짝지어진 것은?

① 信 — 辛   ② 氣 — 巨

③ 訪 — 非   ④ 敎 — 具

[해설]

믿을 신(信) — 매울 신(辛)

오답확인

② 기운 기(氣) — 클 거(巨)

③ 찾을 방(訪) — 아닐 비(非)

④ 가르칠 교(敎) — 갖출 구(具)

06 다음 중 독음이 다른 한자끼리 바르게 짝지어진 것은?

① 愛 — 慣   ② 儉 — 扣

③ 州 — 主   ④ 迴 — 祫

[해설]

사랑 애(愛) — 익힐 예(慣)

오답확인

② 검소할 검(儉) — 두드릴 검(扣)

③ 고을 주(州) — 임금 주(主)

④ 돌아올 회(迴) — 모일 회(祫)

07

> □□이 만료되기까지는 아직 1년이 남았다.

① 契約　　　　　　　　　　② 名譽

③ 階層　　　　　　　　　　④ 系統

[해설]

계약(契約) : 관련된 사람이나 조직체 사이에서 서로 지켜야 할 의무에 대하여 글이나 말로 정하여 둔 것이나 그런 약속

오답확인

② 명예(名譽) : 세상에서 훌륭하다고 인정되는 이름이나 자랑, 또는 그런 존위나 품위

③ 계층(階層) : 사회적 지위가 비슷한 사람들의 층

④ 계통(系統) : 일정한 체계에 따라 서로 관련되어 있는 부분들의 통일적 조직

08

> 더 공부를 해야 할지, 결혼을 해야 할지 정말 □□이 된다.

① 管理　　　　　　　　　　② 渴症

③ 處分　　　　　　　　　　④ 葛藤

[해설]

갈등(葛藤) : 개인이나 집단 사이에 목표나 이해관계가 달라 서로 적대시하거나 충돌함

오답확인

① 관리(管理) : 어떤 일의 사무를 맡아 처리함

② 갈증(渴症) : 목이 말라 물을 마시고 싶은 느낌

③ 처분(處分) : 처리하여 치움

07 ①　08 ④　　**정답**

I wish you the best of luck!

CHAPTER 01 언어능력

영역 소개

언어능력은 5분의 시간동안 40문제를 풀어야 하며, 크게 어휘 유형과 독해 유형으로 구분할 수 있다.

어 휘

어휘 유형은 어휘 관계, 여러 가지 어휘의 사용, 관용적 표현 등을 통해 어휘를 얼마나 적절하게 활용하고 있는지 평가하는 유형이다. 독해 유형보다 비중은 적지만, 지원자의 정확한 어휘 구사 능력 및 우리말 어법에 대한 지식을 확인할 수 있는 유형으로 꾸준히 출제되고 있는 영역이다.

학습전략
• 유의어와 반의어 관계를 파악하여, 관련있는 단어끼리 묶어 학습한다.
• 문제를 풀다가 모르는 단어가 나오면 그냥 지나치지 말고 반드시 뜻을 확인하고 넘어간다.
• 헷갈리는 어휘는 주어진 문장의 맥락을 보고 유추한다.

독 해

독해 유형은 글을 읽고 이해하는 능력을 평가하는 유형으로, 주제 찾기, 내용일치 · 불일치, 추론하기 등의 다양한 문제가 출제된다. 지문으로는 전공에 따라 생소할 수 있는 철학, 기술, 과학, 인문학, 역사 등 다양한 주제가 등장한다.

학습전략
• 평소 다양한 분야의 글을 많이 읽는 것이 도움이 된다.
• 문제가 요구하는 것이 지문에 어떤 식으로 표현되어 있든 이를 정확히 파악할 수 있도록 해야 한다.
• 글을 읽을 때 구성을 꼼꼼히 분석하고, 각 문단의 요지와 글 전체의 주제를 정확히 파악하도록 한다.

01 어 휘

1 기출유형분석

대표유형 | **어휘의 의미**

---

01 다음 제시된 단어와 같거나 유사한 의미를 가진 것은?

맵시

① 자태
② 금새
③ 몽짜
④ 도리깨

02 다음 밑줄 친 부분과 같은 의미로 쓰인 것은?

이번 프로젝트의 성패는 윤재의 손에 달려 있다.

① 오늘 같은 초복에는 주문이 많이 들어와 특히 손이 부족하다.
② 하니는 네 번째 손에 결혼반지를 꼈다.
③ 마감이 다가오는데 벌려놓은 일이 많아, 다른 팀의 손을 빌리지 않고는 해결할 수 없다.
④ 그 일은 박 선배의 손에 떨어졌다.

출제의도 ●

01

동일하거나 유사한 단어의 의미를 알고 있는지 평가한다.

02

다의어가 문장 속에서 각각 어떤 의미로 활용되는지 구별할 수 있는 어휘력을 판단한다.

문제풀이 ● 01 ①　02 ④

01

'맵시'는 '아름답고 보기 좋은 모양새'라는 뜻으로, 이와 유사한 의미를 지닌 것은 '자태'이다.

02

밑줄의 '손'은 '어떤 사람의 영향력이나 권한이 미치는 범위'를 뜻한다.

오답확인 ●

01

② 금새 : 물건의 값. 또는 물건의 비싸고 싼 정도

③ 몽짜 : 음흉하고 심술궂게 욕심을 부리는 짓. 또는 그런 사람

④ 도리깨 : 곡식의 낟알을 떠는 데 쓰는 농구

02

① 일을 하는 사람

② 손가락

③ 어떤 일을 하는 데 드는 사람의 힘이나 노력, 기술

다음 중 성격이 다른 하나는?

① 고희(古稀)   ② 소만(小滿)

③ 불혹(不惑)   ④ 약관(弱冠)

출제의도 ●

어휘의 의미를 정확히 숙지하고 있는지 평가한다. 유사한 어휘들 속에서 각각의 뜻을 정확히 알고 사용하고 있는지 판단하는 것이다.

문제풀이 ● ②

②는 24절기의 하나이고, ① · ③ · ④는 나이를 이르는 말이다.
• 소만(小滿) : 24절기의 하나로 곡식이나 과일의 열매가 결실을 시작하여 차기 시작하는 기이다(5월 21~22일경).

오답확인 ●

① 고희(古稀) : 고래(古來)로 드문 나이란 뜻으로, 일흔 살을 달리 이르는 말
③ 불혹(不惑) : 미혹되지 않는다는 말로, 마흔 살을 달리 이르는 말
④ 약관(弱冠) : 비로소 갓을 쓴다는 말로, 스무 살을 달리 이르는 말

다음 관용구의 뜻을 잘못 설명한 것은?

① 먹물을 먹다 – 책을 읽고 공부를 하다.
② 손사래를 치다 – 거절하거나 부인하다.
③ 머리가 깨다 – 뒤늦게 눈치 채거나 깨닫다.
④ 잔뼈가 굵다 – 오래 일하여 익숙해지다.

출제의도 ●

우리말에는 제시된 단어들의 의미만으로는 전체의 의미를 알 수 없는, 특수한 의미를 지니는 어구인 관용구가 있다. 이러한 관용구들을 얼마나 알고 있는지 언어와 관련된 지식을 평가하고자 하는 것이다.

문제풀이 ● ③

머리가 깨다 : 뒤떨어진 생각에서 벗어나다.

2 유형 익히기

대표유형 | 어휘의 의미

---

01 다음 제시된 단어의 의미와 유사한 의미를 가진 것은?

도야

① 수련   ② 봉착   ③ 호도   ④ 섭렵

02 다음 제시된 단어의 의미와 반대의 의미를 가진 것은?

토로

① 경외   ② 상충   ③ 은폐   ④ 부각

03 다음 두 낱말의 관계가 나머지와 다른 것은?

① 신문 − 매체   ② 의자 − 가구
③ 사슴 − 동물   ④ 뿌리 − 나무

04 다음 밑줄 친 부분과 같은 의미로 쓰인 것은?

<u>노는</u> 시간에 잠 좀 그만 자고 소설책이라도 읽어.

① 우리 회사는 매달 첫째 주 월요일에 <u>논다</u>.
② 앞니가 흔들흔들 <u>논다</u>.
③ 뱃속에서 아기가 <u>논다</u>.
④ 사촌 동생이 공놀이를 하며 <u>노는</u> 모습이 정말 귀엽다.

05 다음 중 특별한 나이를 가리키는 말로 옳은 것은?

① 화갑(華甲) - 60세

② 종심(從心) - 70세

③ 미수(米壽) - 80세

④ 백수(白壽) - 100세

06 다음 중 밑줄 친 명사가 나타내는 개수가 가장 많은 것은?

① 북어 한 쾌

② 마늘 한 접

③ 바늘 한 쌈

④ 고등어 한 손

07 다음 중 호칭어가 잘못된 것은?

① 손위 올케 - 언니, 새언니

② 여동생의 남편 - 매형

③ 스승의 남편 - 사부님

④ 시동생 - 도련님

08 다음 중 24절기 순서상 시기가 가장 앞선 것은?

① 소서

② 곡우

③ 처서

④ 백로

09 현진이가 다음 밑줄 친 '언니'와 '남동생'을 부를 때 쓰는 말은?

> 현진이 엄마에게는 결혼한 <u>언니</u>와 결혼 안한 <u>남동생</u>이 있다.

① 고모 – 삼촌　　　　　　　② 고모 – 외삼촌
③ 이모 – 삼촌　　　　　　　④ 이모 – 외삼촌

10 다음 중 24절기와 계절이 바르게 연결되지 않은 것은?

① 우수(雨水) – 봄　　　　　② 망종(芒種) – 여름
③ 상강(霜降) – 가을　　　　④ 백로(白露) – 겨울

11 다음 밑줄 친 관용 표현의 쓰임이 적절하지 않은 것은?

① <u>깐깐오월</u>이라, 음력 5월에는 대부분의 사람들이 먹고 사는 일이 힘들었지.

② 그 교수의 이론은 <u>사개가 맞아</u> 모두가 동의하였다.

③ 그는 오랫동안 만나 온 사람이지만 좀처럼 <u>곁을 주지</u> 않았다.

④ 그는 <u>엉너리를 치며</u> 슬그머니 다가와 앉았다.

12 다음 중 성격이 나머지 셋과 다른 속담은?

① 보리술은 제맛 있다.

② 개꼬리를 삼 년 묻어도 황모 못 된다.

③ 개새끼는 짖고 고양이 새끼는 할퀸다.

④ 재수 없는 포수는 곰을 잡아도 웅담이 없다.

13 다음 중 단어의 뜻풀이가 옳지 않은 것은?

① 효시 — 효성이 지극한 자손

② 훼손 — 체면, 명예를 손상함. 또는 헐거나 깨뜨려 못쓰게 함

③ 흔쾌 — 기쁘고도 통쾌함

④ 흡사 — 거의 같음. 또는 그럴 듯하게 비슷함

14 다음 속담의 풀이로 적절한 것은?

> 산에 가야 범을 잡고, 물에 가야 고기를 잡는다.

① 일을 처리함에 있어 아무런 원칙이 없다.
② 무슨 일이든지 순서에 맞게 처리해야 한다.
③ 선천적 재능과 후천적 노력이 모두 중요하다.
④ 일이 성공되려면 그에 맞는 조건이 갖추어져야 한다.

15 다음 주어진 내용에 해당하는 속담은?

> 어떤 일에 곁따라 다른 일이 쉽게 이루어지거나 또는 다른 일을 해냄

① 대추나무에 연 걸리듯 하다.
② 말 타면 종 두고 싶다.
③ 바늘 도둑이 소도둑 된다.
④ 군불에 밥 짓기

02 독해

1 기출유형분석

대표유형 | 글의 구조

다음 문장을 배열할 때, 그 순서로 가장 적합한 것은?

(가) 역사 연구가는 대상을 마음대로 조립할 수 있다. 프랑스대혁명을 예로 들더라도 그는 그것을 그의 관점에 따라 다르게 조립할 수 있다.

(나) 문학과 역사의 차이는 문학 연구가와 역사 연구가를 비교할 때 더욱 뚜렷하게 드러난다.

(다) 그것은 수정 불가능한, 완전히 결정되어 있는 우주이다.

(라) 그러나 문학 연구가의 경우 그러한 조립은 불가능하다. 이광수의 「무정」은 그것이 처음으로 발표된 1917년이나 1973년이나 마찬가지 형태로 제시된다.

① (가) - (나) - (라) - (다)　　　② (나) - (가) - (라) - (다)

③ (다) - (나) - (가) - (라)　　　④ (라) - (나) - (다) - (가)

출제의도 ●

글의 논리적 흐름을 파악하는 능력을 평가하기 위한 문제이다.

문제풀이 ● ②

(나)에서 역사의 차이는 문학 연구가와 역사 연구가를 비교할 때 더욱 뚜렷하게 드러난다고 했으므로, (나) 다음으로는 문학 연구가와 역사 연구가에 관한 설명이 와야 한다. (가)에서 역사 연구가는 대상을 마음대로 조립할 수 있다고 한 반면, (라)에서는 조립이 불가능하다고 했으므로 문맥상 (나) - (가) - (라)로 이어지는 것이 자연스럽다. 또한 (다)의 수정 불가능한 '그것'은 조립이 불가능한 문학 연구가를 설명하는 것이므로 가장 마지막 문장은 (다)가 된다.

다음 글의 제목으로 가장 적절한 것은?

우리는 비극을 즐긴다. 비극적인 희곡과 소설을 즐기고, 비극적인 그림과 영화 그리고 비극적인 음악과 유행가도 즐긴다. 슬픔, 애절, 우수의 심연에 빠질 것을 알면서도 소포클레스의 「안티고네」, 셰익스피어의 「햄릿」을 찾고, 베토벤의 〈운명〉, 차이코프스키의 〈비창〉, 피카소의 〈우는 여인〉을 즐긴다. 아니면 텔레비전의 멜로드라마를 보고 값싼 눈물이라도 흘린다. 이를 동정과 측은과 충격에 의한 '카타르시스', 즉 마음의 세척으로 설명한 아리스토텔레스의 주장은 유명하다. 그것은 마치 눈물로 스스로의 불안, 고민 그리고 고통을 씻어내는 역할을 한다는 것이다.

니체는 좀 더 심각한 견해를 갖는다. 그는 '비극은 언제나 삶에 아주 긴요한 기능을 가지고 있다. 비극은 사람들에게 그들을 감싸는 생명 파멸의 비운을 똑바로 인식해야 할 부담을 덜어주고, 동시에 비극 자체의 암울하고 음침한 원류에서 벗어나게 해서 그들의 삶의 흥취를 다시 돋우어 준다.'라고 하였다. 그런 비운을 직접 전면적으로 목격하는 일, 또 더구나 스스로 직접 그것을 겪는 일은 너무나 끔찍하기에, 그것을 간접경험으로 희석한 비극을 봄으로써 비운이란 그런 것이라는 이해와 측은지심을 갖게 되고, 동시에 실제 비극이 아닌 그 가상적인 환영(幻影) 속에서 비극에 대한 어떤 안도감도 맛보게 된다는 것이다.

① 비극의 현대적 의의   ② 비극을 즐기는 이유
③ 비극의 기원과 역사   ④ 비극에 반영된 삶

출제의도 ●

글의 세부적인 사항 뿐 아니라 전체적인 주제까지도 제대로 이해할 수 있는지 평가한다.

문제풀이 ● ②

첫 번째 문단은 우리가 비극을 즐긴다는 것과 비극이 주는 '카타르시스'를 설명하고 있고, 두 번째 문단은 니체가 말한 비극의 기능을 설명하고 있으므로, 글의 제목으로 가장 적절한 것은 ②이다.

2 유형 익히기

대표유형 1 글의 구조

※ 다음 글의 전개 순서로 가장 적절한 것을 고르시오. [1~2]

01

(가) 이는 말레이 민족 위주의 우월적 민족주의 경향이 생기면서 문화적 다원성을 확보하는 데 뒤처진 경험을 갖고 있는 말레이시아의 경우와 대비되기도 한다.

(나) 지금과 같은 세계화 시대에 다원주의적 문화 정체성은 반드시 필요한 것이기 때문에 이러한 점은 긍정적이다.

(다) 영어 공용화 국가의 상황을 긍정적 측면에서 본다면, 영어 공용화 실시는 인종 중심적 문화로부터 탈피하여 다원주의적 문화 정체성을 수립하는 계기가 될 수 있다.

(라) 그러나 영어 공용화 국가는 모두 다민족 다언어 국가이기 때문에 한국과 같은 단일 민족 단일 모국어 국가와는 처한 환경이 많이 다르다.

(마) 특히, 싱가포르인들은 영어를 통해 국가적 통합을 이룰 뿐만 아니라 다양한 민족어를 수용함으로써 문화적 다원성을 일찍부터 체득할 수 있는 기회를 얻고 있다.

① (다) – (마) – (라) – (가) – (나)

② (다) – (나) – (가) – (마) – (라)

③ (다) – (마) – (나) – (라) – (가)

④ (다) – (나) – (마) – (가) – (라)

02

(가) 과거에는 종종 언어의 표현과 기능 면에서 은유가 연구되었지만, 사실 은유는 말의 본질적 상태 중 하나이다.

(나) '토대'와 '상부 구조'는 마르크스주의의 기본 개념들이다. 자크 데리다(Jacques Derrida)가 보여 주었듯이, 심지어 철학에도 은유가 스며들어 있는데 단지 인식하지 못할 뿐이다.

(다) 어떤 이들은 기술과학 언어에는 은유가 없어야 한다고 역설하지만, 은유적 표현들은 언어 그 자체에 깊이 뿌리박고 있다.

(라) 언어는 한 종류의 현실에서 또 다른 현실로 이동함으로써 그 효력을 발휘하며, 따라서 본질적으로 은유적이다.

(마) 예컨대 우리는 조직에 대해 생각할 때 습관적으로 위니 아래니하며 공간적으로 생각하게 된다. 이처럼 우리는 이론을 마치 건물인 양 생각하는 경향이 있어서 토대나 상부 구조 등으로 이론을 설명하기도 한다.

① (라) – (나) – (마) – (가) – (다)

② (나) – (다) – (가) – (마) – (라)

③ (다) – (마) – (라) – (가) – (나)

④ (가) – (라) – (다) – (마) – (나)

03

> 자연계는 무기적인 환경과 생물적인 환경이 상호 연관되어 있으며 그것은 생태계로 불리는 한 시스템을 이루고 있음이 밝혀진 이래, 이 이론은 자연을 이해하기 위한 가장 기본이 되는 것으로 받아들여지고 있다. 그동안 인류는 보다 윤택한 삶을 누리기 위하여 산업을 일으키고 도시를 건설하며 문명을 이룩해 왔다. 이로써 우리의 삶은 매우 윤택해졌으나 우리의 생활환경은 오히려 훼손되고 있으며 환경오염으로 인한 공해가 누적되고 있고, 우리 생활에서 없어서는 안 될 각종 자원도 바닥이 날 위기에 놓이게 되었다.
>
> [   ] 따라서 우리는 낭비되는 자원, 그리고 날로 황폐해져가는 자연에 대하여 우리가 해야 할 시급한 임무가 무엇인지를 깨닫고, 이를 실천하기 위해 우리 모두의 지혜와 노력을 모아야만 한다.

① 만약 우리가 이 위기를 슬기롭게 극복해내지 못한다면 인류는 머지않아 파멸에 이르게 될 것이다.

② 이러한 위기를 초래하게 된 인류의 무분별한 자연 이용과 자연 정복의 태도는 크게 비판받아 마땅하다.

③ 그리고 과학기술을 제 아무리 고도로 발전시킨다 해도 이러한 위기가 근본적으로 해소되기를 기대할 수는 없는 노릇이다.

④ 이처럼 인류가 환경 및 자원의 위기에 놓이게 된 것은 각국이 자국의 이익만을 앞세워 발전을 꾀했기 때문이다.

04

> 어떤 기업체에서 사원을 선발하는 방법으로 끈으로 묶은 꾸러미를 내놨는데 한 사람은 주머니칼을 꺼내어 끈을 잘라 버렸고, 다른 한 사람은 끈을 풀었다. 채용된 쪽은 칼을 사용한 사람이었다고 한다. 기업주는 물자보다 시간을 아꼈던 것이다.
>
> [   ] 소비자는 낭비된 물자의 대가를 고스란히 떠맡는다. 더 세세히 말하면 자원의 임자인 지구나 그 혜택을 받는 뭇 생명들이 에너지와 자원의 손실을 떠맡아야 한다. 도처에서 지속적으로 행해온 그 후유증을 우리는 현재 겪고 있는 것이다. 그것은 보이지 않는 유령이며 그것들로 인하여 지구는 병들어가고 있다. 많은 종(種)들이 하나둘 사라져갔으며 이 활기에 넘쳐 보이는 현실은 실상 자원 고갈을 향해 행진을 멈추지 않고 있는 것이다.

① 왜냐하면 시간을 아껴 써야 기업이 성공할 수 있기 때문이다.

② 물론 기업주는 물자와 시간 가운데 더 중요한 것을 선택했다.

③ 그러나 이러한 선택으로 아껴지는 것은 기업주의 시간일 뿐이다.

④ 이러한 행동은 경제성만을 추구한 데서 비롯된 당연한 결과이다.

05

사회가 변하면 사람들은 그때까지의 생활을 그대로 수긍하지 못한다. 새로운 생활에 맞는 새로운 언어를 필요로 하게 된다. 그 언어가 자연스럽게 육성되기를 기다릴 수도 있지만, 사람들은 대개 외국으로부터 그러한 개념의 언어를 빌려오려고 한다. 돈이나 기술을 빌리는 것에 비하면 언어는 대가 없이 빌려 쓸 수 있으므로 대개는 제한 없이 외래어를 차용한다. 이처럼 [   ] 광복 이후 우리 사회에서 외래어가 넘쳐나는 것은 그간 우리나라의 고도성장과 결코 무관하지 않다.

① 외래어의 증가는 사회의 팽창과 함께 진행된다.
② 새로운 언어는 사회의 변화를 선도하기도 한다.
③ 외래어가 증가하면 범람한다는 비판을 받게 된다.
④ 새로운 언어는 인간의 욕망을 적절히 표현해 준다.

06 다음 글의 글쓴이가 궁극적으로 주장하는 바는 무엇인가?

> 지방자치제가 실시된 이후 지역민의 삶의 질을 높이고, 전통문화를 발전시키기 위해 지역 축제에 대한 자치단체의 관심과 노력이 강조되고 있다. 지방자치 시대의 지역 문화 축제는 대단히 소중한 문화 자산이요, 지역민의 유대를 굳건히 할 수 있는 거멀못이 된다는 사실을 인식해야 한다. 또한 현대 사회에서 축제가 의미를 가지려면 전통 축제가 갖는 제의성을 대체할 수 있는 요소를 찾고 그것에 부합되는 축제를 만들어 나가야 한다.
>
> 대체할 수 있는 요소로서 상권의 강화도 무방하고 역사적 인물의 재현도 바람직하다. 또 예술적 심미성이 강조된 대체도 좋다. 아무튼 제의를 대체할 축제의 내용을 지역 공동체의 역사적, 문화적, 상업적 특성과의 관련 속에서 찾아야 한다. 예를 들어 상권의 강화라는 측면에서 볼 때 이천의 '쌀 축제'나 '도자기 축제'는 매우 유효적절한 사례. 강화의 경우 '화문석 축제'나 '인삼 축제'가 열려도 무방하다. '화문석 짜기' 경연도 벌이고 화문석 장터도 마련하여 판매 및 홍보를 한다면 훌륭한 축제 구실을 할 수 있기 때문이다. 역사적 인물 재현이라는 측면에서 '장보고 축제', '왕인 문화제', '다산 문화제', '율곡 문화제'도 의욕적이다.
>
> 이처럼 지역문화 축제가 해당 지역 공동체의 자긍심을 높이고 지역 발전에 기여할 수 있다면 질 높은 삶을 목표로 해야 하는 지역 공동체의 목표와도 일치한다.

① 정부는 전통문화 발전을 위해 각 지방의 문화 축제를 적극 지원해야 한다.
② 지방자치 단체는 각 지역 실정에 맞는 지방문화 축제의 개발에 힘써야 한다.
③ 지역 주민들은 자신들이 거주하는 지역의 문화 축제에 자발적으로 참여해야 한다.
④ 지역문화 축제는 지역 공동체의 자긍심을 높이고 지역을 발전시키는 데 기여해야 한다.

07 다음 글의 내용을 토대로 할 때, (가) : (나)의 관계와 가장 유사한 관계를 지니고 있는 것은?

> 과학과 미술은 본질적으로 인간이 주위 사물이나 세계를 인식하는 방식이라는 점에서는 공통적이지만, 그 영역이 달라 서로 전혀 다른 차원에서 행해진다는 차이점을 지닌다. 다시 말해 이 둘은 서로 모순되거나 상대를 방해할 수 있는 관계에 놓여 있지 않다. 따라서 (가) 과학의 개념적 해석은 (나) 미술의 직관적 해석을 배제하지 않는다. 각자는 자체의 시각, 이를테면 자체의 굴절 각도를 지니고 있다.
> 그러나 그렇다고 해서 이 둘은 엄격히 분리되어서 상호 간에 전연 영향을 끼칠 수 없는 것일까? 과학과 미술이 각각 의지하고 있는 사물의 개념적 · 추상적 이해와 직관적 · 구체적 파악은 밀접하게 연관되어 있는 인간의 인식 작용의 두 측면이다. 따라서 우리는 이 둘이 밀접하게 연관되면서도 독립적인 영역을 갖고 서로 방해하지 않기 때문에 오히려 서로 영향을 끼칠 수 있다고 본다. 또한 더 나아가 상호 보완적으로 작용함으로써 인간의 인식을 더욱 풍요롭고 충실하게 한다고 생각할 수 있다. 실제로 우리가 서양 회화를 고찰의 대상으로 삼고 과학에 대한 미술의 관련성을 추적해 볼 때 이러한 가정은 사실로 확인된다.

① 법이 강제에 의해서 우리의 행위를 규제한다면 관습은 양심을 통해 우리의 행동을 규제한다. 이 둘에 의해서 우리는 자신의 행동을 보다 바람직한 방향으로 이끌어나갈 수가 있는 것이다.

② 서양의 사상이 자연을 정복과 투쟁의 대상으로 보고 있는 데 비하여, 동양의 사상은 자연을 함께 공존해야 할 존재, 서로 조화를 이루어야 할 존재로 보고 있다.

③ 언어의 순화는 곧 그것을 사용하는 사람의 의식의 정화로 이어지고, 이것은 또다시 언어의 순화로 이행되며, 이는 한층 강화된 의식의 정화로 나타나게 된다.

④ 흔히 물질적 풍요와 행복을 동일시하는 착각에 빠지기 쉬우나 물질적 풍요가 행복을 보장하는 것은 아니다. 단지, 그것은 행복을 위한 여러 가지 요건 중의 하나일 뿐이다.

※ 다음 글을 읽고 물음에 답하시오. [8~9]

생물 농약이란 농작물에 피해를 주는 병이나 해충, 잡초를 제거하기 위해 자연에 있는 생물로 만든 천연 농약을 뜻한다. 생물 농약을 개발한 것은 흙 속에 사는 병원균으로부터 식물을 보호할 목적에서였다. 뿌리를 공격하는 병원균은 땅 속에 살고 있기 때문에 병원균을 제거하기에 어려움이 있었다. 게다가 화학 농약의 경우 그 성분이 토양에 달라붙어 제 기능을 발휘하지 못했기 때문에, 식물 성장을 돕고 항균 작용을 할 수 있는 미생물에 주목하기 시작한 것이다.

식물 성장을 돕고 항균 작용을 하는 미생물집단을 '근권미생물'이라 하는데, 여러 종류의 근권미생물 중 농약으로 쓰기에 가장 좋은 것은 뿌리에 잘 달라붙는 것들이다. 근권미생물의 입장에서 뿌리 주변은 (㉠)와/과 비슷한 조건이다. 뿌리 주변은 뿌리에서 공급되는 양분과 안락한 서식 환경을 제공받지만, 뿌리 주변에서 멀리 떨어진 곳은 황량한 지역이어서 먹을 것을 찾기가 어렵기 때문이다. 따라서 뿌리 주변에서는 좋은 위치를 선점하기 위해 미생물 간에 치열한 싸움이 벌어진다. 얼마나 뿌리에 잘 정착하느냐가 생물 농약으로 사용되는 미생물을 결정하는 데 중요한 기준이 되는 셈이다.

생물 농약으로 쓰이는 미생물은 식물 성장을 돕는 성질을 포함한다. 미생물이 만든 항균 물질은 농작물의 뿌리에 침입하려는 곰팡이나 병원균의 생장을 억제하거나 죽게 한다. 그리고 병원균이나 곤충, 선충에 기생하는 종들을 사용한 생물 농약은 유해 병원균이나 해충을 직접 공격하기도 한다. 예를 들자면, 흰가루병은 대부분의 채소에 생겨나는 곰팡이균 때문에 발생하는데, 흰가루병을 일으키는 곰팡이균의 영양분을 흡수해 죽이는 천적 곰팡이(암펠로마이세스 퀴스콸리스)를 이용한 생물 농약이 만들어졌다.

08 문맥상 ㉠에 들어갈 말로 가장 알맞은 것은?

① 달걀의 노른자위　　　　② 사막의 오아시스
③ 빛 좋은 개살구　　　　④ 덫에 걸린 쥐

09 윗글의 내용을 통해 알 수 없는 사실은?

① 화학 농약은 화학 성분이 토양에 달라붙어 제 기능을 발휘하지 못한다.
② 생물 농약은 식물을 흙 속에 사는 병원균으로부터 보호하기 위해서 만들어졌다.
③ '근권미생물'이란 식물의 성장에 도움을 주는 미생물이다.
④ 생물 농약으로 쓰이는 미생물들은 유해 병원균이나 해충을 직접 공격하지는 못한다.

03 조각모의고사

정답 및 해설 p.006
40문제 / 5분

※ 다음 제시된 단어와 같거나 유사한 의미를 가진 것을 고르시오. [1~3]

01

비등

① 소급
② 쇄도
③ 속박
④ 상당

02

아성

① 근거
② 유예
③ 유린
④ 요원

03

미쁘다

① 헛물켜다
② 함초롬하다
③ 미덥다
④ 벼리다

※ 다음 괄호 안에 들어가기에 알맞은 말을 고르시오. [4~7]

04

> 그는 한 번에 정확하게 정답을 (   ).

① 맞췄다 ② 맞혔다
③ 마쳤다 ④ 마췄다

05

> 나는 시장에서 북어 한 (   )와(과) 오징어 두 (   )을(를) 샀다.

① 쾌, 축 ② 쌈, 축
③ 쾌, 타래 ④ 마리, 쾌

06

> 수지는 친구들과 장난을 치다 (   )를 밟아 발바닥에 상처를 입었다.

① 주전부리 ② 사시랑이
③ 마수걸이 ④ 사금파리

07

> 지구의 행성 중 하나인 금성을 순우리말로 하면 (   )이다.

① 시나브로 ② 미리내
③ 개밥바라기 ④ 마파람

08

(가) '인력이 필요해서 노동력을 불렀더니 사람이 왔더라.'라는 말이 있다. 인간을 경제적 요소로만 단순하게 생각했으나, 이에 따른 인권문제, 복지문제, 내국인과 이민자와의 갈등 등이 수반된다는 말이다. 프랑스처럼 우선 급하다고 이민자를 선별하지 않고 받으면 인종 갈등과 이민자의 빈곤화 등 많은 사회비용이 발생한다.

(나) 이제 다문화정책의 패러다임을 전환해야 한다. 한국에 들어온 다문화가족을 적극적으로 지원해야 한다. 다문화 가족과 더불어 살면서 다양성과 개방성을 바탕으로 상생의 발전을 도모해야 한다. 그리고 결혼이민자만 다문화가족으로 볼 것이 아니라 외국인 근로자와 유학생, 북한이탈 주민까지 큰 틀에서 함께 보는 것도 필요하다.

(다) 다문화정책의 핵심은 두 가지이다. 첫째, 새로운 사회에 적응하려는 의지가 강해서 언어 배우기, 일자리, 문화 이해에 매우 적극적인 태도를 지닌 좋은 인력을 선별해서 입국하도록 하는 것이다. 둘째, 이민자가 새로운 사회에 잘 정착할 수 있도록 사회통합에 주력해야 하는 것이다. 해외 인구 유입 초기부터 사회 비용을 절약할 수 있는 사람들을 들어오게 하는 것이 중요하기 때문이다.

(라) 또한 이미 들어온 이민자에게는 적극적인 지원을 해야 한다. 언어와 문화, 환경이 모두 낯선 이민자에게는 이민 초기에 세심한 배려가 필요하다. 특히 중요한 것은 다문화 가족이 그들이 가지고 있는 강점을 활용하여 취약 계층이 아닌 주류층으로 설 수 있도록 지원해야 한다. 뿐만 아니라 이민자에 대한 지원 시기를 놓치거나 차별과 편견으로 내국인에게 증오감을 갖게 해서는 안 된다.

① (라) - (나) - (다) - (가)
② (다) - (나) - (라) - (가)
③ (라) - (다) - (나) - (가)
④ (다) - (가) - (라) - (나)

09

(가) 이들이 주장한 바로는 아이들의 언어 습득은 '자극 – 반응 – 강화'의 과정을 통해 이루어진다. 즉, 행동주의 학자들은 후천적인 경험이나 학습을 언어 습득의 요인으로 본다.

(나) 이러한 촘스키의 주장은 아이들이 선천적으로 지니고 태어나는 언어 능력에 주목함으로써 행동주의 학자들의 주장만으로는 설명할 수 없었던 복잡한 언어 습득 과정을 효과적으로 설명해 주고 있다.

(다) 그러나 이러한 행동주의 학자들의 주장은 아이들의 언어 습득 과정을 후천적인 요인으로만 파악하려 한다는 점에서 비판을 받는다.

(라) 아이들은 어떻게 언어를 습득하는 걸까? 이 물음에 대해 행동주의 학자들은 아이들이 다른 행동을 배울 때와 마찬가지로 지속적인 모방과 학습을 통해 언어를 습득한다고 주장한다.

(마) 미국의 언어학자 촘스키는 아이들이 의식적인 노력이나 훈련 없이도 모국어를 완벽하게 구사하는 이유가 태어나면서부터 두뇌 속에 '언어습득장치(LAD)'라는 것을 가지고 있기 때문이라고 주장한다.

① (다) – (라) – (가) – (나) – (마)

② (다) – (가) – (라) – (나) – (마)

③ (라) – (가) – (다) – (마) – (나)

④ (라) – (다) – (가) – (마) – (나)

10 다음 제시된 단락에 이어질 단락을 논리적 순서대로 알맞게 배열한 것은?

담배는 임진왜란 때 일본으로부터 호박, 고구마 등과 함께 들어온 것으로 알려져 있다. 당시에는 담배를 약초로 많이 생각했었는데, 이러한 생각을 이수광이 펴낸 「지봉유설」에서도 볼 수 있다. 그러나 선조들이 알고 있던 것과는 달리, 담배는 약초가 아니다.

(가) 흡연자와 비흡연자 사이의 후두암, 폐암 등의 질병별 발생위험도에 대해서 건강보험공단은 유의미한 연구결과를 내놓기도 했는데, 연구결과에 따르면 흡연자는 비흡연자에 비해서 후두암 발생률이 6.5배, 폐암 발생률이 4.6배 등 각종 암에 걸릴 확률이 높은 것으로 나타났다.

(나) 건강보험공단은 이에 대해 담배회사가 절차적 문제로 방어막을 치고 있는 것에 지나지 않는다며 비판을 제기하고 있다. 소송이 이제 시작된 만큼 담배회사와 건강보험공단 간의 '담배 소송'의 결과를 보려면 오랜 시간을 기다려야 할 것이다.

(다) 이와 같은 담배의 유해성 때문에 건강보험공단은 현재 담배회사와 소송을 진행하고 있는데, 당해 소송에서는 담배의 유해성에 관한 인과관계 입증 이전에 다른 문제가 부상하였다. 건강보험공단이 소송당사자가 될 수 있는지가 문제가 된 것이다.

(라) 우선 담배의 유해성은 담뱃갑이 스스로를 경고하는 경고 문구에 나타나 있다. 담뱃갑에는 '흡연은 폐암 등 각종 질병의 원인'이라는 문구를 시작으로, '담배 연기에는 발암성 물질인 나프틸아민, 벤젠, 비닐 크롤라이드, 비소, 카드뮴이 들어 있다.'라고 적시하고 있다.

① (가) – (다) – (라) – (나)

② (라) – (가) – (다) – (나)

③ (가) – (라) – (다) – (나)

④ (라) – (다) – (가) – (나)

※ 다음 중 관용어의 풀이가 잘못된 것을 고르시오. [11~12]

11
① 눈에 걸리다 – 보기에 좋지 않아 마음에 쓰이다.
② 눈이 어둡다 – 욕심이 나거나 정신이 팔려 판단력이 흐리다.
③ 눈이 시다 – 하는 짓이 비위에 거슬려서 보기에 아니꼽다.
④ 눈이 나오다 – 몹시 불안하여 사리판단을 할 수 없다.

12
① 발이 맞다 – 마음에 들다.
② 발을 빼다 – 관계를 끊고 물러나다.
③ 발이 넓다 – 사귀어 아는 사람이 많다.
④ 발을 구르다 – 안타까워하거나 다급해하다.

13 **다음 중 높임법의 쓰임이 바르지 않은 것은?**

① 교장 선생님의 축하 말씀이 있으시겠습니다.
② 할머니께서는 아직 귀가 밝습니다.
③ 종대야, 우리 같이 아침마다 신문을 읽자.
④ 나는 할아버지를 모시고 경로당에 갔다.

14

자연을 생산적이고 친환경적으로 (   )해야 하고, 자기 자신 또한 (   )해야 한다.

① 변화, 혁신　　　　　　　　　② 개발, 계발

③ 혁신, 변화　　　　　　　　　④ 계발, 계발

15

고흐는 눈동자가 공간 속에 쏟아지는 순간을 포착했다. 자화상을 들여다보는 순간 우리 내면은 장렬하게 폭파돼 버린다. (   )은/는 어떤 존재의 '무'의 순간, '부재의 순간', '무한의 순간'을 위해 펼쳐져 있다. 그가 살았던 금제와 억압으로 가득 찬 사회에서는 더 이상 욕망을 충족시킬 수 없었고 내면의 자유를 확장시킬 수 없었기 때문이다. 그의 (   )은/는 천재적인 예술가가 자신을 묶어 가두는 세상으로부터 탈주하며 스스로의 세계를 만들어가는 한 편의 드라마와 같다.

① 광기　　　　　　　　　　　② 창조

③ 생명　　　　　　　　　　　④ 파괴

16　다음 제시된 의미에 맞게 단어를 넣으면 끝말잇기가 완성된다고 할 때, 빈칸에 들어갈 단어의 의미로 적절한 것은?

남의 결점을 다른 것에 빗대어 비웃으면서 폭로하고 공격함 – (   ) – 다른 곳에서 찾아온 사람의 높임말 – 일정한 지위나 임무를 남에게 맡김

① 시간을 재거나 시각을 나타내는 기계나 장치를 통틀어 이르는 말

② 자식과 손자를 아울러 이르는 말

③ 부모가 낳은 아이를, 그 부모에 상대하여 이르는 말

④ 뛰어나거나 이름난 물건. 또는 그런 작품

※ 다음 밑줄 친 단어의 의미와 가장 유사한 것을 고르시오. [17~19]

17

다시 봄이 오니 온 산과 들에 파릇파릇 새 생명이 넘쳐난다.

① 다시 건강이 좋아져야지.
② 다른 방법으로 다시 한 번 해 봐.
③ 다시 보아도 틀린 곳을 못 찾겠어.
④ 웬만큼 쉬었으면 다시 일을 시작합시다.

18

그는 선배라는 이유만으로 아랫사람을 거리낌 없이 눌러 왔다.

① 나는 병재를 근소한 차로 누르고 당선됐다.
② 그는 화를 누르지 못하고 방을 뛰쳐나갔다.
③ 이번 연휴에는 친구 집에 눌러 있기로 했다.
④ 법에서까지 우리를 이렇게 누르니 도리가 없다.

19

준면이는 게임을 시작하기 전 항상 청사진을 그린다.

① 전개도   ② 계획
③ 작전   ④ 편지

※ 다음 제시된 단어의 관계와 같은 것을 고르시오. [20~21]

20

사장하다 – 백장하다

① 희박하다 － 농후하다   ② 획득하다 － 상실하다
③ 사용하다 － 구사하다   ④ 이용하다 － 악용하다

21

진귀하다 – 흔하다

① 돕다 － 구제하다   ② 척척하다 － 건조하다
③ 유린하다 － 침해하다   ④ 눅눅하다 － 녹녹하다

※ 다음 제시된 단어의 관계와 다른 것을 고르시오. [22~23]

22

밀봉 – 밀폐

① 창작 － 가공   ② 작가 － 제작자
③ 연예인 － 예술인   ④ 정산 － 개산

23

고백 – 은폐

① 분석 － 종합   ② 보은 － 배은
③ 리사이틀 － 독주회   ④ 채무 － 채권

24 다음 글의 주장을 비판하기 위한 연구 활동으로 가장 적절한 것은?

기술은 그 내부적인 발전 경로를 이미 가지고 있으며, 따라서 어떤 특정한 기술(혹은 인공물)이 출현하는 것은 '필연적'인 결과라고 생각하는 사람들이 많다. 이러한 통념을 약간 다르게 표현하자면, 기술의 발전 경로는 이전의 인공물보다 '기술적으로 보다 우수한' 인공물들이 차례차례 등장하는, 인공물들의 연쇄로 파악할 수 있다는 것이다.

그리고 기술의 발전 경로를 '단일한' 것으로 보고, 어떤 특정한 기능을 갖는 인공물을 만들어 내는 데 있어서 '유일하게 가장 좋은' 설계 방식이나 생산 방식이 있을 수 있다고 가정한다. 이와 같은 생각을 종합하면 기술의 발전은 결코 사회적인 힘이 가로막을 수 없는 것일 뿐 아니라 단일한 경로를 따르는 것이므로, 사람들이 할 수 있는 일은 이미 정해져 있는 기술의 발전 경로를 열심히 추적해 가는 것밖에 남지 않게 된다는 결론이 나온다.

그러나 다양한 사례 연구에 의하면 어떤 특정 기술이나 인공물을 만들어 낼 때, 그것이 특정한 형태가 되도록 하는 데 중요한 역할을 하는 것은 그 과정에 참여하고 있는 이해관계나 가치체계임이 밝혀졌다. 이렇게 보면 기술은 사회적으로 형성된 것이며, 이미 그 속에 사회적 가치를 반영하고 있는 셈이 된다. 뿐만 아니라 복수의 기술이 서로 경쟁하여 그중 하나가 사회에서 주도권을 잡는 과정을 분석해 본 결과, 이 과정에서 중요한 역할을 하는 것은 기술적 우수성이나 사회적 유용성이 아닌, 관련된 사회집단들의 정치적·경제적 영향력인 것으로 드러났다고 한다. 결국 현재에 이르는 기술발전의 궤적은 결코 필연적이고 단일한 것이 아니었으며, '다르게' 될 수도 있었음을 암시하고 있는 것이다.

① 논거가 되는 연구 결과를 반박할 수 있는 다른 연구 자료를 조사한다.
② 사회 변화에 따라 가치 체계의 변동이 일어나게 되는 원인을 분석한다.
③ 기술 개발에 관계자들의 이해관계나 가치가 작용한 실제 사례를 조사한다.
④ 글쓴이가 문제 삼고 있는 통념에 변화가 생기게 된 계기를 분석한다.

25 다음 글의 내용에서 추론할 수 없는 것은?

초기의 독서는 소리 내어 읽는 음독 중심이었다. 고대 그리스인들은 쓰인 글이 완전해지려면 소리 내어 읽는 행위가 필요하다고 생각했다. 또한 초기의 두루마리 책은 띄어쓰기나 문장부호 없이 이어 쓰는 연속 기법으로 표기되어 있어 독자가 자기 목소리로 문자의 뜻을 더듬어가며 읽어봐야 글을 이해할 수 있었다. 따라서 흡사 종교의식을 치르듯 성서나 경전을 진지하게 암송하는 낭독이나, 필자나 전문 낭독가가 낭독하는 것을 들음으로써 간접적으로 책을 읽는 낭독—듣기가 보편적이었다.

그러던 12세기 무렵 독서 역사에 큰 변화가 일어나는데, 그것은 유럽 수도원의 필경사들 사이에서 시작된 '소리를 내지 않고 읽는 묵독'이었다. 공동생활을 하는 필경사들은 소리를 최대한 낮춰 읽는 것이 불가피했던 것이다. 비슷한 시기에 두루마리 책을 완전히 대체하게 된 책자형 책도 주석을 참조하거나 앞부분을 다시 읽는 것을 가능하게 하여 묵독을 도왔다.

묵독이 시작되자 낱말의 간격이나 문장의 경계 등을 표시할 필요성이 생겨 띄어쓰기와 문장부호가 자연히 발달했다. 이와 함께 반체제, 에로티시즘, 신앙심 등 개인적 체험을 기록한 책도 점차 등장했다. 이러한 묵독은 꼼꼼히 읽는 분석적 읽기를 가능하게 했다. 18세기 중반에는 음독과 묵독이 공존하는 새로운 독서 방식으로 다독이 등장했다. 금속 활자와 인쇄술의 보급으로 책 생산이 이전의 3~4배로 증가하면서 다양한 장르의 책들이 출판되었기 때문이다. 이전에 책을 접하지 못했던 여성들이 독자로 대거 유입되었고, 독서 조합과 대출 도서관 등 독서 기관이 급격히 증가했다. 이전 시대에는 제한된 목록의 고전을 여러 번 정독하는 집중형 독서가 주로 행해졌던 반면, 이제는 분산형 독서가 행해졌다. 이것은 필독서인 고전의 권위에 대항하여 자신이 읽고 싶은 것을 골라 읽는 자유로운 선택적 읽기를 뜻한다.

이처럼 오늘날 행해지는 다양한 독서 방식들은 장구한 시간의 흐름 속에서 하나씩 등장했다. 그래서 거기에는 당대의 지식사를 이끌었던 흔적들이 남아 있다.

① 다양한 내용의 책을 읽는 데에는 분산형 독서가 효과적이다.
② 분산형 독서는 고전이 전에 가졌던 권위를 약화시켰다.
③ 18세기 중반 이전에는 여성 독자의 수가 제한적이었다.
④ 책자형 책의 출현으로 인해 낭독의 확산이 가능해졌다.

26 다음 글을 읽은 독자가 해결할 수 있는 질문이 아닌 것은?

동양의 산수화에는 자연의 다양한 모습을 대하는 화가의 개성 혹은 태도가 드러나 있는 데, 이를 표현하는 기법 중의 하나가 '준법(遵法)'이다. 준법이란 점과 선의 특성을 활용하여 산, 바위, 토파(土坡)* 등의 입체감, 양감, 질감, 명암 등을 나타내는 기법으로 산수화 중 특히 수묵화에서 발달하였다.

수묵화는 선의 예술이다. 수묵화에서는 먹(墨)만을 사용하기 때문에 대상의 다양한 모습이나 질감을 표현하는 데 한계가 있다. 그래서 거친 선, 부드러운 선, 곧은 선, 꺾은 선 등 다양한 선을 활용하여 대상에 대한 느낌, 분위기를 표현한다. 이 과정에서 선들이 지닌 특성과 효과 등이 점차 유형화되어 발전된 것이 준법이다. 반면 채색화에서는 다양한 색상을 사용하기 때문에 수묵화에서보다 준법이 그다지 중시되지 않았다.

준법 가운데 보편적으로 쓰이는 것에는 피마준, 수직준, 절대준, 미점준 등이 있다. 일정한 방향과 간격으로 선을 여러 개 그어 산의 등선을 표현하여 부드럽고 차분한 느낌을 주는 것이 피마준이다. 반면 수직준은 선을 위에서 아래로 죽죽 내려 그어 강하고 힘찬 느낌을 주어 뾰족한 바위산을 표현할 때 주로 사용한다. 절대준은 수평으로 선을 긋다가 수직으로 꺾어 내리는 것을 반복하여 마치 'ㄱ'자 모양이 겹쳐진 듯 표현한 것이다. 이는 주로 모나고 거친 느낌을 주는 지층이나 바위산을 표현할 때 쓰인다. 미점준은 쌀알 같은 타원형의 작은 점을 연속적으로 찍어 주로 비온 뒤의 습한 느낌이나 수풀을 표현할 때 사용한다.

준법은 화가가 자연에 대해 인식하고 그러한 인식의 결과를 표현하는 수단이다. 화가는 준법을 통해 단순히 대상의 외양뿐만 아니라 대상에 대한 자신의 느낌, 인식의 깊이까지 화폭에 그려내는 것이다.

*토파 : 흙으로 쌓아 올린 둑

① 준법의 개념은 무엇인가?
② 준법에는 어떤 종류가 있는가?
③ 준법을 통해 얻을 수 있는 효과는 무엇인가?
④ 채색화에서 사용되지 않은 준법은 무엇인가?

27 제시된 글의 논지 전개 방식에 대한 설명으로 가장 적절한 것은?

> 휴리스틱(Heuristic)은 문제를 해결하거나 불확실한 사항에 대해 판단을 내릴 필요가 있지만 명확한 실마리가 없을 경우에 사용하는 편의적·발견적인 방법이다. 우리말로는 쉬운 방법, 간편법, 발견법, 어림셈 또는 지름길 등으로 표현할 수 있다. 1905년 알베르트 아인슈타인은 노벨 물리학상 수상 논문에서 휴리스틱을 '불완전하지만 도움이 되는 방법'이라는 의미로 사용했다. 수학자인 폴리아는 휴리스틱을 '발견에 도움이 된다.'는 의미로 사용했고, 수학적인 문제 해결에도 휴리스틱 방법이 매우 유효하다고 했다.
>
> 휴리스틱을 이용하는 방법은 거의 모든 경우에 어느 정도 만족스럽고, 경우에 따라서는 완전한 답을 재빨리, 그것도 큰 노력 없이 얻을 수 있다는 점에서 사이먼의 '만족화' 원리와 일치하는 사고방식인데, 가장 전형적인 양상이 '이용가능성 휴리스틱(Availability Heuristic)'이다. 이용가능성이란 어떤 사상(事象)이 출현할 빈도나 확률을 판단할 때, 그 사상과 관련해서 쉽게 알 수 있는 사례를 생각해내고 그것을 기초로 판단하는 것을 뜻한다.
>
> 그러나 휴리스틱이 때로는 터무니없는 실수를 자아내는 원인이 되기도 한다. 불확실한 의사결정을 이론화하기 위해서는 확률이 필요하기 때문에 사람들이 확률을 어떻게 다루는지가 중요하다. 확률은 이를테면 어떤 사람이 선거에 당선될지, 경기가 좋아질지, 시합에서 어느 편이 우승할지 따위를 '전망'할 때 이용된다. 대개 그러한 확률은 어떤 근거를 기초로 객관적인 판단을 내리기도 하지만, 대부분은 직감적으로 판단을 내리게 된다. 그런데 직감적인 판단에서 오는 주관적인 확률은 과연 정확한 것일까? 카너먼과 트버스키는 일련의 연구를 통해 인간이 확률이나 빈도를 판단할 때 몇 가지 휴리스틱을 이용하지만, 그에 따라 얻게 되는 판단은 객관적이며 올바른 평가와 상당한 차이가 있다는 의미로 종종 '바이어스(Bias)'가 동반되는 것을 확인했다. 이용가능성 휴리스틱이 일으키는 바이어스 가운데 하나가 '사후 판단 바이어스'이다. 우리는 어떤 일이 벌어진 뒤에 '그렇게 될 줄 알았어.' 또는 '그렇게 될 거라고 처음부터 알고 있었어.'와 같은 말을 자주 한다. 이렇게 결과를 알고 나서 마치 사전에 그것을 예견하고 있었던 것처럼 생각하는 바이어스를 '사후 판단 바이어스'라고 한다.

① 분석 대상과 관련되는 개념들을 연쇄적으로 제시하며 정보의 확대를 꾀하고 있다.
② 인과 관계를 중심으로 분석 대상에 대한 논리적 접근을 시도하고 있다.
③ 핵심 개념을 설명하면서 그와 유사한 개념들과 비교함으로써 이해를 돕고 있다.
④ 전달하고자 하는 정보를 다양한 맥락에서 재구성하여 반복적으로 제시하고 있다.

28 다음 밑줄 친 단어의 쓰임이 적절하지 않은 것은?

① 우체국에 가서 편지 봉투에 우표를 <u>부쳤다</u>.
② 상민이는 자기가 하는 일에 대해 이유를 꼭 <u>붙여야</u> 직성이 풀린다.
③ 오늘 점심으로 자장면 두 그릇을 <u>시켰다</u>.
④ 마루 위에 누워 밤하늘의 별을 보며 무더운 여름밤의 열기를 <u>식혔다</u>.

29 다음 밑줄 친 단어의 쓰임이 적절한 것은?

① 책상 위에 책을 어지럽게 <u>별려</u> 두고 공부를 한다.
② 찬호는 창업에 성공 한 뒤, 지금보다 더 큰 가게를 <u>벌이려고</u> 한다.
③ 마을 이장이 소에게 <u>받쳐서</u> 꼼짝을 못 한다.
④ 쟁반에 커피를 <u>받히고</u> 조심스럽게 걸었다.

30 다음 중 밑줄 친 '다르다'와 '틀리다'의 쓰임이 적절하지 않은 것은?

① 이론과 현실은 <u>달라요</u>.
② 선생님, 제 생각은 선생님과 <u>틀립니다</u>.
③ 고장 난 문을 감쪽같이 고치다니 역시 기술자는 역시 <u>달라</u>.
④ 오늘 이 일을 마치기는 <u>틀린</u> 것 같다.

31 다음 밑줄 친 단어의 쓰임이 적절하지 않은 것은?

① 왜 이렇게 속을 <u>썩히니</u>?
② 수정이와 민혁이는 발을 <u>맞추어</u> 걸었다.
③ 밤송이를 <u>벌리고</u> 알밤을 꺼냈다.
④ 교실에서 너무 눈에 <u>띄는</u> 행동을 하지마라.

32 다음 글을 읽고 빈칸에 들어갈 알맞은 말은?

학생 : 오늘은 철학을 담당하고 계신 홍길동 선생님을 모시고 말씀을 나눠보도록 하겠습니다. 선생님, 안녕하십니까?

교사 : 안녕하십니까?

학생 : 저희 학생들은 대개 철학을 실제 생활과 별 관계가 없다고 생각합니다. 철학 수업 내용도 어렵다고 생각하고요.

교사 : 보통 학생들은 철학을 자신과 관계가 없고 어려운 것이라 생각합니다. 하지만 사실은 그렇지 않아요. 여러분들은 철학을 하고 있어요. 학생들은 사춘기를 맞아 많은 고민을 하고 있죠. 어른이 되기 위한 관문을 통과하는 의례라고도 할 수 있습니다. 이 시기에는 삶에 대해서 진지하게 생각하는 모습을 볼 수 있습니다. 삶이란 무엇인지, 어떻게 살 것인지, 장래 무엇을 할 것인지 등에 대해 고민하고, 친구와 대화를 나누기도 하고, 책을 읽어 보기도 하죠. 이런 행위들이 바로 철학을 하는 것입니다. 그런데 나이가 들면서 생활에 매달리다 보면 이런 고민을 사치라고 생각하는 사람이 많아집니다. 그렇지만 이런 생각은 철학을 잘못 이해하기 때문에 생긴 겁니다.

학생 : 좀 더 구체적으로 말씀해 주세요.

교사 : '나무는 보고 숲은 보지 못한다.'라는 말은 들어 봤죠? 물론 그 뜻도 알고 있겠습니다마는, 부분만을 봐서는 안 되고 전체를 봐야 한다는 뜻이죠. 그런데 이런 교훈은 일상생활에서 나온 겁니다. 살아가면서 얻은 교훈을 비유적으로 표현한 것이죠. [   ] 철학은 이처럼 단편적인 사실들이 서로 어떤 관계에 있는가를 주목하는 겁니다. 우리는 살아가는 과정에서 순간순간 선택을 하기 위해 생각을 하게 되죠? 우리는 바로 이런 장면에서 철학을 하는 겁니다. 선택의 기준은 자신의 생활신조이고요, 이 신조는 우리의 생활체험 속에서 스스로 얻은 것이고요.

---

① 나무는 각각 그 자체로 의미가 있는 것입니다.

② 숲을 이루는 나무는 전체적으로 통일되어 있어요.

③ 나무는 다른 나무와 관계를 가지면서 숲을 이루고 있어요.

④ 전체의 의미가 중요하기에 나무보다는 숲을 봐야 하지요.

33 다음 글의 중심 내용으로 가장 적절한 것은?

> 분노는 공격과 복수의 행동을 유발한다. 분노 감정의 처리에는 '눈에는 눈, 이에는 이'라는 탈리오 법칙이 적용된다. 분노의 감정을 느끼게 되면 상대방에 대해 공격적인 행동을 하고 싶은 공격충동이 일어난다. 동물의 경우, 분노를 느끼면 이빨을 드러내게 되고 발톱을 세우는 등 공격을 위한 준비 행동을 나타내게 된다. 사람의 경우에도 분노를 느끼면 자율신경계가 활성화되고 눈매가 사나워지며 이를 꽉 깨물고 주먹을 불끈 쥐는 등 공격 행위와 관련된 행동들이 나타나게 된다. 특히 분노 감정이 강하고 상대방이 약할수록 공격 충동은 행동화되는 경향이 있다.

① 공격을 유발하게 되는 원인
② 분노가 야기하는 행동의 변화
③ 탈리오 법칙의 정의와 실제 사례
④ 동물과 인간의 분노 감정의 차이

34 다음 글의 내용과 가장 부합하는 것은?

> 독일에서 'Fräulein'은 원래 미혼 여성을 뜻하는 말이었는데 제2차 세계대전 이후 미군과 결혼한 여성을 가리키는 말이 되면서 부정적인 색채를 띠게 되었다. 그러자 미혼 여성들은 자신들을 'Frau'(영어의 'Mrs.'와 같다)로 불러달라고 공식적으로 요청하기 시작했다. 이런 요구를 하는 여성들이 갑자기 늘어나자 언론은 '부인으로 불러달라는 여자들이라니'라는 제목 아래 여자들이 별 희한한 요구를 다 한다는 식으로 보도했다. 'Fräulein'과 'Frau'는 한동안 함께 사용되다가 점차 'Frau'의 사용이 늘자 1984년에는 공문서상 미혼 여성도 'Frau'로 표기한다고 법으로 규정했다. 'Fräulein'이라는 말이 여성들의 의식이 달라진 이 시대에 뒤떨어졌다는 것이었다. 프랑스에서 'Mademoiselle'도 같은 운명을 겪고 있다.

① 언어는 자족적 체계이다.
② 언어는 사회적 가치를 반영한다.
③ 언어는 특정 언어공동체의 의사소통의 도구이다.
④ 언어는 의미와 형식의 결합으로 이루어진 기호의 일종이다.

다음 글의 제목으로 가장 적절한 것은?

대부분의 사람이 주식 투자를 하는 목적은 자산을 증식하는 것이지만, 항상 이익을 낼 수는 없으며 이익에 대한 기대에는 언제나 손해에 따른 위험이 동반된다. 이러한 위험을 줄이기 위해서 일반적으로 투자자는 포트폴리오를 구성하는데, 이때 전반적인 시장상황에 상관없이 나타나는 위험인 '비체계적 위험'과 시장 상황에 연관되어 나타나는 위험인 '체계적 위험' 두 가지를 동시에 고려해야 한다.

비체계적 위험이란 종업원의 파업, 경영 실패, 판매의 부진 등 개별 기업의 특수한 상황과 관련이 있는 것으로 '기업 고유 위험'이라고도 한다. 기업의 특수 사정으로 인한 위험은 예측하기 어려운 상황에서 돌발적으로 일어날 수 있는 것으로, 여러 주식에 분산 투자함으로써 제거할 수 있다. 반면에 체계적 위험은 시장의 전반적인 상황과 관련한 것으로, 예를 들면 경기 변동, 인플레이션, 이자율의 변화, 정치 사회적 환경 등 여러 기업들에 공통으로 영향을 주는 요인들에 기인한다. 체계적 위험은 주식 시장 전반에 관한 위험이기 때문에 비체계적 위험에 대응하는 분산투자의 방법으로도 감소시킬 수 없으므로 '분산 불능 위험'이라고도 한다.

그렇다면 체계적 위험에 대응할 방법은 없을까? '베타 계수'를 활용한 포트폴리오 구성으로 투자자는 체계적 위험에 대응할 수 있다. 베타 계수란 주식 시장 전체의 수익률 변동이 발생했을 때 이에 대해 개별 기업의 주가 수익률이 얼마나 민감하게 반응하는가를 측정하는 계수로, 종합주가지수의 수익률이 1% 변할 때 개별 주식의 수익률이 얼마나 변하는가를 나타내며, 수익률의 민감도로 설명할 수 있다. 따라서 투자자는 주식시장이 호황에 진입할 경우 베타 계수가 큰 종목의 투자 비율을 높이지만 불황이 예상되는 경우에는 베타 계수가 작은 종목의 투자 비율을 높여 위험을 최소화할 수 있다.

① 비체계적 위험과 체계적 위험의 사례 분석
② 비체계적 위험을 활용한 경기 변동의 예측 방법
③ 비체계적 위험과 체계적 위험을 고려한 투자 전략
④ 종합주가지수 변동에 민감한 비체계적 위험의 중요성

10월 9일은 오늘의 한글을 창제해서 세상에 펴낸 것을 기념하고, 한글의 우수성을 기리기 위한 국경일이다. 한글은 인류가 사용하는 문자 중에서 창제자와 창제연도가 명확히 밝혀진 문자임은 물론, 체계적이고 과학적인 원리로 어린아이도 배우기 쉬운 문자이다. 한글의 우수성은 한자나 영어와 비교해 봐도 쉽게 알 수 있다. 기본적인 생활을 하기 위해서 3,000자에서 5,000자 정도의 수많은 문자의 모양과 의미를 외워야하는 표의문자인 한자와는 달리, 한글은 소리를 나타내는 표음문자이기 때문에 24개의 문자만 익히면 쉽게 조합하여 학습할 수 있다.

한글의 이러한 과학적인 부분은 실제로 세계 학자들 사이에서도 찬탄을 받는다. 한글이 세계 언어학계에 본격적으로 알려진 것은 1960년대이다. 영국의 저명한 언어학자인 샘프슨(G. Sampson) 교수는 '한글은 과학적인 원리로 창제된 세계에서 가장 훌륭한 글자'라고 평가한다. 그는 특히 '발성 기관이 소리를 내는 모습을 따라 체계적으로 창제된 점이 과학적이며 문자 자체가 소리의 특징을 반영했다는 점이 놀랍다.'라고 평가한다. 동아시아 역사가 라이샤워(O. Reichaurer)도 '한글은 전적으로 독창적이고 놀라운 음소문자로, 세계의 어떤 나라의 일상 문자에서도 볼 수 없는 가장 과학적인 표기 체계이다.'라고 찬탄하고 있으며, 미국의 다이아몬드(J. Diamond) 교수 역시 '세종이 만든 28자는 세계에서 가장 훌륭한 알파벳이자 가장 과학적인 표기법 체계'라고 평가한다.

이러한 점을 반영하여 유네스코에서는 한글을 문화유산으로 등록함은 물론, 세계적으로 문맹 퇴치에 이바지한 사람에게 '세종대왕'의 이름을 붙인 상을 주고 있다. 이처럼 세계적으로 인정받는 우리의 독창적이고 고유한 글자인 '한글'에 대해 우리는 더욱더 큰 자긍심을 느껴야 할 것이다.

① 영국의 저명한 언어학자인 샘프슨(G. Sampson) 교수는 '세종이 만든 28자는 세계에서 가장 훌륭한 알파벳'이라고 평가했다.

② 한글은 소리를 나타내는 표음문자이기 때문에 한자와 달리 문자를 따로 익힐 필요는 없다.

③ 한글 창제에 담긴 세종대왕의 정신을 기리기 위해 유네스코에서는 세계적으로 문맹 퇴치에 이바지한 사람에게 '세종대왕' 상을 수여한다.

④ 한글을 배우기 위해서는 문자의 모양과 의미를 외워야 한다.

※ 다음 문장의 (   )안에 들어갈 말로 알맞은 것을 고르시오. [37~40]

37

이모는 파워포인트를 배워서 이제 (   ) 문서는 작성할 수 있게 되었다.

① 웬만한   ② 왠만한
③ 왠간한   ④ 엥간한

38

우리 회사가 글로벌 금융위기와 국내외 경기침체에도 아랑곳없이 성장을 지속해 연간 매출 100조 원을 (   )했다.

① 경신   ② 갱신
③ 돌파   ④ 돌진

39

과소비를 (   )하는 과대광고를 하지 말아야 한다.

① 열망   ② 공개
③ 의심   ④ 조장

40

특허제도에 관하여 링컨은 '특허제도는 천재의 불에 이익이라는 (   )을/를 부은 것이다.'라고 하였다.

① 연장   ② 촉매
③ 기름   ④ 촉진

영역 소개

수리능력은 기초수리, 응용수리, 자료해석 유형의 문제가 출제되며, 30문항을 12분 안에 해결해야 한다. 기초수리에서는 기본적인 사칙연산이나 단순계산, 수의 대소비교 등이 출제되고, 응용수리에서는 일반 방정식 및 부등식 유형으로 소금물의 농도, 나이, 일, 거리 · 속력 · 시간, 가격, 정가 · 원가 등이 출제되며, 자료해석에서는 다양한 통계 자료와 그래프 등을 제시해주고 이와 관련된 해석과 계산을 묻는 문제가 출제된다.

기초수리

단순한 문제이지만 얼마나 정확하고 빠르게 사칙연산을 해낼 수 있는지 평가하는 유형이다. 짧은 제한시간 안에 여러 문제를 해결해야 하는데, 이때 주어진 문제에 맞게 정확하게 연산하고 계산해낼 수 있어야 한다.

학습전략
• 난이도가 낮으나 주어진 시간이 짧으므로 속도와 정확성이 중요하다.
• 연산 순서를 정확히 알고, 평소에 빠르고 정확하게 계산하는 연습을 해야 한다.

응용수리

수의 관계에 대해 알고 그것을 응용하여 계산할 수 있는지, 그리고 문제에서 요구하는 답을 구하기 위해 필요한 식을 세울 수 있는지 평가하는 유형이다.

학습전략
• 자주 쓰는 공식(거리 · 속력 · 시간, 농도 등)은 반드시 암기하도록 한다.
• 문제를 통해 구해야 할 미지수와 관련된 수를 확인하여 어떠한 식을 수립할 것인지 반복하여 연습한다.
• 문제가 복잡해 보일 경우, 보기를 직접 대입하여 풀이해보는 것도 하나의 방법이 될 수 있다.

<table>
<tr><td>**자료해석**</td><td>제시된 자료의 구성을 우선적으로 살펴 자료가 말하고자 하는 내용을 숙지한 상태에서 문제를 읽고, 그에 해당하는 자료를 찾아 해결해가는 순서대로 연습한다. 그렇지 않고 아무 준비없이 문제를 읽고 수치를 찾고자 하면 단순한 자료해석 문제로는 성과가 있을지 몰라도, 혼합된 자료나 흔히 보기 힘든 그래프 등으로 구성된 문제는 쉽게 풀기 힘들다.</td></tr>
</table>

학습전략
- 자료가 복잡할 경우, 주어진 보기를 직접 대입하여 풀이해보는 것도 하나의 방법이 될 수 있다.

01 기초수리

1 기출유형분석

대표유형 Ⅰ 기본연산

---

01 다음 식을 계산할 때, ( )에 알맞은 기호는?

$$(609+24)(\quad)3+11=222$$

① ＋
② －
③ ×
④ ÷

02 다음 문제를 계산하면?

$$15\times108-303\div3+7$$

① 1,526
② 1,626
③ 1,536
④ 1,636

03 다음 A, B에 대하여 대소를 비교하면?

$$A = \frac{7}{3} + \frac{4}{5}$$
$$B = \frac{3}{2} + \frac{32}{15}$$

① A>B
② A<B
③ A=B
④ 알 수 없다.

출제의도 ●

기초적인 수리연산을 빠른 시간 내에 얼마나 정확하게 할 수 있는지 평가한다.

문제풀이 ● 01 ④   02 ①   03 ②

01

$633 (\div) 3 = 211$

02

$(15 \times 108) - (303 \div 3) + 7 = 1,620 - 101 + 7 = 1,526$

03

$A = \frac{7}{3} + \frac{4}{5} = \frac{47}{15} = \frac{94}{30}$, $B = \frac{3}{2} + \frac{32}{15} = \frac{109}{30}$

$\therefore A < B$

01 36⁵는 다음 중 어느 수로 나누어지는가?

① 121   ② 144

③ 169   ④ 225

02 다음 규칙에 따라 주어진 식의 값을 구하면?

- 기호 ◇는 그 기호의 양측의 수의 차를 제곱하는 연산이다.
- 기호 ☆은 그 기호의 우측의 수에 5를 곱한 뒤, 좌측의 수에서 빼는 연산이다.

$$(1 ◇ 4) ☆ 2$$

① -1 ② 2

③ 5   ④ 8

출제의도 ●

제시된 식을 얼마나 빨리 이해하고 정확하게 해결할 수 있는지 평가한다.

문제풀이 ● 01 ②   02 ①

01

$36^5 = (2^2 \times 3^2)^5 = 2^{10} \times 3^{10}$

② $144 = 2^4 \times 3^2$

02

$(1 ◇ 4) ☆ 2 = (4-1)^2 ☆ 2 = 9 ☆ 2 = 9 - (2 \times 5) = -1$

오답확인 ●

01

① $121 = 11^2$

③ $169 = 13^2$

④ $225 = 3^2 \times 5^2$

대표유형 | **기본연산**

---

01 계산 결과가 다음과 같은 것은?

$$\frac{5}{6} \times \frac{3}{4} - \frac{7}{16}$$

① $\frac{8}{3} - \frac{4}{7} \times \frac{2}{5}$

② $\frac{4}{5} \times \frac{2}{3} - \left(\frac{3}{7} - \frac{1}{6}\right)$

③ $\frac{5}{6} \div \frac{5}{12} - \frac{3}{5}$

④ $\left(\frac{1}{4} - \frac{2}{9}\right) \times \frac{9}{4} + \frac{1}{8}$

02 다음 식을 계산한 값으로 옳은 것은?

$$(79 + 79 + 79 + 79) \times 25$$

① 781

② 7,810

③ 790

④ 7,900

03 다음 괄호 안에 들어갈 알맞은 수는?

$$74 + (\quad) - 12 = 98$$

① 25

② 26

③ 35

④ 36

04 주어진 식을 계산했을 때, 결과 값을 비교한 것으로 올바른 것은?

$$A = 108 \times (10^3 + 1)$$
$$B = 468 \times 231$$

① A>B

② A<B

③ A=B

④ 알 수 없다.

05 6할 2푼 5리를 백분율로 바르게 변환한 것은?

① 0.625%   ② 6.25%

③ 62.5%   ④ 625%

06 스웨덴 화폐 1크로나가 미국 화폐 0.12달러일 때, 120크로나는 몇 달러인가?

① 14.4달러   ② 1.44달러

③ 15.4달러   ④ 1.54달러

07 회사 근처 공원에는 정육각형 모양의 길이 있다. 정육각형 각 꼭짓점에 나무가 한 그루씩 심어져 있고, 10m마다 나무가 한 그루씩 심어져 있다. 길을 따라서 총 9,000그루의 나무가 심어져 있을 때, 이 길의 길이는 얼마인가?

① 9km   ② 9.06km

③ 90km   ④ 90.6km

08 K 회사는 야유회에서 가로의 길이가 40cm, 세로의 길이가 16cm인 돗자리를 붙여 하나의 큰 정사각형 모양의 자리를 만들려고 한다. 돗자리는 최소 몇 개가 필요한가?

① 8개   ② 10개

③ 12개   ④ 14개

02 응용수리

1 기출유형분석

대표유형 | 방정식 · 부등식의 활용

정주의 회사는 본사에서 사옥까지의 거리가 총 50km라고 한다. 버스를 타고 60km/h의 속력으로 20km를 갔더니 사옥에서의 미팅시간이 얼마 남지 않아서, 택시로 바꿔 타고 90km/h의 속력으로 갔더니 오후 3시에 도착할 수 있었다. 본사에서 나온 시각은 언제인가?(단, 본사에서 나와 버스를 기다린 시간과 버스에서 택시로 바꿔 탄 시간은 생각하지 않는다)

① 오후 1시 40분
② 오후 2시
③ 오후 2시 20분
④ 오후 2시 40분

출제의도 ●
문제에 제시된 관계를 이용하여 비례식과 방정식(부등식)을 수립하고 계산할 수 있는지를 평가한다.

문제풀이 ● ③

정주가 본사에서 나온 시각은, 오후 3시에서 사옥까지 걸린 시간만큼 빼주면 된다. 따라서 $\frac{20}{60} + \frac{30}{90} = \frac{2}{3}$이다. 사옥까지 걸린 시간은 40분이므로, 오후 3시에 도착했다면 오후 2시 20분에 본사에서 나왔다는 것을 알 수 있다.

A, B 주사위 2개를 동시에 던졌을 때, A에서는 짝수의 눈이 나오고, B에서는 3 또는 5의 눈이 나오는 경우의 수는?

① 2가지

② 3가지

③ 5가지

④ 6가지

출제의도 ●

경우의 수에 관하여 이해하고 이를 적용하여 문제를 해결할 수 있는지 평가한다.

문제풀이 ● ④

A에서 짝수의 눈이 나오는 경우의 수는 2, 4, 6 → 3가지

B에서 3 또는 5의 눈이 나오는 경우의 수는 3, 5 → 2가지

따라서 A, B 주사위는 동시에 던지므로 곱의 법칙에 의해 3×2=6가지이다.

2 유형 익히기

대표유형 | 방정식·부등식의 활용

---

01 민석이는 기숙사에서 회사까지 2km 거리를 자전거를 타고 시속 4km 속력으로 출근한다. 민석이는 회사에 몇 시간 만에 도착하는가?

① 10분 ② 20분

③ 30분 ④ 40분

02 현재 현우의 나이는 30살이고, 조카의 나이는 5살이다. 현우의 나이가 조카 나이의 2배가 되는 것은 몇 년 후인가?

① 17년 후 ② 18년 후

③ 19년 후 ④ 20년 후

03 초등학교 앞에서 문구점을 운영하고 있는 해영이는 어린이날을 맞이하여 정가가 2,000원인 연필세트를 10% 할인하여 팔았다. 이 경우 300원의 이익이 생겼다면 연필세트의 원가는 얼마인가?

① 1,000원 ② 1,300원

③ 1,500원 ④ 1,800원

04 $a<0$일 때, x에 관한 부등식 $ax+2>0$의 해를 구하면?

① $x<-\dfrac{2}{a}$ ② $x>-\dfrac{2}{a}$

③ $x<-2a$ ④ $x<\dfrac{2}{a}$

05 예리가 혼자 하면 4일, 조이가 혼자하면 6일이 걸리는 창작안무가 있다. 예리가 먼저 2일 동안 안무를 구상하고, 남은 양을 조이가 끝내려고 한다. 이때 조이는 며칠 동안 남은 양을 해야 하는가?

① 2일   ② 3일
③ 4일   ④ 5일

06 작년 A 중학교 1학년 학생 수는 200명이다. 작년 동안 1학년 학생 중 다른 학교에서 전학 온 학생으로 인해 올해 2학년은 10% 증가하였다면 올해 2학년 학생 수는?

① 170명   ② 190명
③ 200명   ④ 220명

07 8월 19일이 월요일이라면, 30일 후는 무슨 요일인가?

① 수요일   ② 목요일
③ 금요일   ④ 토요일

08 설을 맞이하여 귀성길에 오르는데, 친가와 외가를 한 번에 가려고 한다. 친가는 대전, 외가는 부산에 있으며, 서울에서 출발하려고 한다. 서울에서 대전까지는 승용차, 버스, 기차, 대전에서 부산까지는 버스, 기차, 서울에서 부산까지는 비행기, 기차, 버스로 갈 수 있다. 친가와 외가를 가는 방법은 모두 몇 가지인가?(단, 돌아오는 방법은 생각하지 않는다)

① 10가지   ② 12가지   ③ 14가지   ④ 16가지

09 서로 다른 8개의 컵 중에서 4개만 식탁 위에 원형으로 놓는 방법의 수는?

① 400가지   ② 410가지   ③ 420가지   ④ 430가지

10 민우, 현호, 용재, 경섭, 진수가 일렬로 줄을 설 때 양 끝에 현호와 진수가 서게 될 확률은?

① $\dfrac{1}{3}$ ② $\dfrac{1}{9}$ ③ $\dfrac{1}{10}$ ④ $\dfrac{1}{11}$

11 내일은 사내 체육대회에서 축구 경기가 있는 날인데 비가 올 확률은 $\dfrac{2}{5}$이다. 비가 온다면 이길 확률이 $\dfrac{1}{3}$, 비가 오지 않는다면 이길 확률이 $\dfrac{1}{4}$일 때, 이길 확률은?

① $\dfrac{4}{15}$ ② $\dfrac{17}{60}$ ③ $\dfrac{3}{10}$ ④ $\dfrac{19}{60}$

12 영업팀 사원 10명을 대상으로 가장 좋아하는 색깔을 조사하니 빨간색, 노란색, 하늘색이 차지하는 비율이 2 : 5 : 3이었다. 사원 2명을 임의로 선택했을 때, 좋아하는 색이 다를 확률은?

① $\dfrac{3}{5}$ ② $\dfrac{29}{45}$ ③ $\dfrac{31}{45}$ ④ $\dfrac{32}{45}$

대표유형　**자료해석**

다음 표는 OECD 회원국의 고용률을 조사한 자료이다. 이 자료를 보고 판단한 내용 중 옳지 않은 것은?

〈OECD의 고용률 추이〉

(단위 : %)

구 분	2012년	2013년	2014년	2015년				2016년	
				1분기	2분기	3분기	4분기	1분기	2분기
OECD 전체	64.9	65.1	66.2	66.0	66.1	66.3	66.5	66.8	66.9
미 국	67.1	67.4	68.7	68.5	68.7	68.7	68.9	69.3	69.2
일 본	70.6	71.7	73.3	73.1	73.2	73.4	73.7	74.1	74.2
영 국	70.0	70.5	72.7	72.5	72.5	72.7	73.2	73.3	73.6
독 일	73.0	73.5	74.0	74.0	73.8	74.0	74.2	74.4	74.5
프랑스	64.0	64.1	63.8	63.8	63.8	63.8	64.0	64.2	64.2
한 국	64.2	64.4	65.7	65.7	65.6	65.8	65.9	65.9	65.9

① 2012년부터 2016년 2분기까지 프랑스와 한국의 고용률은 OECD 전체 고용률을 넘은 적이 한 번도 없었다.

② 2012년부터 영국의 고용률은 계속 증가하고 있다.

③ 2016년 1분기에서 6개 국가의 고용률 중 가장 높은 국가와 가장 낮은 국가의 고용률 차이는 10.2%p이다.

④ 2016년 1분기와 2분기에서 2개의 국가가 고용률이 변하지 않았다.

출제의도 ●

주어진 자료를 해석하여 옳고 그른 설명을 분별해 낼 수 있는지를 평가한다.

문제풀이 ● ②

2015년 1분기에는 2014년보다 고용률이 하락했고 2015년 2분기에는 1분기 고용률이 유지되었다.

오답확인 ●

① 문제의 표를 참고하면 쉽게 확인할 수 있다.

③ 2016년 1분기 고용률이 가장 높은 나라는 독일이고, 가장 낮은 나라는 프랑스이다. 독일의 고용률은 74.4%이고, 프랑스의 고용률은 64.2%이다. 따라서 두 국가의 고용률의 차는 74.4−64.2=10.2%p이다.

④ 프랑스와 한국의 2016년 1분기와 2분기 고용률은 변하지 않았다.

정답 및 해설 p.013

01 다음 표는 여러 국가의 자동차 보유 대수를 나타낸 것이다. 이 표로부터 확실히 알 수 있는 것은?

〈국가별 자동차 보유 대수〉

(단위 : 천 대)

구 분	총 수	승용차	트럭 · 버스
미 국	129,943	104,898	25,045
독 일	18,481	17,356	1,125
프랑스	17,434	15,100	2,334
영 국	15,864	13,948	1,916
이탈리아	15,400	14,259	1,141
캐나다	10,029	7,823	2,206
호 주	5,577	4,506	1,071
네덜란드	3,585	3,230	355

① 자동차 보유 대수에서 승용차가 차지하는 비율이 가장 높은 국가는 프랑스이다.
② 자동차 보유 대수에서 승용차가 차지하는 비율이 가장 낮은 국가는 호주이지만, 그래도 90%를 넘는다.
③ 캐나다와 프랑스의 승용차와 트럭 · 버스의 대수의 비율은 3 : 1로 거의 비슷하다.
④ 유럽 국가들은 미국, 캐나다, 호주와 비교해서 자동차 보유 대수에서 승용차가 차지하는 비율이 높다.

02 다음은 다섯 가지 커피에 대한 소비자 선호도 조사를 정리한 자료이다. 조사는 541명의 동일한 소비자를 대상으로 1차와 2차 구매를 통해 이루어졌다. 자료에 대한 설명으로 옳은 것은?

〈커피에 대한 소비자 선호도 조사〉

(단위 : 명)

1차 구매	2차 구매					총 계
	A	B	C	D	E	
A	93	17	44	7	10	171
B	9	46	11	0	9	75
C	17	11	155	9	12	204
D	6	4	9	15	2	36
E	10	4	12	2	27	55
총 계	135	82	231	33	60	541

㉠ 대부분의 소비자들이 취향에 맞는 커피를 꾸준히 선택하고 있다.
㉡ 1차에서 A를 구매한 소비자가 2차 구매에서 C를 구입하는 경우가 그 반대의 경우보다 더 적다.
㉢ 전체적으로 C를 구입하는 소비자가 제일 많다.

① ㉠
② ㉡, ㉢
③ ㉢
④ ㉠, ㉢

03 다음 표는 일 년 동안 어느 병원을 찾은 당뇨병 환자에 대한 자료이다. 이 표에 대한 해석으로 옳지 않은 것은?

(단위 : 명)

나 이 \ 당뇨병	경증		중증	
	여 자	남 자	여 자	남 자
50세 미만	9	13	8	10
50세 이상	10	18	8	24

① 여자 환자 중 중증인 환자의 비율은 $\dfrac{16}{35}$이다.
② 경증 환자 중 남자 환자의 비율은 중증 환자 중 남자 환자의 비율보다 높다.
③ 50세 이상의 환자 수는 50세 미만 환자 수의 약 1.5배이다.
④ 중증인 여자 환자의 비율은 전체 당뇨병 환자의 약 16%이다.

04 다음은 상품 A, B의 일 년 동안의 계절별 판매량을 나타낸 그래프이다. 이 그래프의 내용과 다른 것은?

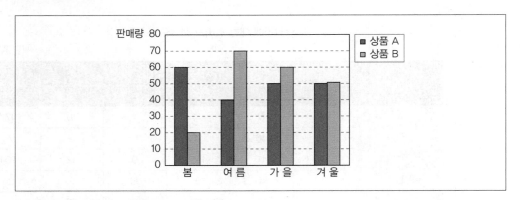

① A와 B의 연간 판매량은 거의 같다.

② A의 판매량의 표준편차가 B의 것보다 크다.

③ A와 B의 판매량의 합이 가장 적은 계절은 봄이다.

④ 두 상품의 판매량의 차는 봄에서부터 시간이 지남에 따라 감소한다.

※ 다음 문제를 계산하시오. [1~4]

01

$$1,462 + 1,305 \times 24$$

① 32,682
② 32,762
③ 32,772
④ 32,782

02

$$(14 + 4 \times 3) \div 2$$

① 11
② 12
③ 13
④ 14

03

$$\frac{2}{3} \div 5 + \frac{2}{5} \times 2$$

① $\frac{14}{15}$
② $\frac{4}{5}$
③ $\frac{2}{3}$
④ $\frac{8}{15}$

04

$$12 \times 8 - 4 \div 2$$

① 82
② 94
③ 100
④ 112

05 석영이는 오후 3시에 집에서 출발하여 뒷산 꼭대기까지 갔다가 같은 길을 돌아와 그날 저녁 9시에 집에 도착했다. 산을 올라갈 때는 시속 2km로 걸었고, 내려올 때는 시속 4km로 걸었다면 석영이는 총 몇 km를 걸었는가?

① 10km   ② 12km

③ 14km   ④ 16km

06 해선이가 학교로 출발한 지 5분 후, 동생이 따라 나왔다. 동생은 매분 100m의 속력으로 걷고 해선이는 매분 80m의 속력으로 걷는다면 둘은 동생이 출발한 뒤 몇 분 후에 만나는가?

① 15분   ② 20분

③ 25분   ④ 30분

07 유진이와 어머니의 나이 차는 25살이다. 어머니의 나이는 유진이의 나이의 6배라면 현재 유진이와 어머니의 나이는?

① 유진 2세, 어머니 27세   ② 유진 3세, 어머니 28세

③ 유진 4세, 어머니 29세   ④ 유진 5세, 어머니 30세

08 D 대학 교양 수업을 수강 신청한 남학생과 여학생의 비율은 5 : 4였다. 수강 정정을 통해 몇 명의 남학생이 들어와서 남녀 비율이 3 : 2, 전체 학생은 60명이 되었다. 수강 정정한 학생의 수는?

① 3명   ② 4명

③ 5명   ④ 6명

※ 다음 자료는 어느 나라의 2015년과 2017년의 성별 학위취득자 분포를 나타낸다. 물음에 답하시오.
[9~10]

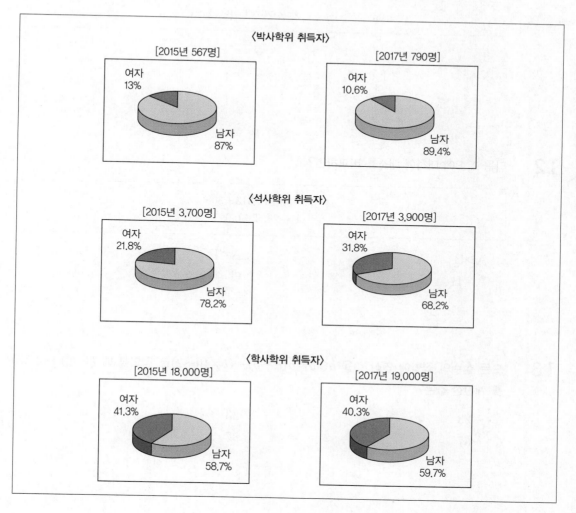

09 해당 기간 동안 여성 학사학위 취득자 수는 어떻게 바뀌었나?

① 184명 증가　　　　　　　　　② 196명 증가
③ 215명 증가　　　　　　　　　④ 223명 증가

10 해당 기간 동안 전체 학위 취득자 중 박사학위 취득자의 비중이 어떻게 바뀌었나?

① 약 0.5%p 증가　　　　　　　② 약 0.8%p 증가
③ 약 1.2%p 증가　　　　　　　④ 약 1.5%p 증가

11 다음 ○안에 들어갈 알맞은 사칙연산 기호를 고르면?

$$2 \square 4 \bigcirc 6 \triangle 3 = 0$$

① ＋　　　　　　　　　　　② －
③ ×　　　　　　　　　　　④ ÷

12 다음 A, B에 대하여 대소를 비교하면?

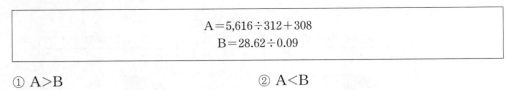

$$A = 5{,}616 \div 312 + 308$$
$$B = 28.62 \div 0.09$$

① A＞B　　　　　　　　　② A＜B
③ A＝B　　　　　　　　　④ 알 수 없다.

13 모든 실수의 집합에 연산 ◎을 $a◎b = a(a-b)+(b\times10+2)$로 정의할 때 $(1◎6)+(4◎2)$를 계산한 값은?

① -23　　　　　　　　② 23
③ -87　　　　　　　　④ 87

14 2, 5, 13의 어느 것으로 나누어도 1이 남는 수 중, 가장 작은 세 자리 자연수는?

① 111　　　　　　　　　② 121
③ 131　　　　　　　　　④ 141

15 다음은 지역개발사업에 대한 신문과 방송의 보도내용을 사업 착공 전후로 나누어 분석하고, 이 중 주요 분야 6개를 선택하여 작성한 자료이다. 이에 대한 설명으로 〈보기〉 중 옳은 것은?

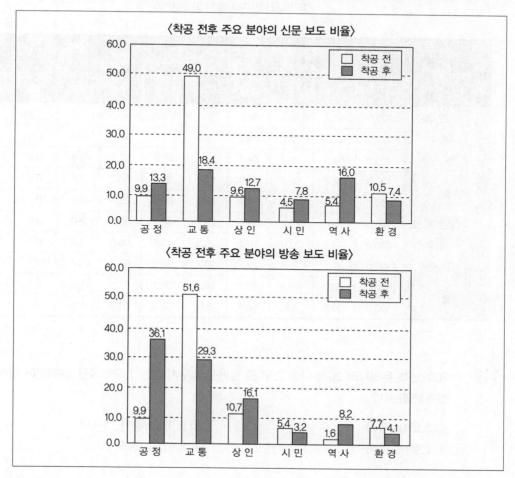

〈착공 전후 주요 분야의 신문 보도 비율〉

〈착공 전후 주요 분야의 방송 보도 비율〉

━● 보 기 ●━
⊙ 신문 보도에서 착공 전에 가장 높은 보도 비율을 보인 두 분야 모두 착공 후 신문 보도 비율이 감소했다.
ⓛ 교통은 착공 후에도 신문과 방송 모두에서 가장 많이 보도된 분야이다.
ⓒ 착공 전에 비해 착공 후 교통에 대한 보도 비율의 감소폭은 방송보다 신문에서 더 큰 것으로 나타났다.
ⓔ 착공 전 대비 착공 후 보도 비율의 증가율이 신문에서 가장 큰 분야는 역사이다.
ⓜ 착공 전 교통에 대한 보도 비율은 신문보다는 방송에서 더 높은 것으로 나타났다.

① ⊙, ⓛ, ⓜ
② ⊙, ⓒ, ⓔ
③ ⓛ, ⓒ, ⓔ
④ ⊙, ⓒ, ⓔ, ⓜ

※ 다음은 우리나라 인구의 흡연 및 흡연량과 관련된 자료이다. 이어지는 물음에 답하시오. [16~17]

<우리나라 인구의 흡연 및 흡연량>

(단위 : %)

구 분		20세 이상 인구	비흡연	흡연 경험		흡 연	흡연량				
				끊었음	피운 적 없음		10개비 이하	11~20 개비	21~30 개비	31~40 개비	41개비 이상
1999년	전 국	100.0	64.9	15.2	84.8	35.1	34.9	55.2	7.2	0.3	2.4
	동 부	100.0	65.1	15.1	84.9	34.9	35.9	54.7	6.8	0.3	2.3
	읍·면부	100.0	64.0	15.3	84.7	36.0	30.9	57.3	8.5	0.4	2.9
	성별 남 자	100.0	32.2	55.2	44.8	67.8	32.4	57.2	7.6	0.3	2.6
	성별 여 자	100.0	95.4	2.6	97.4	4.6	68.6	28.5	1.9	0.2	0.8
2003년	전 국	100.0	70.8	20.7	79.3	29.2	40.5	50.7	6.0	2.6	0.2
	동 부	100.0	70.7	20.6	79.4	29.3	40.8	50.6	5.9	2.5	0.2
	읍·면부	100.0	71.3	20.8	79.2	28.7	39.2	50.9	6.4	3.1	0.4
	성별 남 자	100.0	43.7	60.9	39.1	56.3	38.1	52.5	6.4	2.7	0.3
	성별 여 자	100.0	96.2	3.5	96.5	3.8	73.4	24.9	0.6	1.0	0.1

16 2003년에 우리나라 20세 이상 인구 중 담배를 피우지 않는 인구비율은 1999년에 비해 어떻게 변화하였는가?

① 5.9%p 증가 ② 6.9%p 증가
③ 7.9%p 증가 ④ 8.9%p 증가

17 2003년에 담배를 피우지 않는 사람 중 담배를 끊은(금연) 사람의 비율은 1999년에 비해 어떻게 변화하였는가?

① 5.5%p 증가 ② 6.6%p 증가
③ 7.7%p 증가 ④ 8.8%p 증가

18 다음은 어느 대학의 모집단위별 지원자 수 및 합격자 수를 나타낸 표이다. 표에 대한 설명 중 옳지 않은 것은?

〈모집단위별 지원자 수 및 합격자 수〉

(단위 : 명)

모집단위	남 성		여 성		계	
	합격자 수	지원자 수	합격자 수	지원자 수	모집정원	지원자 수
A	512	825	89	108	601	933
B	353	560	17	25	370	585
C	138	417	131	375	269	792
계	1,003	1,802	237	508	1,240	2,310

• 경쟁률 = $\dfrac{\text{지원자 수}}{\text{모집정원}}$

① 세 개의 모집단위 중, 총 지원자 수가 가장 많은 집단은 A이다.

② 세 개의 모집단위 중, 합격자 수가 가장 적은 집단은 C이다.

③ 이 대학의 남자 합격자 수는 여자 합격자 수의 5배 이상이다.

④ B 집단의 경쟁률은 $\dfrac{117}{74}$이다.

19 어떤 상품의 가격을 아래와 같이 조정하였을 때, 다음 중 옳은 것은?

ⓐ 가격이 1,000원인 상품을 10% 인하 후 10% 인상
ⓑ 가격이 2,000원인 상품을 60% 인하 후 30% 인상
ⓒ 1,020원

① ⓐ, ⓑ의 가격만 동일

② ⓑ, ⓒ의 가격만 동일

③ ⓐ, ⓒ의 가격만 동일

④ ⓐ, ⓑ, ⓒ의 가격이 모두 다름

20 어느 통신회사는 이동전화의 통화시간에 따라 월 2시간까지는 기본요금, 2시간 초과 3시간 이하까지는 분당 a원을, 그리고 3시간 초과부터 분당 $2a$원을 부과한다. 아래의 표와 같이 요금이 청구되었을 때, a의 값은?

구 분	통화시간	요금
1월	3시간 30분	21,600원
2월	2시간 20분	13,600원

① 50원　　　　　　　　　　② 80원
③ 100원　　　　　　　　　 ④ 120원

21 똑같은 방법으로 집을 지어 완성시킬 때 A는 10일, B는 8일이 걸린다. A가 집을 4일 동안 지은 후 B가 그 집을 마저 완성하였다. B가 집을 완성시키는 데 소요된 기간은?

① 5일　　　　　　　　　　② 6일
③ 7일　　　　　　　　　　④ 8일

22 세 개의 톱니바퀴 A, B, C가 서로 맞물려 회전하고 있을 때, A 바퀴가 1분에 5회전할 때 C 바퀴는 1분에 몇 회전하는가?(단, 각 바퀴의 반지름은 A=14cm, B=9cm, C=7cm이다)

① 7회전　　　　　　　　　② 8회전
③ 9회전　　　　　　　　　④ 10회전

23 다음 표는 미독립 분단국가의 국민들을 상대로 독립과 통일에 관한 견해를 설문조사한 결과이다. 이 표에 대한 해석 중 옳은 것을 〈보기〉에서 모두 고르면?

〈독립과 통일에 관한 견해〉

(단위 : %)

구 분		통일에 대한 견해			
		무조건 찬성	조건부 찬성	반 대	계
독립에 대한 견해	무조건 찬성	2.7	9.0	15.7	27.4
	조건부 찬성	9.3	25.4	11.3	46.0
	반 대	8.5	13.6	4.5	26.6
	계	20.5	48.0	31.5	100.0

* '찬성한다'는 '무조건 찬성'과 '조건부 찬성'을 합한 것

● 보 기 ●
㉠ 독립과 통일 모두 반대하는 사람의 비율은 4.5%이다.
㉡ 독립에 찬성하는 사람의 비율은 46.0%이다.
㉢ 독립에 조건부 찬성하는 사람의 비율과 통일에 조건부 찬성하는 사람의 비율 차이는 2%p이다.

① ㉠
② ㉠, ㉢
③ ㉠, ㉡, ㉢
④ ㉡, ㉢

24 다음은 2007년 4/4분기부터 2011년 2/4분기까지의 국내총생산 및 경제성장률을 조사한 표이다. 다음 (가), (나), (다), (라)에 알맞은 것은?

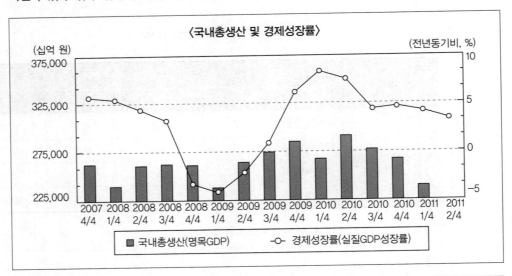

- 경제성장률이 세 번째로 높은 분기는 (가)이고 가장 낮은 분기는 (나)이다.
- 전 분기 대비 경제성장률 증가율이 가장 높은 분기는 (다)이다.
- 국내총생산은 2010년 2/4분기에 가장 많았으며, 그 다음으로 (라)에 많았다.

	(가)	(나)	(다)	(라)
①	2009년 4/4분기	2009년 1/4분기	2009년 4/4분기	2009년 4/4분기
②	2009년 2/4분기	2009년 1/4분기	2010년 1/4분기	2009년 4/4분기
③	2010년 3/4분기	2009년 1/4분기	2008년 4/4분기	2010년 3/4분기
④	2009년 4/4분기	2009년 1/4분기	2009년 4/4분기	2008년 4/4분기

25 다음은 1998년, 2007년에 30세 이상인 사람의 고혈압 분포를 나타내는 자료일 때 옳지 않은 것은?

<고혈압 분포>

(단위 : %)

구분		전 체	남 자	여 자
1998년	전 체	29.0	31.1	27.0
	30~39세	12.3	18.6	6.2
	40~49세	25.1	30.5	19.6
	50~59세	39.6	42.2	37.2
	60~69세	47.6	44.0	50.6
	70세 이상	58.5	48.8	63.4
2007년	전 체	25.6	26.8	24.4
	30~39세	7.6	13.3	1.6
	40~49세	16.8	20.8	12.6
	50~59세	33.9	36.8	30.9
	60~69세	45.9	42.3	49.1
	70세 이상	58.9	51.5	63.3

※ 출처 : 보건복지가족부 건강정책과, 2007 국민건강통계

① 1998년과 2007년 70세 이상 남녀 모두 절반 이상이 고혈압을 증세를 보이고 있다.
② 1998년과 2007년 모두 연령대가 증가할수록 고혈압 증세가 많아지고 있다.
③ 1998년과 2007년 모두 50대까지는 남자의 고혈압 증세가 많고, 60대부터 여자의 고혈압 증세가 많아지는 것을 알 수 있다.
④ 전체적으로 볼 때, 70세 미만의 경우에는 2007년이 1998년에 비해 고혈압 환자의 비율이 낮아졌다는 것을 알 수 있다.

26 다음은 방송통신위원회가 발표한 2011년 유선방송사 현황이다. 다음 〈보기〉의 (가)에 들어갈 수치로 알맞은 것은?

〈복수종합유선방송사(MSO) 현황과 시장점유율〉

구 분	SO 수(개)		방송사업수익 (억 원)		방송사업수익 점유율(%)		가입자당 월평균 수신료(원)	
	2010년	2011년	2010년	2011년	2010년	2011년	2010년	2011년
티브로드	21	22	4,946	5,384	25.6	25.4	8,339	8,660
씨제이 헬로비전	17	19	4,290	5,031	22.2	23.8	6,661	6,264
현대 에이치씨엔	8	8	1,663	1,835	8.6	8.7	6,120	6,402
씨엠비	9	9	1,036	1,142	5.4	5.4	4,552	4,567
지에스	2	–	672	–	3.5	–	6,806	–
MOS 규모	73	76	16,121	18,133	83.6	85.7	7,008	7,083
SO 전체	94	94	19,285	21,169	100.0	100.0	6,583	6,781

● 보기 ●
2010년 가입자당 월평균 수신료가 가장 높은 방송사와 가장 낮은 방송사의 수신료 차이는 (가)원이다.

① 2,531 ② 2,893
③ 3,112 ④ 3,787

27 12%의 소금물 100g에 소금을 더 넣어 20%의 소금물을 만들었다. 이때 넣은 소금의 양은?

① 10g ② 12g
③ 14g ④ 16g

28 5%의 소금물과 10%의 소금물을 혼합시켜 7%의 소금물 600g을 만들었다. 5%의 소금물은 몇 g이 필요한가?

① 320g ② 360g
③ 400g ④ 440g

29 A, B, C 세 사람이 동시에 같은 문제를 풀려고 한다. A가 문제를 풀 확률은 $\frac{1}{4}$, B가 문제를 풀 확률은 $\frac{1}{3}$, C가 문제를 풀 확률은 $\frac{1}{2}$일 때, 한 사람만 문제를 풀 확률은?

① $\frac{2}{9}$

② $\frac{1}{4}$

③ $\frac{5}{12}$

④ $\frac{11}{24}$

30 주머니에 1~10까지의 숫자가 적힌 각각의 카드가 들어있다. 유경이가 주머니에서 카드를 3번 뽑는다고 할 때, 1~3의 숫자가 적힌 카드 중 하나 이상을 뽑을 확률은?(단, 꺼낸 카드는 다시 넣지 않는다)

① $\frac{5}{8}$

② $\frac{17}{24}$

③ $\frac{19}{24}$

④ $\frac{7}{8}$

CHAPTER 03

추리능력

영역 소개

추리능력 영역은 수 · 문자추리와 어휘추리 유형으로 출제된다. 수 · 문자추리는 일정한 규칙으로 수를 나열했을 때, 괄호 안에 들어갈 알맞은 수를 고르는 유형의 문제가 출제되고, 수가 문자로 치환된 형태의 수열도 출제된다. 어휘추리는 한 개의 빈칸을 유추하는 유형과 두 개의 빈칸을 추론하는 유형 두 가지로 출제된다. 어렵지는 않은 편이지만 총 40문항에 제한시간이 8분으로 많은 문제 수에 비해 시간이 매우 짧다.

수 · 문자추리

등차수열, 계차수열, 피보나치수열 등 여러 가지 유형의 수열이 출제된다. 반복된 숫자가 어떤 규칙에 따라 변하는지 빠르게 파악하는 것이 관건이다. 수 · 문자추리의 본질은 수열의 규칙을 찾아내는 것이지만 높은 수준의 수리능력을 요구하지는 않는다. 오히려 문항 수에 비해 시험 시간이 매우 짧기 때문에 빠르고 직관적으로 숫자 사이의 관계를 유추해내는 능력이 중요하다.

학습전략

• 수가 변화하는 규칙을 빠르게 파악하는 것이 관건이므로, 많은 문제를 풀어보며 유형을 익히는 것이 중요하다.

어휘추리

'$a : b =$ (   )$: d$' 또는 '$a :$ (   )$=$ (   )$: d$'와 같이 빈칸을 채우는 유형이다. 보통 유의 관계, 반의 관계, 상하 관계, 부분 관계 등과 같은 어휘의 관계를 통해 속성을 묻는 문제로, 제시된 어휘들의 관계와 속성을 바르게 파악하여 적용하는 것이 중요하다. 최근에는 주술 관계, 인과 관계, 술목 관계, 상보 관계 등 매우 다양한 기준으로 어휘를 분류하여 출제되므로 고정관념에서 벗어나 다양한 사고를 가지고 접근해야 한다.

학습전략

• 단어의 일반적인 쓰임뿐만 아니라 단어의 함축적 의미 또는 문학적 쓰임 등과 같이 일반적이지 않은 것도 출제되므로 단어의 뜻뿐만 아니라 다양한 의미 또한 정확히 알아야 한다.

01 수·문자추리

1 기출유형분석

대표유형 | 수추리

일정한 규칙으로 수를 나열할 때, (   ) 안에 들어갈 알맞은 수는?

| 5   7   10   14   19   25   (   ) |

① 27   ② 30

③ 32   ④ 35

출제의도 ●
나열된 수의 관계를 유추할 수 있는지를 평가한다.

문제풀이 ● ③
앞의 항에 2, 3, 4, 5, 6, 7, …을 더하는 수열이다.

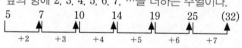

일정한 규칙으로 문자를 나열할 때, (   ) 안에 들어갈 알맞은 문자는?

ㅑ ㅓ ㅗ ㅠ ( )

① ㅑ   ② ㅕ
③ ㅛ   ④ ㅣ

출제의도 ●
나열된 문자의 관계를 유추할 수 있는지를 평가한다.

문제풀이 ● ①
앞의 항에 1, 2, 3, 4, …을 더하는 수열이다.

ㅑ	ㅓ	ㅗ	ㅠ	(ㅑ)
2	3	5	8	12(4)

2 유형 익히기

대표유형 ㅣ 수추리

※ 일정한 규칙으로 수를 나열할 때, ( ) 안에 들어갈 수를 고르시오. [1~2]

01

| 3 9 27 81 ( ) 729 |

① 242　　　　　　　　　　② 243
③ 244　　　　　　　　　　④ 245

02

| 3 14 25 36 ( ) 58 69 |

① 44　　　　　　　　　　② 45
③ 46　　　　　　　　　　④ 47

※ 일정한 규칙으로 문자를 나열할 때, ( ) 안에 들어갈 문자를 고르시오. [3~4]

03

| ㅎ ㄷ ( ) ㅂ ㄴ ㅌ |

① B

② D

③ J

④ I

04

| ㅜ ㄷ ( ) ㅅ ㅓ ㅋ |

① ㅠ

② ㅂ

③ ㅅ

④ ㅗ

02 어휘추리

1 기출유형분석

대표유형 | **1개 어휘추리**

※ 다음 제시된 낱말의 대응 관계로 볼 때, 빈칸에 들어가기에 알맞은 것을 고르시오. [1~2]

01

새 : 독수리 = ( ) : 장미

① 꽃
② 백합
③ 나무
④ 동물

02

총 : 방아쇠 = 자동차 : ( )

① 비행기
② 이동수단
③ 바퀴
④ 도로

출제의도 ●
제시된 어휘의 관계를 찾아내 알맞은 어휘를 고를 수 있는지를 평가한다.

문제풀이 ● 01 ①   02 ③
01
제시문은 상하 관계이다. '독수리'는 '새'의 하위어이며, '장미'는 '꽃'의 하위어이다.

02
제시문은 부분 관계이다. '방아쇠'는 '총'의 부분어이며, '바퀴'는 '자동차'의 부분어이다.

다음 제시된 낱말의 대응 관계로 볼 때, 빈칸에 들어가기에 알맞은 것으로 짝지어진 것을 고르면?

( ) : 가구 = 개구리 : ( )

① 나무, 두꺼비

② 장롱, 양서류

③ 식물, 유리

④ 올챙이, 컴퓨터

출제의도 ●

제시된 어휘의 관계를 찾아내 알맞은 어휘를 고를 수 있는지를 평가한다.

문제풀이 ● ②

제시문은 포함 관계이다. '장롱'은 '가구'에 포함되며, '개구리'는 '양서류'에 포함된다.

대표유형 | 1개 어휘추리

※ 다음 제시된 낱말의 대응 관계로 볼 때, 빈칸에 들어가기에 알맞은 것을 고르시오. [1~2]

01

| 강건체 : 우유체 = ( ) : 개가 |

① 수절　　　　　　　　　② 폐가
③ 개선　　　　　　　　　④ 공개

02

| 미켈란젤로 : 레오나르도 다빈치 = ( ) : 살리에르 |

① 슈베르트　　　　　　　② 고흐
③ 모차르트　　　　　　　④ 샤갈

※ 다음 제시된 낱말의 대응 관계로 볼 때, 빈칸에 들어가기에 알맞은 것으로 짝지어진 것을 고르시오.
[3~4]

03

> 연극 : (   ) = 희곡 : (   )

① 희곡, 해설　　　　　　　　　② 대사, 배우
③ 드라마, 각본　　　　　　　　④ 지문, 연기

04

> 카메라 : (   ) = (   ) : 빛

① 그림, 냉장고　　　　　　　　② 미술관, 휴대폰
③ 사진, 손전등　　　　　　　　④ 음악, 식탁

※ 일정한 규칙으로 수를 나열할 때, 괄호 안에 들어갈 알맞은 수를 고르시오. [1~15]

01

| 111 79 63 55 ( ) 49 48 |

① 54

② 53

③ 52

④ 51

02

| 2 3 7 16 32 57 ( ) |

① 68

② 77

③ 93

④ 114

03

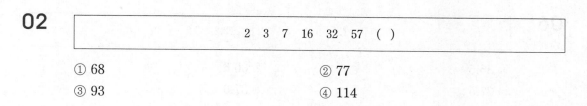

$$\frac{3}{17} \quad \frac{9}{21} \quad \frac{27}{29} \quad \frac{81}{41} \quad \frac{243}{57} \quad ( )$$

① $\dfrac{727}{79}$

② $\dfrac{729}{77}$

③ $\dfrac{741}{79}$

④ $\dfrac{741}{77}$

04

$$( )\quad \frac{2}{7}\quad \frac{4}{21}\quad \frac{8}{63}\quad \frac{16}{189}\quad \frac{32}{567}$$

① $\dfrac{1}{7}$ ② $\dfrac{2}{7}$

③ $\dfrac{3}{7}$ ④ $\dfrac{4}{7}$

05

$$3\quad 8\quad 15\quad 12\quad 75\quad 28\quad 375\quad ( )$$

① 89   ② 92

③ 93   ④ 95

06

$$0.5\quad 1.4\quad 1.2\quad 4.1\quad 2.8\quad 12.2\quad 6.2\quad ( )$$

① 36.5   ② 36.6

③ 37.5   ④ 37.6

07

$$\frac{1}{6}\quad \frac{1}{3}\quad -\frac{1}{2}\quad \frac{7}{6}\quad -\frac{5}{2}\quad 2\quad ( )\quad \frac{17}{6}$$

① $\dfrac{13}{2}$ ② $-\dfrac{13}{2}$

③ $\dfrac{17}{2}$ ④ $-\dfrac{17}{2}$

08

$$11 \quad -110 \quad -10 \quad 100 \quad 200 \quad (\ )$$

① 300

② −1,000

③ −2,000

④ 2,500

09

$$\frac{7}{5} \quad \frac{21}{20} \quad \frac{1}{20} \quad \frac{3}{80} \quad (\ ) \quad -\frac{231}{320}$$

① $-\dfrac{76}{80}$

② $-\dfrac{77}{80}$

③ $-\dfrac{78}{80}$

④ $-\dfrac{79}{80}$

10

$$7 \quad 9 \quad 2 \quad -7 \quad -9 \quad (\ )$$

① −2

② 2

③ 7

④ −16

11

$$\underline{2 \quad 4 \quad 18} \quad \underline{5 \quad 3 \quad 14} \quad \underline{8 \quad (\ ) \quad 72}$$

① 5

② 6

③ 7

④ 8

12

$$\underline{4 \quad 5 \quad 19} \quad \underline{8 \quad 7 \quad 55} \quad \underline{10 \quad 2 \quad (\ )}$$

① 19

② 20

③ 21

④ 22

13

| 2 3 8 3 5 243 4 ( ) 256 |

① 2 　　　　　　　　　② 3

③ 4 　　　　　　　　　④ 5

14

| 41 ( ) 49 56 65 76 89 |

① 40 　　　　　　　　　② 42

③ 43 　　　　　　　　　④ 44

15

| 3 7 15 31 63 ( ) |

① 109 　　　　　　　　② 117

③ 119 　　　　　　　　④ 127

※ 일정한 규칙으로 문자를 나열할 때, 괄호 안에 들어갈 알맞은 문자를 고르시오. [16~23]

16

| ㅌ ㄹ ( ) ㅇ ㅣ ㄴ |

① A 　　　　　　　　　② C

③ G 　　　　　　　　　④ I

17

| Z ( ) P K F A |

① W 　　　　　　　　　② X

③ V 　　　　　　　　　④ U

18

> ㅋ ㄹ ( ) ㅅ ㅁ ㅊ

① ㄷ   ② ㅂ
③ ㅅ   ④ ㅇ

19

> A ㄴ B 三 ㄷ C iv 四 ( ) D

① ㄹ   ② 7
③ ㅈ   ④ 9

20

> S ㅎ 十 G ㅁ ( )

① 一   ② 二
③ 三   ④ 四

21

> c A ( ) D g P

① b   ② c
③ d   ④ e

22

> ㅍ ㅋ ㅈ ㅅ ㅁ ( )

① ㅍ   ② ㅈ
③ ㅂ   ④ ㄷ

23

ㄴ	ㄷ	ㅁ	ㅅ
e	h	( )	t

① j　　　　　　　　　　　　② n

③ o　　　　　　　　　　　　④ r

※ 다음 제시된 낱말의 대응 관계로 볼 때, 빈칸에 들어가기에 알맞은 것을 고르시오. [24~32]

24

물 : 수소 = ( ) : 탄소

① 산소　　　　　　　　　　② 리튬

③ 황　　　　　　　　　　　④ 이산화탄소

25

쓰레기 : 오염 = ( ) : 병

① 오물　　　　　　　　　　② 위생

③ 병균　　　　　　　　　　④ 청결

26

라벨 : 인상주의 = ( ) : 낭만주의

① 슈베르트　　　　　　　　② 바하

③ 제리코　　　　　　　　　④ 베토벤

27

마부위침 : 절차탁마 = ( ) : 해현경장

① 심기일전
② 다기망양
③ 발분망식
④ 오리무중

28

아포리즘 : 경구 = ( ) : 수전노

① 불량배
② 금언
③ 격언
④ 구두쇠

29

얌전하다 : 참하다 = ( ) : 아결하다

① 반성하다
② 고결하다
③ 도도하다
④ 아름답다

30

지우개 : 고무 = ( ) : 직물

① 연필
② 학용품
③ 도로
④ 옷

31

근시 : 오목 = ( ) : 볼록

① 망원경
② 현미경
③ 렌즈
④ 원시

32

자동차 : 차도 = 사람 : ( )

① 손
② 인도
③ 몸무게
④ 머리

※ 다음 제시된 낱말의 대응 관계로 볼 때, 빈칸에 들어가기에 알맞은 것으로 짝지어진 것을 고르시오.
[33~40]

33

( ) : 조타 = 자동차 : ( )

① 승합차, 도로
② 기차, 항해
③ 배, 운전
④ 비행기, 조종

34

( ) : 총 = ( ) : 쟁기

① 운동, 장사
② 사격, 농사
③ 이동, 공사
④ 시험, 공부

35

미술 : ( ) = 드라마 : ( )

① 관광, 텔레비전
② 감상, 시청
③ 쓰다, 관람
④ 관전, 탐방

36

( ) : 수사 = 목사 : ( )

① 교사, 성경책　　　　　　　② 약사, 미사
③ 판사, 주례　　　　　　　　④ 경찰, 설교

37

( ) : 공부 = 전조등 : ( )

① 손전등, 보행　　　　　　　② 가로등, 시험
③ 독서등, 운전　　　　　　　④ 신호등, 식사

38

기자 : ( ) = 작가 : ( )

① 취재, 집필　　　　　　　　② 탐사, 여행
③ 관람, 강연　　　　　　　　④ 여행, 소설

39

( ) : 몸무게 = 온도계 : ( )

① 각도기, 손목　　　　　　　② 줄자, 지방
③ 체중계, 온도　　　　　　　④ 체온계, 키

40

( ) : 한옥 = 음식 : ( )

① 건물, 김치　　　　　　　　② 한식, 외식
③ 콜라, 아파트　　　　　　　④ 식혜, 수정과

CHAPTER 04

사무지각능력

영역 소개

사무지각능력 영역은 좌·우 비교, 문자 조합, 문자 찾기 유형으로 출제된다. 총 40문제로 구성되어 있으며, 단순히 눈으로 보고 비교하면 되는 문제이기 때문에 어렵지 않은 편이지만, 제한시간이 6분으로 매우 짧다. 제시되는 문자나 기호는 한글 · 알파벳 · 한자 · 특수문자 등으로 다양하며, 비슷한 문자들이 주어지므로 제한된 시간 안에 풀어야 하는 실제 시험에서는 실수하기가 쉽다. 따라서 사무지각능력의 경우 이론이 기초가 되는 영역이 아니기 때문에 많은 문제를 풀어보면서, 제시된 문자를 어떤 식으로 빠르게 확인할 것인지 본인만의 노하우를 만드는 것이 중요하다.

좌 · 우 비교

좌 · 우 비교 유형은 사무지각을 출제하는 기업에서 기본적으로 출제하는 유형 중 하나이다. 숫자 · 문자 · 기호를 불규칙하게 나열하여 비교 · 대조, 거꾸로 배열된 것, 다른 글자 찾기, 같은 글자 찾기 등이 출제된다. 비교적 간단한 문제들이 출제되지만 신속성과 정확성을 요구하고, 또 문자열이 비슷하기 때문에 집중력을 발휘하지 않으면 제한시간 안에 많은 문제를 풀기 어렵다.

학습전략
• 반복 학습으로 시간을 줄이는 것만이 최선의 길이다.

문자 조합

문자와 숫자가 연결된 표를 보고 둘을 더했을 때 나오는 특정한 수를 고르는 유형이다.

학습전략
• 제시문에서 직접 알파벳을 찾으려 하면 오래 걸리므로 선택지의 알파벳에 해당되는 숫자를 찾아 빠르게 더하는 연습을 한다.

문자 찾기

비슷한 형태의 문자들이 나열된 문자열에서 주어진 숫자·기호·문자와 같거나 다른 개수를 빠르게 파악하는 유형이다.

학습전략

- 다양한 문제를 통해 펜으로 체크하며 풀기, 대각선으로 훑어보기 등 자신만의 풀이 노하우를 찾는다.
- 선택지의 숫자를 통해 자신이 찾아야 할 개수의 범위를 대략적으로 파악하여 문제를 풀기 시작한다.

01 좌·우 비교

1 기출유형분석

대표유형 **좌 · 우 비교**

다음 중 좌우를 비교했을 때 같은 것은 몇 개인지 고르면?

$$÷\diagdown ☞⊙♣‰≫≫ - ÷\diagdown ☜⊙♣‰≫≫$$

① 3개   ② 4개
③ 5개   ④ 6개

출제의도 ●
주어진 문자열을 빠르게 비교해 같은 것을 찾아내는 능력인 신속성과 정확성을 평가한다.

문제풀이 ● ④
$÷\diagdown ☞\underline{⊙♣‰≫≫} - ÷\diagdown ☜\underline{⊙♣‰≫≫}$

01 다음 중 좌우를 비교했을 때 다른 것은 몇 개인지 고르면?

ⓥⓟⓘⓧⓡⓔ③⑨ – ⓢⓟⓘⓧⓥⓔ⑥ⓕ

① 2개   ② 3개

③ 4개   ④ 5개

02 다음 중 앞의 문자열이 서로 다르면 ①, 뒤의 문자열이 서로 다르면 ②, 둘 다 같거나 다르면 ③을 표기하면?

♫♪♩♩♪♫♭♩ – ♫♪♩♩♪♫♭♩   ADCEFBZEF – ADCEFBZEF

①   ②   ③

03 다음 제시된 좌우의 문자 또는 숫자를 비교하여 같으면 ①, 다르면 ②를 표기하면?

반입금지물품 [   ] 반입금지물품

①   ②

04 다음에서 왼쪽에 표시된 굵은 글씨체와 같은 문자의 개수는?

神   防北神放放頌防珍防快神新快快神快珍珍新快神愼珍珍防北放放快防神放

① 5개   ② 6개

③ 7개   ④ 8개

02 문자 조합

대표유형 **문자 조합**

다음 중 어느 알파벳을 더해야 9가 나오는가?

> A : 6 B : 5 H : 14 C : 12 K : 4 M : 3 P : 11

① AK   ② BC
③ KB   ④ AP

출제의도 ●

문제에서 요구하는 숫자의 합을 찾아 그에 대응하는 문자를 빠르게 찾아 낼 수 있는지를 평가한다.

문제풀이 ● ③

KB＝4＋5＝9

오답확인 ●

① 10
② · ④ 17

2 유형 익히기

01 다음 중 어느 알파벳을 더해야 11이 나오는가?

| B : 3 F : 10 H : 5 J : 7 K : 6 O : 3 X : 8 |

① BH   ② BF
③ OX   ④ JX

02 다음 중 더해서 15가 나오는 알파벳을 고르면?

| A : 12 B : 3 C : 4 D : 1 Z : 2 F : 13 |

① AC   ② ZF
③ CD   ④ BZ

03 문자 찾기

1 기출유형분석

대표유형 **문자 찾기**

다음 제시된 문자와 같은 것의 개수를 찾으면?

방탄

방탕	반탕	반탄	반탕	밤탐	반탕	밤탄	밤탐	방탄	밤탄	반탕	방탕
방탄	방당	방탕	방탄	방당	밤탄	반탄	반탕	반탕	방탕	방탄	밤탐
방당	반탕	반탄	방탕	반탕	방탄	방탕	밤탄	방당	반탕	밤탄	방탕
반탕	밤탄	밤탐	반탄	밤탄	방당	반탕	방탄	반탄	밤탐	반탕	반탕

① 4개   ② 6개

③ 8개   ④ 10개

출제의도 ●

제시된 문자열에서 주어진 문자와 같은 개수를 빠르게 파악할 수 있는지를 평가한다.

문제풀이 ● ②

방탕	반탕	반탄	반탕	밤탐	반탕	밤탄	밤탐	<u>방탄</u>	밤탄	반탕	방탕
<u>방탄</u>	방당	방탕	<u>방탄</u>	방당	밤탄	반탄	반탕	반탕	방탕	<u>방탄</u>	밤탐
방당	반탕	반탄	방탕	반탕	<u>방탄</u>	방탕	밤탄	방당	반탕	밤탄	방탕
반탕	밤탄	밤탐	반탄	밤탄	방당	반탕	<u>방탄</u>	반탄	밤탐	반탕	반탕

※ 다음 제시된 문자와 같은 것의 개수를 찾으시오. [1~2]

01

엑소

멕소	엑소	엑초	액초	액초	액조	액초	엑초	액조	멕소	엑초	엑소
엑조	액소	액소	엠소	엑조	액조	멕소	엑소	액소	액초	엑조	엑조
엑소	엑초	엑조	멕소	엑소	액소	엠소	엑조	액초	엠소	엑소	엠소
엑조	엠소	엑소	엑초	엠소	액초	엑소	액소	멕소	액조	엑초	액소

① 8개　　　　　　　　　　② 10개
③ 12개　　　　　　　　　④ 14개

02

ON

ON	EN	AN	UP	AN	ON	AN	OP	UP	AT	ON	IT
EN	ON	AT	OP	UP	OP	AN	AT	IT	UP	AN	UP
ON	EN	ON	EN	OP	AN	ON	AT	ON	IT	UP	EN
ON	EN	AN	UP	OP	EN	AT	IT	ON	OP	ON	IT

① 9개　　　　　　　　　　② 11개
③ 13개　　　　　　　　　④ 15개

※ 다음 중 좌우를 비교했을 때 같은 것은 몇 개인지 고르시오. [1~5]

01

재차부본안가수지 − 재지부본아가스지

① 2개 　　　　　　　　　　② 3개
③ 4개 　　　　　　　　　　④ 5개

02

◇■◎◑◐♥○▷ − ☆■⊙◐●♥●◁

① 2개 　　　　　　　　　　② 3개
③ 4개 　　　　　　　　　　④ 5개

03

69879320 − 69078240

① 2개 　　　　　　　　　　② 3개
③ 4개 　　　　　　　　　　④ 5개

04

64523585 − 53523696

① 2개 　　　　　　　　　　② 3개
③ 4개 　　　　　　　　　　④ 5개

05

32168453 - 82769463

① 2개　　　　　　　　　② 3개
③ 4개　　　　　　　　　④ 5개

※ 다음 중 좌우를 비교했을 때 다른 것은 몇 개인지 고르시오. [6~10]

06

限政悅米末姓謁一 - 限政悅未末姓謁一

① 1개　　　　　　　　　② 2개
③ 3개　　　　　　　　　④ 4개

07

viii ix vii iii ⅰ iv xii iii - viii ix xii ii ⅰ v xii iii

① 2개　　　　　　　　　② 3개
③ 4개　　　　　　　　　④ 5개

08

舡央商勝應翁盈 - 舡英商勝應翁盈

① 1개　　　　　　　　　② 2개
③ 3개　　　　　　　　　④ 4개

09

65794322 - 65974322

① 2개　　　　　　　　　② 3개
③ 4개　　　　　　　　　④ 5개

10

38469512 - 38496572	

① 2개   ② 3개
③ 4개   ④ 5개

※ 다음 중 앞의 문자열이 서로 다르면 ①, 뒤의 문자열이 서로 다르면 ②, 둘 다 같거나 다르면 ③을 표기하시오. [11~12]

11

☆●◎◇▲▽○■ - ☆●◎◇▲▽○■   agehdjeghew - agehdfeghew

①   ②   ③

12

∨⊆ⱻ⊃∩∧⊇⊏ - ∨⊆∪⊃∩∧⊇⊏   689256908 - 689256908

①   ②   ③

※ 다음 제시된 문자를 비교하여 같으면 ①, 다르면 ②를 표시하시오. [13~17]

13

ⓗ⑭ⓧⓕⓓⓘ⑧ⓩ [　] ⓗ⑭ⓧⓕⓓⓘ⑧ⓩ

①   ②

14

↓↓↑∥∥↗↓↓←[　] ↓↓↓↑∥∥↗↓↓←

①   ②

15

잉몸잉줌골좀엉곰뱅범 [　] 잉몸잉줌골줌엉곰뱅범

① ②

16

くうきおよめない [　] くうきおよぬない

① ②

17

故敎口水盡籠山 [　] 故絞口水盡籠山

① ②

사무지각능력

※ 다음 제시된 문자 또는 숫자와 같은 것을 고르시오. [18~20]

18

①3⑦④3⑧69①3②8

① ①37④3⑧69①3②8　　　　　② ①3⑦④3⑧69①3②8
③ ①3⑦④3⑨69①3②8　　　　　④ ①3⑦④3⑧69①3②3

19

01－920569－49828

① 01－920569－49828　　　　② 01－920589－49828
③ 01－920569－59828　　　　④ 01－920569－49823

20

DecapauLeiz(1986)

① DecapduLeiz(1988)　　② DedabauLeiz(1986)
③ DecapauLeiz(1986)　　④ DecebadLaiz(1988)

21 다음 제시된 문자 또는 숫자와 다른 것은?

決定過程의 透明性과 公正性

① 決定過程의 透明性과 公正性　　② 決定過程의 透明性과 公正性
③ 決定過程의 透明姓과 公正性　　④ 決定過程의 透明性과 公正性

※ 다음 중 좌우가 서로 다른 것을 고르시오. [22~23]

22　① ナピパコアウヨバ ― ナピパコアウヨパ
② ♣♣♥♧♧♣♡♧ ― ♣♣♥♧♧♣♡♧
③ ⊙ⓏⓌㄱⓋㅈㅊⓠ ― ⊙ⓏⓌㄱⓋㅈㅊⓠ
④ x ii viiⅲ i v ivix x i ― x ii viiⅲ i v ivix x i

23　① ╱↑↓↔↑←↑↑╲╲ ― ╱↑↓↔↑←↑↑╲╲
② てすおかきわんもー てすおかきわんも
③ 알로줄제탈독장블 ― 알로줄제탈독정블
④ A98X4DD9 ― A98X4DD9

※ 다음에서 왼쪽에 표시된 굵은 글씨체와 같은 문자의 개수를 고르시오. [24~25]

24

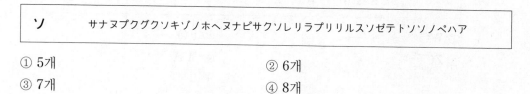

ソ　サナヌプクグクソキゾノホヘヌナピサクソレリラプリリルスソゼテトソソノペハア

① 5개　　　　　　　　② 6개
③ 7개　　　　　　　　④ 8개

25

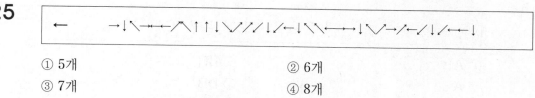

←　→↓↖↘←↑↗↑↑↓↘↗↗↓↙←↓↘↘←→↓↓↘↘→↙←↗↓↙←↑↓

① 5개　　　　　　　　② 6개
③ 7개　　　　　　　　④ 8개

※ 다음 중 더해서 15가 나오는 알파벳을 고르시오. [26~27]

26

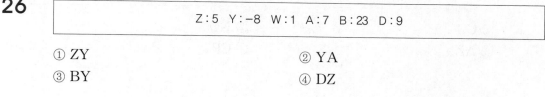

Z : 5　Y : -8　W : 1　A : 7　B : 23　D : 9

① ZY　　　　　　　　② YA
③ BY　　　　　　　　④ DZ

27

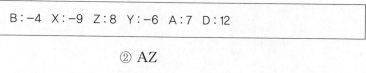

B : -4　X : -9　Z : 8　Y : -6　A : 7　D : 12

① XB　　　　　　　　② AZ
③ BD　　　　　　　　④ XY

28 다음 중 곱이 28이 되는 알파벳 쌍은?

> A : 2 Z : 9 C : 4 W : 14 F : 7 Q : 3

① WC   ② FQ
③ ZC   ④ WA

29 다음 중 합이 10이 되는 알파벳 쌍은?

> A : 3 F : 5 B : 8 D : 4 E : 7 H : 1 T : 0

① AB   ② BH
③ AE   ④ DB

30 다음 중 어느 알파벳을 더해야 24가 나오는가?

> A : 14 C : 16 G : 8 N : 10 O : 15 P : 11 Z : 9

① CG   ② NO
③ AZ   ④ CP

※ 다음 제시된 문자와 같은 것의 개수를 고르시오. [31~39]

31

실내

신내	실래	실네	신네	실내	실나	신내	실레	신래	살내
신네	실나	신너	신레	실네	싯내	실나	신라	실내	설네
실나	실너	신나	실네	싯나	신래	실라	실내	신라	실내

① 3개   ② 4개
③ 5개   ④ 6개

32

신호

신효	심호	신호	심호	실호	신호	신효	산호	선효	신호
신호	진호	심효	짐호	신효	실효	심호	실후	선휴	신후
신후	실효	진후	신호	실호	식후	심후	신후	신호	식후

① 3개   ② 4개
③ 5개   ④ 6개

33

처음

재음	처음	체응	처응	재흥	저음	점음	정음	처읍	저응
자움	무음	처읍	처음	자흥	처음	모음	장음	제읍	저읍
재움	차음	처음	자읍	처응	체응	자음	차음	자음	처을

① 3개   ② 4개
③ 5개   ④ 6개

34

FX

FX	PB	FP	FD	FO	FP	PX	FX	FO	FP
FB	PX	FX	FB	PB	PX	PB	FD	PB	FB
FP	FB	FP	FD	PX	FX	FB	FP	PX	FX

① 5개　　　　　　② 6개
③ 7개　　　　　　④ 8개

35

W

Q	E	F	B	H	E	Q	D	A	Z	C	V
N	R	W	F	U	R	T	W	C	B	D	S
X	A	H	K	L	O	W	P	S	X	C	V
M	Z	Q	P	I	A	Z	K	W	F	Y	L

① 1개　　　　　　② 2개
③ 4개　　　　　　④ 5개

36

S

D	g	V	d	J	L	S	c	N	o	P	S
w	X	W	H	Q	l	y	e	B	U	j	N
Q	S	X	q	D	t	v	C	Z	w	i	L
S	o	a	B	m	U	H	L	r	a	O	p

① 1개　　　　　　② 2개
③ 3개　　　　　　④ 4개

37

D											

P	B	F	O	R	A	D	Q	F	B	X	B
O	N	Q	R	B	I	P	B	S	O	A	Q
F	R	I	D	Q	O	R	X	P	Q	S	S
A	E	F	A	P	X	S	F	I	R	O	D

① 2개 ② 3개
③ 5개 ④ 6개

38

H											

J	K	I	H	T	F	E	I	F	K	T	J
T	F	I	E	K	T	K	H	E	J	I	K
I	T	F	J	E	F	I	T	H	I	E	T
K	J	E	T	F	H	J	K	T	H	F	H

① 2개 ② 3개
③ 5개 ④ 6개

39

Tag											

tag	taG	tAg	Teg	tag	Teg	tAg	tag	Teg	Taq	tag	taG
Taq	Teg	tag	Taq	taG	tag	Tag	taG	Taq	taG	Teg	tAg
tAg	Tag	taG	tag	tAg	Teg	Taq	taG	tAg	Tag	tag	Taq
tag	Teg	Teg	Taq	tag	Teg	tAg	tag	Teg	Teg	taG	tag

① 2개 ② 3개
③ 5개 ④ 6개

40 다음 제시된 기본문장과 다른 문장을 고르면?

[문 장]	①
품사의 통용이란 이처럼 어떤 단어들이 둘 이상의 품사로 기능한다는 현상을 중립적으로 기술한 것이다. 이 현상을 '품사 전성'이나 '영 파생'으로 설명하기도 한다.	품사의 통용이란 이처럼 어떤 단어들이 둘 이상의 품사로 기능한다는 현상을 중립적으로 기술한 것이다. 이 현상을 '품사 전성'이나 '영 파생'으로 설명하기도 한다.
②	③
품사의 통용이란 이처럼 어떤 단어들이 둘 이상의 품사로 기능한다는 현상을 중립적으로 기술한 것이다. 이 현상을 '품사 전성'이나 '영 파생'으로 설명하기도 한다.	품사의 통용이란 이처럼 어떤 단어들이 둘 이상의 품사로 기능한다는 현상을 중립적으로 저술한 것이다. 이 현상을 '품사 전성'이나 '영 파생'으로 설명하기도 한다.

분석판단능력

영역 소개

분석판단능력은 3~6문장의 조건이 제시되고, 이를 통해 문제에 제시된 조건을 보고 추론 가능 여부를 판단하는 문제 30문항이 출제되며, 7분 이내에 풀어야 한다. 금호아시아나의 경우 다른 기업들보다는 비교적 3~4개의 간단한 조건으로 쉽게 풀 수 있다. 그러므로 신속하고 정확하게 풀어나가는 것이 중요하다. 이를 위해서는 주어진 조건을 토대로 집합 기호, 화살표, 벤 다이어그램 등으로 도식화하여 조건들을 한눈에 파악함으로써 시간을 단축하는 것이 중요하다.

명제추리

기업에서 출제되는 추리 영역 중 기본적인 유형으로, 지원자의 사고력, 논리력 등을 종합적으로 평가한다. 다른 추리 영역과는 달리 명제의 원리 및 개념을 익혀야 문제에 더 쉽게 접근할 수 있다.

학습전략

- 보기를 조건에 먼저 대입해 보는 것도 시간을 단축시킬 수 있는 방법이다.
- 기본 이론을 바탕으로 많은 문제를 풀어봐야 하며, 주어진 조건을 빠른 시간에 정리하여 답을 찾는 연습을 한다.

논리추리

추리 영역 중 기업에서 가장 많이 출제되는 유형으로, 지원자의 사고력, 논리력, 판단력, 문제해결력 등을 평가한다. 3~5개의 조건을 주고 조건을 충족할 때를 가정한 다음, 제시된 조건에 타당한 결론을 유추하는 문제가 출제된다.

학습전략

- 논리추리 유형 자체가 특별하게 개념 및 원리를 익히거나 외우는 유형이 아니므로 연습문제를 평소에 많이 풀어보면서 실전 요령을 익히도록 해야 한다.

1 기출유형분석

대표유형 ㅣ 문장 추론

'수업이 있는 날에는 중앙도서관을 간다.'라는 문장으로부터 추론할 수 있는 것은?

① 중앙도서관을 가면 수업이 없는 날이다.
② 중앙도서관을 가지 않으면 수업이 없는 날이다.
③ 수업이 없는 날에는 중앙도서관을 간다.
④ 중앙도서관을 가지 않으면 수업이 있는 날이다.

출제의도 ●
제시된 문장을 읽고 추론 가능 여부를 판단할 수 있는지를 평가한다.

문제풀이 ● ②
명제의 대우는 항상 참이다.

다음 빈칸에 들어갈 알맞은 말은?

> '어벤져스'는 5월 첫째 주 베스트 영화로 뽑혔다.
> A 영화관은 5월 한 달 동안 첫째 주 베스트 영화를 주말마다 무료 상영한다.
> 그러므로 _____

① '어벤져스'는 매달 주말마다 무료로 볼 수 있다.

② 모든 베스트 영화는 주말마다 무료로 볼 수 있다.

③ 5월 한 달 동안 주말마다 '어벤져스'를 무료로 볼 수 있다.

④ 베스트 영화는 매주 변경된다.

출제의도 ●

제시된 지문을 통해 얻을 수 있는 결론을 찾을 수 있는지를 평가한다.

문제풀이 ● ③

위의 조건을 정리해보면, '어벤져스'는 5월 첫째 주 베스트 영화로 뽑혔고, 첫째 주 베스트 영화는 주말마다 무료로 상영한다. 따라서 빈칸에 들어갈 알맞은 말은 ③이다.

제시문 A를 읽고, 제시문 B가 참인지 거짓인지 혹은 알 수 없는지 고르면?

[제시문 A]
아메리카노를 좋아하는 모든 사람은 카페라테를 좋아한다.
카페라테를 좋아하는 모든 사람은 에스프레소를 좋아한다.

[제시문 B]
아메리카노를 좋아하는 진실이는 에스프레소도 좋아한다.

① 참 ② 거짓 ③ 알 수 없음

출제의도 ●
제시문을 보고 추론할 수 있는 문장인가를 판단할 수 있는지를 평가한다.

문제풀이 ● ①
아메리카노를 좋아하면 카페라테를 좋아하고, 카페라테를 좋아하면 에스프레소를 좋아하기 때문에, 결국 아메리카노를 좋아하는 진실이는 에스프레소도 좋아한다.

2 유형 익히기

대표유형 | **문장 추론**

※ 다음 제시된 명제를 참이라 할 때 옳은 것을 고르시오. [1~2]

01

> 스카프가 파란색이 아니면 손수건은 분홍색이다.

① 스카프가 파란색일 수 없다.
② 손수건이 분홍색이면 스카프는 파란색이다.
③ 손수건이 분홍색이 아니면 스카프는 파란색이다.
④ 스카프가 파란색이면 손수건은 분홍색이다.

02

> 어제 비와 눈이 둘 다 내리지는 않았다.

① 어제 비도 눈도 내리지 않았다.
② 어제 비가 내리고 눈이 내렸다.
③ 어제 눈이 내렸다면 비는 내리지 않았다.
④ 비와 눈이 동시에 내리는 것은 불가능하다.

※ 다음 글의 빈칸에 들어갈 알맞은 것을 고르시오. [3~4]

03

> 인생은 예술보다 짧다.
> 하루살이는 인생보다 짧다.
> 그러므로 _____

① 예술은 인생보다 길지 않다.
② 하루살이는 예술보다 짧다.
③ 인생이 가장 짧다.
④ 하루살이가 가장 길다.

04

> 철수와 민종이의 몸무게는 같다.
> 하늘이와 숙희의 몸무게도 같다.
> 그러므로 _____

① 남자의 몸무게는 여자의 몸무게보다 많다.
② 여자의 몸무게는 남자의 몸무게보다 많다.
③ 네 사람의 몸무게는 모두 같다.
④ 네 사람의 몸무게는 같은지 알 수 없다.

※ 제시문 A를 읽고, 제시문 B가 참인지 거짓인지 혹은 알 수 없는지 고르시오. [5~6]

05

> [제시문 A]
> 산을 정복하고자 하는 사람은 항상 도전정신과 끈기가 있다.
> 도전정신과 끈기가 있는 사람은 공부를 잘한다.
>
> [제시문 B]
> 공부를 잘하는 사람은 산을 정복하고자 한다.

① 참　　　　　　　　② 거짓　　　　　　　　③ 알 수 없음

06

> [제시문 A]
> 만일 내일 비가 온다면 소풍을 가지 않는다.
> 뉴스에서는 내일 비가 온다고 하였다.
>
> [제시문 B]
> 내일 학교를 갈 것이다.

① 참　　　　　　　　② 거짓　　　　　　　　③ 알 수 없음

02 논리추리

1 기출유형분석

대표유형 **논리추리**

한 심리상담사는 다음과 같은 스케줄 표에 따라 일하며, 상담에는 어떠한 〈조건〉이 있다고 할 때, 다음 중 목요일 13~14시에 상담을 받을 수 있는 사람은 누구인가?

구 분	월요일	화요일	수요일	목요일	금요일
12~13시	돌이		돌이		순이
13~14시	돌이				
14~15시		철이		영이	철이
15~16시	순이	영이			

• 조 건 •
- 한 사람은 하루에 두 시간, 일주일에 세 시간까지 상담을 받을 수 있다.
- 전날 상담한 사람은 상담하지 않는다.
- 하루에 두 시간 상담하려면 두 시간 연속으로 상담을 받아야만 한다.

① 철이   ② 순이
③ 돌이   ④ 영이

출제의도 ●
제시된 지문을 보고 추론한 문장의 참, 거짓 여부를 판단할 수 있는지를 평가한다.

문제풀이 ● ④
돌이는 이미 세 번 상담받기로 예약이 되어 있어서 더 이상 상담을 받을 수 없다. 또한 철이와 순이는 그 다음날에 예약되어 있으므로 두 번째 조건에 따라 상담을 받지 않는다.

※ 다음 설명을 읽고 물음에 답하시오. [1~2]

- 월요일부터 금요일까지 5일간 세 형제가 1박 2일로 당번을 서기로 했다.
- 아무도 당번을 서지 않는 날은 없다.
- 첫째는 월요일부터, 둘째는 목요일부터 당번을 선다.

01 다음 중 항상 참인 것은?

① 둘째와 셋째는 당번을 서는 날이 겹칠 것이다.
② 첫째는 이틀 내내 혼자 당번을 선다.
③ 셋째는 이틀 중 하루는 형들과 같이 당번을 선다.
④ 셋째가 화요일과 수요일에 당번을 서면 화요일에 둘째와 같이 서게 된다.

02 다음 중 항상 참이 아닌 것은?

① 첫째는 월요일과 수요일에 당번을 선다.
② 셋째의 당번 요일은 정확히 알 수 없다.
③ 첫째와 둘째는 겹치는 날이 없다.
④ 셋째가 둘째와 같이 당번을 서려면 수요일과 목요일에 당번을 서야 한다.

- 민희, 영수, 정민 세 사람이 가지고 있는 동전은 모두 16개이다.
- 어느 두 사람도 같은 개수의 동전을 가지고 있지 않고, 동전을 가지지 않은 사람도 없다.
- 정민이는 가장 많은 개수의 동전을 가지고 있다.
- 영수가 가지고 있는 동전을 모두 모으면 620원이다.
- 모든 동전은 500원짜리, 100원짜리, 50원짜리, 10원짜리 중 하나이다.

03 다음 중 참이 아닌 것은?

① 정민이는 최소 7개의 동전을 가지고 있다.
② 영수는 최소 4개의 동전을 가지고 있다.
③ 정민이는 100원짜리 동전을 가지고 있다.
④ 영수는 500원짜리 동전을 가지고 있다.

04 다음 중 반드시 참인 것은?

① 정민이가 모든 종류의 동전을 가지고 있다면 정민이는 최소 720원을 가지고 있다.
② 영수가 가지고 있는 동전의 개수가 홀수라면 정민이는 10원짜리 동전을 가지고 있다.
③ 민희가 가지고 있는 동전을 모두 모았을 때 700원이 된다면 민희가 가지고 있는 동전의 개수는 3개이다.
④ 정민이가 9개의 동전을 가지고 있다면 민희가 가진 동전의 개수가 가장 적다.

※ 다음 제시된 명제를 참이라 할 때 옳은 것을 고르시오. [1~4]

01

> 서울은 강원도보다 눈이 늦게 오고 일찍 그친다.

① 강원도에 눈이 오기 전이라면, 서울에도 눈이 오지 않았다.
② 서울과 강원도는 동시에 눈이 올 수 없다.
③ 서울은 강원도보다 눈이 더 오랫동안 내린다.
④ 강원도는 서울보다 눈이 일찍 그친다.

02

> 지인이는 딸은 있지만 아들은 없고, 자녀가 세 명이다.

① 지인이는 아들이 세 명 있다.
② 지인이는 딸이 세 명 있다.
③ 지인이의 자녀들은 세쌍둥이이다.
④ 지인이는 쌍둥이 딸이 있다.

03

> 현진이는 남자형제는 있지만 여자형제는 없고, 막내이다.

① 현진이는 여동생이 있다.
② 현진이는 남동생이 없다.
③ 현진이는 누나가 있다.
④ 현진이는 형이 있다.

04

> 우는 아이에게 곶감을 주면 울음을 그친다.

① 울음을 그친 아이는 곶감을 받았다.
② 울지 않는 아이에게 곶감을 주어서는 안 된다.
③ 어떤 아이는 곶감을 받고 나서도 울음을 그치지 않는다.
④ 어떤 아이가 계속해서 울고 있다면 아무도 그 아이에게 곶감을 주지 않은 것이다.

05 다음 설명에서 추론할 수 없는 것은?

> • 대기업에 취업을 하려면 중국어 면접을 통과해야 한다.
> • 중국어 면접을 잘 보려면 중국어 회화 레슨을 받는 것이 좋다.

① 중국어 면접에 합격하지 못하면 대기업에 취업할 수 없다.
② 중국어 회화 레슨을 받지 않고도 중국어 면접을 통과할 수 있다.
③ 중국어 회화 레슨을 받으면 중국어 면접에서 높은 점수를 받을 수 있다.
④ 중국어 회화 레슨을 받고도 중국어 면접을 통과하지 못할 수 있다.

06 다음 명제들이 모두 참이라 할 때 사슴보다 큰 동물은 몇 마리인가?

> • 코끼리는 토끼보다 크다.
> • 토끼는 악어보다 작다.
> • 악어는 코끼리보다 작다.
> • 상어는 코끼리보다 크다.
> • 악어는 사슴보다 크다.

① 2마리   ② 3마리
③ 4마리   ④ 알 수 없음

07 다음 명제들이 모두 참일 때 옳지 않은 추론은?

> • 커피를 좋아하는 사람은 홍차를 좋아하지 않는다.
> • 탄산수를 좋아하지 않는 사람은 우유를 좋아한다.
> • 녹차를 좋아하는 사람은 홍차를 좋아한다.
> • 녹차를 좋아하지 않는 사람은 탄산수를 좋아한다.

① 커피를 좋아하는 사람은 녹차를 좋아하지 않는다.
② 탄산수를 좋아하지 않는 사람은 녹차를 좋아한다.
③ 커피를 좋아하는 사람은 탄산수를 좋아한다.
④ 탄산수를 좋아하지 않는 사람은 홍차를 좋아하지 않는다.

08 A, B, C, D, E 5명이 줄을 서 있다. 다음 조건을 만족해야 한다고 할 때, 바르게 짝지어진 것은?(단, 맨 앞을 1번으로 하여 차례대로 번호를 부여한다)

> • A와 C는 이웃해 서 있고, C, D는 이웃해 서 있지 않다.
> • A와 B 사이에는 두 명이 서 있다.
> • B는 3번이나 4번에는 서 있지 않다.
> • E는 2번이나 3번에, D는 5번에 서 있다.

① 1 − A
② 2 − B
③ 3 − C
④ 3 − E

09 다음 글을 읽고 착한 사람들을 모두 고르면?(단, 5명은 착한 사람이 아니면 나쁜 사람이며, 중간적인 성향은 없다)

> 규민 : 나는 착한 사람이다.
> 윤수 : 규민이가 착한 사람이면 수연이도 착한 사람이다.
> 경화 : 수연이가 나쁜 사람이면 규민이도 나쁜 사람이다.
> 수연 : 규민이가 착한 사람이면 민환이도 착한 사람이다.
> 민환 : 규민이는 나쁜 사람이다.

> A : 위 사람 중 3명은 항상 진실만을 말하는 착한 사람이고, 2명은 항상 거짓말만 하는 나쁜 사람이야. 위의 얘기만 봐도 누가 착한 사람이고, 누가 나쁜 사람인지 알 수 있지.
> B : 위 얘기만 봐서는 알 수 없는 거 아냐? 아 잠시만. 알았다. 위 얘기만 봤을 때, 모순되지 않으면서 착한 사람이 3명일 수 있는 경우는 하나밖에 없구나.
> A : 그걸 바로 알아차리다니 대단한데?

① 윤수, 경화, 민환　　　　　　② 윤수, 경화, 수연
③ 규민, 윤수, 경화　　　　　　④ 윤수, 수연, 민환

10 다음은 자동차 외판원인 A, B, C, D, E, F 여섯 명의 판매 실적 비교에 대한 설명이다. 이로부터 올바르게 추리한 것은?

> • A는 B보다 실적에서 앞섰다.
> • C는 D에게 실적에서 뒤졌다.
> • E는 F에게 실적에서 뒤졌지만, A보다는 실적에서 앞섰다.
> • B는 D보다 실적에서 앞섰지만, E에게는 실적에서 뒤졌다.

① 실적에서 가장 좋은 외판원은 F이다.
② 외판원 C의 실적은 꼴찌가 아니다.
③ B의 실적보다 안 좋은 외판원은 3명이다.
④ 외판원 E의 실적이 가장 좋다.

11 한 회사에서 열리는 강연회에서 김 부장, 박 차장, 이 과장, 유 대리, 이 사원, 김 사원이 자리에 앉으려고 한다. 다음 〈조건〉을 만족할 때, 박 차장 옆에는 누가 앉을 수 있는가?(단, 사원, 대리, 과장, 차장, 부장 순으로 한 직급씩 차이가 난다)

> **• 조건 •**
> • 좌석은 2행 3열이다.
> • 양옆으로 앉은 사람은 가운데 앉은 사람과 한 직급 차이가 난다.
> • 앞자리에 앉은 사람은 그 뒤에 하급자를 앉혀, 보좌를 받는다.

① 김 부장   ② 이 사원
③ 유 대리   ④ 김 사원

※ 다음 글의 빈칸에 들어갈 알맞은 것을 고르시오. [12~19]

12
> 토르는 캡틴 아메리카보다 힘이 세다.
> 아이언맨은 캡틴 아메리카보다 힘이 약하다.
> 캡틴 아메리카는 헐크보다 힘이 세다.
> 그러므로 _____

① 아이언맨이 힘이 가장 약하다.
② 헐크와 아이언맨은 힘이 같다.
③ 아이언맨은 토르보다 힘이 약하다.
④ 헐크는 아이언맨보다 힘이 세다.

13
> A 팀장은 B 과장보다 야근을 한 시간 더 했다.
> C 대리는 B 과장보다 야근을 30분 덜 했다.
> D 차장은 C 대리보다 10분 야근을 더 했다.
> 그러므로 _____

① C 대리는 B 과장보다 야근을 더 했다.
② B 과장은 C 대리보다 야근을 덜 했다.
③ 네 사람 중 A 팀장이 야근을 가장 오래 했다.
④ D 차장이 네 사람 중 가장 먼저 퇴근했다.

14

> 수정이는 훠궈를 먹으면 디저트로 마카롱을 먹는다.
> _____
> 그러므로 수정이는 훠궈를 먹으면 아메리카노를 마신다.

① 수정이는 아메리카노를 마시지 않으면 디저트로 마카롱을 먹지 않는다.
② 수정이는 디저트로 마카롱을 먹지 않으면 카페모카를 마신다.
③ 수정이는 훠궈를 먹지 않으면 디저트로 마카롱을 먹지 않는다.
④ 수정이는 훠궈를 먹으면 오렌지 에이드를 마신다.

15

> 겨울이 오면 곰은 잔다.
> 곰이 자면 까치가 날아온다.
> 그러므로 _____

① 까치가 날아오면 곰이 잠에서 깨어난다.
② 곰이 자면 겨울이 온다.
③ 까치가 날아오면 겨울이 온다.
④ 겨울이 오면 까치가 날아온다.

16

> 미영이는 일요일에 직장에 가지 않는다.
> 미영이는 직장에 가지 않는 날이면 집에서 밥을 먹는다.
> 그러므로 _____

① 미영이는 월요일에 집에서 밥을 먹는다.
② 미영이는 직장에 가는 날에도 집에서 밥을 먹는다.
③ 미영이는 일요일에 집에서 밥을 먹는다.
④ 미영이가 외식을 한다면 그날은 일요일이다.

17

땅이 산성이면 빨간 꽃이 핀다.
땅이 산성이 아니면 하얀 꽃이 핀다.
그러므로 _____

① 하얀 꽃이 피지 않으면 땅이 산성이 아니다.
② 땅이 산성이면 하얀 꽃이 핀다.
③ 하얀 꽃이 피지 않으면 빨간 꽃이 핀다.
④ 빨간 꽃이 피면 땅이 산성이 아니다.

18

하은이는 노란 재킷을 입으면 빨간 운동화를 신는다.
_____
그러므로 하은이는 노란 재킷을 입으면 파란 모자를 쓴다.

① 하은이는 파란 모자를 쓰지 않으면 빨간 운동화를 신지 않는다.
② 하은이는 빨간 운동화를 신지 않으면 노란 구두를 신는다.
③ 하은이는 노란 재킷을 입지 않으면 빨간 운동화를 신지 않는다.
④ 하은이는 노란 재킷을 입으면 파란 운동화를 신는다.

19

화가들은 가로등을 좋아한다.
_____
그러므로 화가들은 낙엽을 좋아한다.

① 낙엽을 좋아하면 화가이다.
② 가로등을 좋아하면 화가이다.
③ 낙엽을 좋아하지 않으면 가로등을 좋아하지 않는다.
④ 낙엽을 좋아하면 가로등을 좋아하지 않는다.

20 제시문 A를 읽고, 제시문 B가 참인지 거짓인지 혹은 알 수 없는지 고르면?

[제시문 A]
철수는 자전거보다 오토바이를 더 좋아한다.
철수는 오토바이보다 자동차를 더 좋아한다.
철수는 비행기를 가장 좋아한다.

[제시문 B]
철수는 자동차를 두 번째로 좋아한다.

① 참   ② 거짓   ③ 알 수 없음

21 퇴근 후 김 대리, 박 주임, 이 과장은 커피숍, 호프집, 극장 중 각각 서로 다른 곳에 갔다. 나중에 세 사람이 다음과 같이 말하였다면, 제시문 B가 참인지 거짓인지 혹은 알 수 없는지 고르면?

[제시문 A]
김 대리 : 나는 호프집에 갔다.
박 주임 : 나는 호프집에 가지 않았다.
이 과장 : 나는 극장에 가지 않았다.

[제시문 B]
위의 세 명의 말 중 하나만 참일 때, 극장에 간 사람은 이 과장이다.

① 참   ② 거짓   ③ 알 수 없음

※ 다음 제시문을 읽고 각 문제가 항상 참이면 ①, 거짓이면 ②, 알 수 없으면 ③을 고르시오. [22~24]

- 현우는 국어, 수학, 사회, 과학 성적표를 받았다.
- 과목당 만점은 100점이다.
- 국어와 사회 점수의 차이는 7점이다.
- 과학은 수학보다 5점 높다.
- 사회는 과학보다 15점 낮다.

22 국어가 80점이면 과학은 85점이다.

① 참   ② 거짓   ③ 알 수 없음

23 국어가 70점이면 사회는 77점이다.

① 참   ② 거짓   ③ 알 수 없음

24 사회가 73점이면 수학은 83점이다.

① 참   ② 거짓   ③ 알 수 없음

※ 다음 제시문을 읽고 각 문제가 항상 참이면 ①, 거짓이면 ②, 알 수 없으면 ③을 고르시오. [25~27]

- 4명의 사람과 귤, 사과, 수박, 딸기, 토마토가 있다.
- 네 명 중 아무것도 먹지 않은 사람은 없고, 각각 한 가지씩 먹었다.
- A는 딸기를 먹었다.
- B는 귤을 먹지 않았다.
- C는 수박과 토마토 중 하나를 먹었다.

25 B가 수박과 토마토 중 하나를 먹었다면 D는 귤을 먹었을 것이다.

① 참   ② 거짓   ③ 알 수 없음

26 B가 사과를 먹었다면 D가 먹은 과일은 수박과 토마토 중에 있을 것이다.

① 참   ② 거짓   ③ 알 수 없음

27 C가 토마토를 먹었다면 B가 사과를 먹었을 가능성과 D가 사과를 먹었을 가능성은 같다.

① 참   ② 거짓   ③ 알 수 없음

※ 다음 제시문을 읽고 각 문제가 항상 참이면 ①, 거짓이면 ②, 알 수 없으면 ③을 고르시오. [28~30]

- 옷 사이즈는 XS, S, M, L, XL, XXL가 있다.
- 옷 사이즈가 겹치는 사람은 없다.
- 진영이는 M 사이즈를 입는다.
- 재희는 지수보다 큰 옷을 입는다.
- 수영이는 지영이보다 큰 옷을 입는다.

28 지수가 지영이보다 큰 옷을 입는다면 수영이는 지수보다 작은 옷을 입는다.

① 참 ② 거짓 ③ 알 수 없음

29 지수가 지영이보다 큰 옷을 입는다면 지영이는 진영이보다 작은 옷을 입는다.

① 참 ② 거짓 ③ 알 수 없음

30 지수가 XS 사이즈의 옷을 입고 지영이가 재희보다 큰 옷을 입는다면 재희는 진영이보다 작은 옷을 입는다.

① 참 ② 거짓 ③ 알 수 없음

CHAPTER 06

상황판단능력

상황판단능력은 급변하는 경영환경 및 직장생활의 현장에서 부딪히는 다양한 문제들을 어떻게 대처하는지를 평가한다. 쉽게 말하면 조직 생활이나 실생활에서 자주 당면하는 문제나 갈등상황에서 문제를 해결하기 위해 제시된 여러 가지 가능한 방법들 중 바람직한 대안을 판단하는 능력을 평가한다. 상황판단능력은 30문항이 출제되며, 7분 이내에 풀어야 한다.

실용지능

실용지능(Practical Intelligence)이란 무언가를 누구에게 말해야 할지, 언제 말해야 할지, 어떻게 말해야 최대의 효과를 거둘 수 있을지 등을 아는 능력이다. 즉, 자기의 요구 사항을 관철시키기 위해 상대방·조직·사회를 설득하는 데 쓰이는 기술이며 후천적으로 습득할 수 있는 능력을 말한다.

학습전략
- 소극적이고 수동적인 태도보다는 진취적이고 적극적인 태도를 기업에서는 선호하므로 문제를 풀 때 이런 성격을 전제하고 질문에 답해야 한다. 또한, 선택지 중 문제를 회피하거나 감정적인 대응을 하는 태도가 내포된 내용이 제시된다면, 이러한 것은 절대 답으로 골라서는 안 된다.
- 조직 내에서 이기적인 모습을 보여서는 안 되며, 합의된 질서에 대한 존중과 팀원 간의 배려를 보여줄 수 있어야 한다. 따라서 보통 이러한 내용의 선택지를 골랐을 때 높은 점수를 얻을 가능성이 많다.

정서 · 사회지능

정서지능(Emotional Intelligence)이란 자신과 다른 사람들의 감정을 정확하게 지각하고 인식하여 적절히 표현하는 능력으로, 자신과 타인의 감정을 효과적으로 조정하는 능력과 동기부여와 계획을 수립하고 목표를 성취하기 위해서 감정들을 이용하여 자신의 행동을 이해하고 이끄는 능력이다. 사회지능(Social Intelligence)은 사회성과 밀접한 개념으로 사회적 관계 혹은 인간관계에서 타인을 이해하고 동시에 그 관계 속에서 적절하게 대처하고 행동하는 능력이다.

학습전략

- 타인과 어울리지 못하고, 마치 모난 돌처럼 보이는 행동보다 어느 누구와도 조화를 이룰 수 있고 늘 배려를 실천하는 모습을 보여야 한다. 따라서 이러한 내용의 선택지를 답으로 골라야 한다.
- 항상 비슷한 유형의 문제가 출제되므로 이전 기출을 미리 숙지하고 각 질문에 대해 스스로 미리 답을 내 보는 것이 좋다.

01 실용지능

대표유형 **실용지능**

A 사원의 직속 상사는 B 대리이다. A 사원은 항상 B 대리의 업무 지시에 따라 업무를 수행해 왔다. 그러던 어느 날 D 이사가 직접 A 사원에게 지시를 내렸다. 그러나 D 이사가 내린 지시는 B 대리가 내렸던 지시와 대립하는 내용이다. 당신이 A 사원이라면 이 상황에서 어떻게 할 것인가?

① D 이사가 직급이 더 높으므로 D 이사의 지시에 따른다.
② B 대리에게 이 사실을 말하고 D 이사의 지시를 무시한다.
③ D 이사에게 B 대리의 지시와 다름을 말하되, D 이사가 고집할 경우 이에 따른다.
④ F 부장에게 이 사실을 말하고 도움을 요청한다.

출제의도 ●
조직 내에서 갈등 상황이 발생할 경우 이를 풀어나가는 능력을 평가한다.

*상황판단능력은 정답이 따로 없으니, 참고하시기 바랍니다.

01 B 사원이 속한 부서의 R 부장은 항상 결재 절차를 중시하는 사람이다. 따라서 B 사원을 비롯한 다른 사원들은 중요한 업무를 처리할 때마다 세세한 결재 절차에 따르느라 불필요한 시간을 허비하는 느낌을 받고 있다. B 사원이 생각하기에는 신속하게 처리해야 하는 업무의 경우, 결재 절차를 간소화시키고 융통성 있게 대처하는 것이 바람직할 것 같다. 이런 상황에서 당신이 B 사원이라면 어떻게 할 것인가?

① R 부장의 방식을 더는 따르지 않고 융통성 있게 일을 처리해버린다.
② 고집이 센 R 부장은 자신의 말을 듣지 않을 것이므로 기존 방식을 따른다.
③ R 부장이 실수할 때까지 기다렸다가 R 부장을 몰아내도록 한다.
④ 다른 직원 몇몇과 R 부장을 찾아가 조심스레 건의해본다.

02 V 대리에게는 직속 후배인 W 사원이 있다. W 사원은 명문대 출신으로 업무 능력은 상당히 뛰어나다. 그러나 자신의 뛰어난 업무 능력만을 믿고 상사의 업무 지침을 제대로 듣지 않은 채 제멋대로 업무를 해석하여 처리하는 때가 있어 문제를 일으킬 때가 종종 있다. 상사로서 V 대리는 W 사원에 대해 적절히 주의하라고 경고하고 싶은 상황이다. 당신이 V 대리라면 어떻게 할 것인가?

① V 대리의 상사인 G 부장을 모셔와 W 사원이 따끔하게 혼날 수 있도록 한다.
② 개인적인 자리를 빌려 W 사원에게 주의하라고 엄격하게 경고한다.
③ W 사원이 어디까지 막 나가나 지켜보도록 한다.
④ W 사원에게 커피 심부름을 계속시켜서 소심하게 복수한다.

02 정서 · 사회지능

1 기출유형분석

대표유형 **정서 · 사회지능**

Y 사원은 업무 능력이 뛰어나 퇴근 시간 전이면 자기 일을 다 끝내곤 한다. 그러나 Y 사원은 자기 일을 끝냈음에도 불구하고 제때에 퇴근하지 못한다. 능력이 뛰어난 Y 사원에게 동료들과 선배들이 항상 여러 가지 도움을 요청하기 때문이다. 당신이 Y 사원이라면 이 상황에서 어떻게 할 것인가?

① 자신의 불만을 표정과 행동으로 여과 없이 드러낸다.
② 자신의 감정을 공손하게 이야기한다.
③ 어차피 정시 퇴근이 어려우므로 자기 일을 천천히 진행한다.
④ 직급이 높은 선배에게 이 사실을 말한다.

출제의도 ●
무난하게 조직 생활을 할 수 있는 사람인지 평가한다.

01 2년차인 A 사원은 자신의 능력에 비해 직무능력이 떨어지는 부서 상관에게 불만이 쌓여가고 있다. 회식 자리에서 상사인 B 과장이 A 사원에게 회사에 대한 불만을 솔직하게 말해보라고 할 때 당신이 A 사원이라면 어떻게 하겠는가?

① 상사인 B 과장이 물어온 만큼 솔직하게 직무능력에 관해 얘기해본다.
② 회식 자리인 만큼 가벼운 농담으로 응수한다.
③ 먼저 본인에 대한 불만이 무엇인지 되물어본다.
④ 술자리에서 할 얘기가 아닌 것 같다고 하며 얼버무린다.

02 평소 생선회를 즐기지 않는 D 사원은 부서 회식 장소가 주로 횟집으로 정해져 회식에 참석하는 것이 즐겁지 않다. 당신이 D 사원이라면 어떻게 하겠는가?

① 생선회를 싫어한다고 부서원들에게 공개적으로 말한다.
② 부서 회식인 만큼 싫어하는 음식이지만 내색하지 않는다.
③ 부서원들에게 개인적인 사담을 나눌 때 본인은 생선회가 싫다고 말해 부서원들의 반응을 살펴본다.
④ 횟집에서 회가 아닌 다른 메뉴를 추가로 주문한다.

03 조각모의고사

30문제 / 7분

*상황판단능력은 정답이 따로 없으니, 참고하시기 바랍니다.

01 어느 날 A 사원은 상사인 B 부장에게 업무와는 관련이 없는 심부름을 부탁받았다. B 부장이 부탁한 물건을 사기 위해 A 사원은 가게를 몇 군데나 돌아다녀야 했다. 회사에서 한참이나 떨어진 가게에서 비로소 물건을 발견했는데, B 부장이 말했던 가격보다 훨씬 비싸서 B 부장이 준 돈 이외에도 자신의 돈을 보태서 물건을 사야 할 상황이다. 당신이 A 사원이라면 어떻게 할 것인가?

① B 부장에게 불만을 토로하며 다시는 잔심부름을 시키지 않을 것임을 약속하도록 한다.
② B 부장의 책상 위에 영수증과 물건을 덩그러니 놓아둔다.
③ 있었던 일을 사실대로 말하고, 자신이 보탠 만큼의 돈을 다시 받도록 한다.
④ 물건을 사지 말고 그대로 돌아와 B 부장에게 물건이 없었다고 거짓말한다.

02 A 대리는 평소에 입사 후배인 B 사원과 점심을 자주 먹곤 한다. B 사원은 A 대리를 잘 따르며 업무 성과도 높아서, A 대리는 B 사원에게 자주 점심을 사주었다. 그러나 이러한 상황이 반복되자 매번 점심을 먹을 때마다 B 사원은 절대 돈을 낼 생각이 없어 보인다. A 대리가 후배에게 밥을 사주는 것이 싫은 것은 아니지만 매일 B 사원의 몫까지 점심값을 내려니 곤란한 것은 사실이다. 당신이 A 대리라면 어떻게 하겠는가?

① B 사원에게 솔직한 심정을 말하여 문제를 해결해보고자 한다.
② 선배가 후배에게 밥을 얻어먹기는 부끄러우므로 앞으로도 계속해서 밥을 산다.
③ 앞으로는 입사 선배이자 상사인 G 과장에게 밥을 얻어먹기로 한다.
④ B 사원을 개인적으로 불러 혼을 내고 다시는 밥을 같이 먹지 않는다.

03 W 사원은 팀에서 열정맨으로 불릴 정도로 매사에 열정적이다. 하지만 최근 상사 B 대리의 업무 처리 방식 때문에 너무 스트레스를 받는다. 항상 바쁘게 움직이는 것 같지만, 막상 당장 급한 중요한 업무보다는 본인의 사적인 업무를 보느라 업무가 제대로 진행되지 못하는 것이 다반사이다. 이러한 상황에 대해 팀원들이 조심스럽게 이야기를 하더라도, 막상 B 대리는 한쪽 귀로 듣고 흘려버린다. 이런 일이 반복되자 B 대리를 제외한 팀 내의 사원들은 불만이 쌓인 상황이다. 이런 상황에서 당신이 W 사원이라면 어떻게 하겠는가?

① 다른 사원들과 따로 자리를 만들어 B 대리의 험담을 한다.
② B 대리가 보는 앞에서 C 과장에게 B 대리에 대해 이야기한다.
③ 다른 사원들과 이야기한 뒤에 다같이 B 대리의 상사인 C 과장에게 면담을 신청한다.
④ 회식 자리에서 공개적으로 C 과장에게 B 대리의 불만을 토로한다.

04 A 사원은 같은 부서에 속한 B 대리에게 호감을 갖게 되었다. 우연히 A 사원은 B 대리와 사적인 자리를 갖게 되었고, 둘은 서로에게 호감이 있음을 확인할 수 있었다. 그러나 상사인 C 과장은 사내 연애를 금지하지 않는 회사 수칙과 달리 자신이 속한 부서내에서는 절대 연애하지 말라는 원칙을 고수하는 사람이다. 이런 상황에서 당신이 B 대리라면 어떻게 하겠는가?

① A 사원과 뒤도 안 돌아보고 헤어진다.
② 회사 수칙에 어긋난다는 점을 들어 C 과장을 인사과에 고발한다.
③ A 사원과 몰래 사귄다.
④ A 사원과 함께 C 과장을 찾아가 논리적으로 설득한다.

05 A 사원은 출근하던 중에 상사인 B 대리로부터 급한 연락을 받았다. 업무에 꼭 필요한 물품을 찾아오지 못한 채 회사에 이미 출근했으니 A 사원이 대신 물품을 찾아 출근해 달라는 부탁이었다. A 사원이 속한 부서의 H 부장은 대개 출근 시간이 늦기 때문에 A 사원은 별다른 고민 없이 B 대리의 부탁대로 물품을 찾은 뒤에 출근 시간보다 10분 늦게 회사에 도착했다. 그러나 그날따라 정시에 출근한 H 부장이 A 사원에게 그동안 계속해서 지각했었느냐며 잔소리를 퍼부었다. 이런 상황에서 당신이 A 사원이라면 어떻게 할 것인가?

① 가만히 듣고 있다가 H 부장의 말이 끝나면 B 대리 탓을 한다.
② H 부장에게 지각하지 말라며 오히려 언성을 높인다.
③ B 대리에게 물품을 건네지 않음으로써 H 부장에게 혼나도록 만든다.
④ 개인적으로 B 대리에게 찾아가 H 부장에게 자초지종을 잘 말해 달라고 부탁한다.

06 평소에 A 대리는 남들의 부탁을 거절하지 못하는 편이다. 이 때문에 A 대리는 종종 다른 사원들의 부탁에 따라 업무를 대신 처리해주거나 야근을 해주곤 했다. 그러나 이런 상황이 반복되자 A 대리는 아내인 B 씨와 말다툼을 하기에 이르렀다. 이런 상황에서 또 다른 동료 C 대리가 A 대리에게 자신 대신 업무를 처리해 달라고 부탁하고 있는 상황이다. 당신이 A 대리라면 어떻게 할 것인가?

① 아내인 B에게 받은 스트레스를 C 대리에게 푼다.
② C 대리에게 더 이상은 대신 업무를 처리해 줄 수 없다고 딱 잘라 말한다.
③ C 대리에게 오늘은 곤란하다고 양해를 구한다.
④ C 대리에게 아내인 B와 전화통화를 하게 한다.

07 A 사원은 새로운 경력도 쌓고 색다른 경험도 해볼 겸 해외 지사 파견을 고대해왔다. 이를 위해 A 사원은 평소에 어학 공부도 열심히 하고, 회사 업무도 최선을 다했다. 그러나 해외 지사 파견자 선정을 앞두고 입사 동기인 B 사원이 인사과에 속 보이는 아부를 하는 것이 눈에 거슬린다. A 사원이 알기에 B 사원은 자신처럼 해외 지사 파견을 위해 어학 공부를 열심히 하거나 별도의 준비를 하지 않은 상황이다. 이런 상황에서 당신이 A 사원이라면 어떻게 할 것인가?

① B 사원을 따로 불러 단단히 경고한다.
② 회사 업무를 더욱 열심히 해서 경쟁력을 기르도록 한다.
③ 아무도 알아주지 않을 것이기 때문에 어학 공부를 중단한다.
④ B 사원처럼 인사과에 찾아가 갖은 아부 작전을 펼친다.

08 회사에 대한 자부심이 상당한 M 대리는 회사에 만족하며 회사 생활에 별다른 어려움 없이 승승장구하고 있다. 그러던 어느 날 M 대리는 상사인 N 부장과 식사를 함께하게 되었다. 상사인 N 부장은 회사의 복지 혜택이나 보수에 대한 불만을 늘어놓기 시작했다. 그러나 N 부장은 얼마 후에 있을 인사이동에 대한 권한을 가지고 있는 상사이다. 이런 상황에서 당신이 M 대리이라면 어떻게 할 것인가?

① N 부장이 인사이동 권한을 가지고 있기 때문에 무조건 동의한다.
② 회사를 모욕했으므로 N 부장의 말을 정면으로 반박한다.
③ N 부장의 기분이 상하지 않을 정도로만 말을 경청하되 지나치게 동의하진 않는다.
④ N 부장보다 상사인 K 이사를 몰래 찾아가 말한다.

09 H 사원은 평소에 동료들로부터 결벽증이 있다는 핀잔을 들을 정도로 깔끔한 편이다. 그런 H 사원이 회사에서 겪는 어려움이 있다면 상사인 G 팀장이 말을 할 때마다 지나치게 침이 튄다는 점이다. 팀 회의를 할 때마다 G 팀장에게서 멀리 떨어져서 앉으면 되지만, 다른 사원들 역시 G 팀장 옆에 앉길 꺼리기 때문에 팀 내 가장 막내인 H 사원이 G 팀장의 옆자리에 앉을 수밖에 없는 상황이다. 당신이 H 사원이라면 어떻게 할 것인가?

① T 대리에게 G 팀장의 옆자리에 앉아 달라고 부탁한다.
② G 팀장을 개인적으로 찾아가 조금만 주의해 달라고 요청한다.
③ 다른 사원들과 이야기한 뒤에 영원히 참기로 한다.
④ 침이 튀기면 기분이 나쁘므로 회사에서 퇴사한다.

10 G 사원은 최근 들어 회사 생활에 불편함을 느끼고 있다. 상사인 H 대리가 업무 수행에 있어 불필요한 신체 접촉을 시도한다거나, 업무 시간 외에도 사적으로 연락이 오기 때문이다. 게다가 H 대리는 자신이 상사라는 점을 들어 개인적인 만남을 강요할 때도 있다. 그러나 G 사원은 애인도 있는데다가 상사인 H 대리와 불편한 관계가 되고 싶지 않은 상황이다. 당신이 G 사원이라면 어떻게 할 것인가?

① 애인에게 모두 이야기한 뒤 H 대리를 몰래 처리하도록 주문한다.
② F 부장을 찾아가 사실대로 이야기하고 H 대리에게 공개적인 사과를 받아낸다.
③ H 대리를 개인적으로 만나서 단단히 주의를 주고 지켜본다.
④ 회사 생활에 불편함을 느끼고 있기 때문에 퇴사한다.

11 A 사원은 같은 팀 동기 B 사원에게 소액의 돈을 수차례 빌려주었으나 아직 한 번도 받지 못하였다. 그러나 B 사원은 다른 사람에게 빌려준 소액의 돈은 잘 갚는 것으로 보인다. 당신이 A 사원이라면 어떻게 하겠는가?

① 회식이나 티타임 같은 편한 자리에서 돈을 갚아줄 것을 가볍게 요구한다.
② 퇴근 후 전화나 문자 메시지로 돈을 갚아줄 것을 요구한다.
③ 다른 동료들에게 이 사실을 알려 B 사원이 간접적으로 듣게 한다.
④ 돈 받는 것을 포기한다.

12 마케팅팀 C 과장은 A 사원과 B 사원 중 유독 B 사원에게 쉬운 일을 맡기고 A 사원에게는 어려운 일을 맡긴다. A 사원은 처음에는 괜찮다고 생각했지만, 일이 계속 반복되어 지치는 것은 물론 본인이 열심히 일할 때 놀고 있는 B 사원이 조금은 얄밉긴 하다. 이런 상황에서 당신이 A 사원이라면 어떻게 하겠는가?

① 부서 회의 시간에 공개적으로 C에게 공정한 업무 분담을 요구한다.
② B 사원과 C 과장의 사적인 관계를 파악해본다.
③ 본인의 능력이 더 나아서 그런 것이라 생각한다.
④ 회식 자리에서 가볍게 왜 B 사원과 차별하느냐고 따진다.

13 A 사원과 입사 동기인 B 사원은 평소 생각하는 바를 직설적이고 노골적으로 말해 상대를 불쾌하게 할 때가 있다. 다수가 모여 식사하는 자리에서 옆자리에 앉게 된 입사후배인 C 사원이 B 사원이 한 말에 상처를 받은 사실을 조용히 A 사원에게 털어놓았다. 당신이 A 사원이라면 어떻게 하겠는가?

① C 사원의 기분이 풀릴 수 있도록 맞장구를 쳐 준다.
② B 사원을 따로 불러 나무란다.
③ 괜히 본인에게 불똥이 튈 수도 있으므로 모른척한다.
④ B 사원과 비슷한 어투로 B 사원의 감정을 건드려 입사 후배인 C 사원의 복수를 해준다.

14 B 과장이 A 대리에게 오늘까지 마치라고 지시한 업무를 하는 도중 B 과장이 없는 사이 C 부장이 찾아와 다른 일을 신속히 해달라고 지시했다. 두 가지 일 모두 급해보이지만 당장 어느 것부터 해야 할지 혼란스럽다. 당신이 A 대리라면 어떻게 하겠는가?

① 업무를 도와줄 동기나 후임을 찾는다.
② 업무의 경중을 따져 중요한 순서대로 처리한다.
③ 처음 지시받은 업무를 먼저 끝낸다.
④ 더 높은 직급인 C 부장이 지시한 일을 먼저 끝낸다.

15 부부싸움으로 배우자와 사이가 좋지 않은 A 사원은 오늘 갑자기 팀 친목 도모를 위한 1박 2일 등산 계획이 잡힌 사실을 알게 되었다. 괜히 오늘 같은 날 더 늦게 가면 오해를 살 것 같아 막상 등산을 가려니 마음이 무겁다. 이 상황에서 당신이 A 사원이라면 어떻게 하겠는가?

① 업무의 연장이라 생각하며 등산에 참여한다.
② 상관에게 가정사를 얘기하며 등산에 빠지겠다고 말한다.
③ 배우자에게 등산 사실을 알리고 등산에 참여한다.
④ 가정사 이야기는 하지 않고 등산에 불참하겠다고 팀원들에게 알린다.

16 A 사원과 B 사원은 함께 회사의 중요한 TF 팀에서 일정 기간 일하게 되었다. A와 B는 비슷한 업무 분량을 각각 담당하고 있는데, A 사원이 볼 때 B 사원으로 인해 업무진행 속도가 떨어지는 것 같다. 당신이 A 사원이라면 어떻게 하겠는가?

① 회사 차원의 중요한 업무인 만큼 B 사원 업무까지 한다.
② TF 팀장에게 본인이 느낀 바를 솔직하게 말한다.
③ 공개적인 자리에서 B 사원의 업무 태도를 지적한다.
④ 업무 분담을 한 만큼 본인 업무에만 집중한다.

17 동물 털 알레르기가 있는 A 사원은 애완견이나 애완고양이를 키우는 사람이 가까이만 와도 재채기를 한다. 그런데 옆자리에 애완고양이를 기르는 신입사원 B가 새로이 배치되었다. 당신이 A 사원이라면 어떻게 하겠는가?

① 부서장에게 부서 자리 전면 재배치를 요구한다.
② 친한 동료에게 B 사원과 자리를 바꾸는 것을 부탁한다.
③ 친한 동료에게 본인과 자리를 바꾸는 것을 부탁한다.
④ B 사원에게 본인의 알레르기에 대해 얘기하고 다른 자리를 알아보라고 한다.

18 상반기 공채로 입사한 A 사원은 B 팀에 배치받았다. 현재 B 팀원들은 작년 하반기부터 진행해온 프로젝트로 매우 바빠 사원 A는 아직 주 업무가 확정되지 않은 상태로 출근만 하고 있는 상황이다. 당신이 A 사원이라면 어떻게 하겠는가?

① 팀장에게 본인이 할 업무에 대해 지시해줄 것을 요구한다.
② 눈치껏 다른 팀원들의 업무를 도와주며 업무지시를 기다린다.
③ 본인에게 신경을 쓰지 않는 팀으로 판단하고 다른 팀으로 전출을 요구한다.
④ 본인을 찾을 때까지 그냥 대기한다.

19 A 사원은 팀장의 지시로 지방 장거리 출장을 다녀와야 한다. 그런데 친한 동료사원 B가 본인 고향이라 오랜만에 고향을 내려가고 싶다며 출장을 본인이 대신 가면 안 되겠냐고 부탁한다. 당신이 A 사원이라면 어떻게 하겠는가?

① B 사원에게 공사 구분을 확실히 하라고 충고한다.
② 팀장에게 B 사원의 의견임을 밝히고 출장 변경을 요청한다.
③ 팀장에게 B 사원에 관한 이야기는 하지 않고 다른 핑계를 대고 출장자 변경을 요청한다.
④ 팀장에게 B사원과 함께 가서 출장자 변경을 요청한다.

20 A 사원은 타 부서원들과 중요한 회의를 하는 중이다. 그런데 어제 과음한 탓인지 컨디션도 좋지 않고 자주 화장실을 왔다 갔다 하고 있다. 당신이 A 사원이라면 어떻게 하겠는가?

① 출입문 쪽으로 자리를 이동한다.
② 컨디션이 좋지 않으므로 상관에게 회의에서 빠져있겠다고 요청한다.
③ 추후 다시 회의를 하자는 식으로 분위기를 조성한다.
④ 전혀 내색하지 않고 참을 수 있는 데까지 참는다.

21 A 사원은 야외 활동보다는 실내에서 책을 읽거나 영화를 보는 등의 여가 생활을 선호하는 편이다. A 사원이 속한 부서의 R 팀장은 등산이나 운동을 즐기는 편으로 A 사원과 정반대의 취미를 가지고 있다. 그런데 R 팀장은 부서 내 사원들 간의 친목을 도모하고 건강관리도 할 겸 사원들에게 한 달에 한 번씩 등산할 것을 강요하고 있다. 이런 상황에서 당신이 A 사원이라면 어떻게 하겠는가?

① 몸이 약한 척을 해서 등산 모임에서 빠져나오도록 한다.
② 비슷한 생각을 지닌 동료들과 함께 R 팀장을 인사과에 신고한다.
③ 긍정적인 생각을 가지고 이왕 하는 김에 등산을 즐기기로 한다.
④ 업무 외의 요구에 대해서는 들어줄 수 없다며 R 팀장에게 딱 잘라 말한다.

22 A 사원은 입사한 이후로 가장 중요한 업무를 맡게 되었다. 업무 수행에 앞서 A 사원은 상사인 E 대리에게 업무에 관한 자세한 설명을 들었다. A 사원은 E 대리의 설명을 분명히 집중해서 들었지만, 처음 맡게 된 업무라 긴장을 한 나머지 설명의 일부분을 잊어버렸다. A 사원은 업무를 수행하기 위해 자리에 앉았지만 당장 무엇부터 해야 하는지 기억이 나지 않는 상황이다. 당신이 A 사원이라면 어떻게 하겠는가?

① 자신이 기억하는 범위 내에서 업무를 수행한 뒤 E 대리에게 나머지 업무를 부탁한다.
② 회사 내 가이드라인을 참고하여 업무를 수행한다.
③ E 대리에게 찾아가 상황을 밝히고, 설명을 다시 한 번 듣도록 한다.
④ E 대리의 상사인 G 부장에게 찾아가 업무를 바꿔 달라고 부탁한다.

상황판단능력

23 A 사원은 부서에서 오랫동안 준비해왔던 프로젝트의 발표를 맡게 되었다. A 사원은 누구보다 열심히 발표를 준비했으나 발표를 앞둔 바로 전날, 컴퓨터 고장으로 인해 준비한 프레젠테이션 파일이 사라졌다. 다른 자료를 사용하여 발표를 진행할 수는 있겠지만 준비했던 프레젠테이션 파일을 사용하는 것에 비해 많이 엉성한 상황이다. 당신이 A 사원이라면 어떻게 하겠는가?

① 밤을 새워서라도 프레젠테이션 파일을 다시 만들어 발표한다.
② 발표를 연기한 뒤에 다시 발표 준비를 시작한다.
③ 그동안 발표를 자주 해본 선배에게 도움을 요청하여 대신 발표하도록 한다.
④ 시간이 없으니 남아있는 자료로 발표를 진행한다.

24   A 대리는 업무를 처리하고 중요한 거래도 성사시킬 겸 지방으로 출장을 왔다. A 대리의 출장 기간은 오늘이 마지막이며, 바이어와의 중요한 거래를 남겨두고 있는 상황이다. 그러나 기존에 만나기로 약속했던 바이어가 갑작스러운 일이 생겨서 만나지 못할 것 같다며 약속을 다음으로 연기하려고 한다. 당신이 A 대리라면 어떻게 하겠는가?

① 일단 회사에 복귀한 후 다른 방법으로 업무를 진행해야겠다고 생각한다.
② 바이어를 찾아가서라도 무조건 오늘 거래를 성사시키도록 한다.
③ 상사에게 상황의 불합리성을 설명하고 이 바이어와 거래하지 않도록 한다.
④ 어쩔 수 없으니 기다렸다가 바이어를 만나서 일을 처리해야겠다고 생각한다.

25   A 사원은 나름대로 회사 생활에 보람을 느끼고 있다. 그러나 같은 부서에 근무하는 G 사원과 유독 불편한 사이이다. G 사원과 개인적으로 감정이 있거나 다툼이 있던 것은 아니지만, 부서에서 업무를 진행할 때마다 계속해서 의견이 대립하고 있기 때문이다. 이런 상황에서 당신이 A 사원이라면 어떻게 할 것인가?

① G 사원이 의견을 내면 논리의 허점을 공격하여 잘못을 인정하도록 한다.
② 상호 협력이 중요하므로 G 사원과 친목 도모의 시간을 갖도록 한다.
③ 상사가 선호하는 의견을 주장하여 자신의 의견을 개진할 수 있도록 한다.
④ 다른 사원들이 자신의 의견에 동의할 수 있도록 설득한다.

26   A 사원은 얼마 전 C 직장에 입사하여 회사 생활에 전반적으로 만족감을 느끼고 있다. 그러나 간혹 A 사원은 업무 도중에 곤란함을 느낄 때가 있다. C 직장에서는 업무상 필요한 문구들을 필요한 양보다 다소 부족하게 지급하기 때문이다. 이런 상황에서 당신이 A 사원이라면 어떻게 하겠는가?

① 사내 불편사항 신고함을 이용하여 시정을 요구한다.
② 문구 용품이 비싼 것도 아니니 직접 사서 사용한다.
③ 상사에게 찾아가 문구의 월별 지급량을 늘릴 것을 요구한다.
④ 옆 직원과 함께 문구 용품을 사서 나눠 쓰도록 한다.

27 A 사원은 아직 회사 일에 서툴지만, B 팀장과 함께 중요한 계약을 앞두고 미팅을 진행하게 되었다. 그러나 미팅 당일 B 팀장에게서 개인적인 사정이 생겨서 미팅에 참석하기 곤란하다는 연락이 왔다. A 사원이 B 팀장에게 다시 전화를 걸어 미팅 진행에 대해 물어보니 알아서 하라고 한다. 당신이 A 사원이라면 어떻게 하겠는가?

① 미팅 일정을 미루도록 한다.
② 경험이 있는 동료와 함께 미팅에 참석한다.
③ B 팀장보다 높은 상사에게 B 팀장의 처신을 말하고, 도움을 요청한다.
④ 알아서 하라고 하니 그동안 내가 하고 싶었던 대로 한다.

28 A 사원은 B 부장이 종종 자신의 능력 밖인 컴퓨터 사용 업무를 부탁하여 곤란한 상황이다. 당신이 A 사원이라면 어떻게 하겠는가?

① B 부장에게 업무가 밀려있다고 말하며 부탁을 정중히 거절한다.
② B 부장을 도와줄 수 있는 다른 동료나 선배를 찾는다.
③ 업무 외의 별도 지시를 반복해서 내리는 B 부장에 대한 반대 여론을 조성한다.
④ 컴퓨터 능력을 개선하기 위해 별도의 시간을 투자한다.

29 A 팀장은 팀 회의에 집중하지 않는 팀원들 때문에 고민이다. 당신이 A 팀장이라면 어떻게 하겠는가?

① 자신의 의견을 전적으로 회의 결과에 반영함으로써 회의 시간을 단축한다.
② 팀 회의를 시작하기에 앞서 팀 전체에게 회의에 집중할 것을 엄중하게 경고한다.
③ 팀원들을 각자 불러 이러한 현상은 인사에 불이익을 야기할 수 있음을 경고한다.
④ 팀원들을 각자 불러 현상의 원인이 무엇인지 파악한다.

30 A 사원은 업무에 대한 기획서 및 보고서를 제출할 때마다 좋지 않은 평가를 받는다. 당신이 A 사원이라면 어떻게 하겠는가?

① 상사와의 관계를 개선하기 위해 취미 생활을 함께한다.
② 노력이 제대로 보상되지 않으므로 다른 직종을 모색한다.
③ 업무 용어와 매뉴얼을 정확히 익힌다.
④ 상사나 동료에게 부정적인 평가의 이유가 무엇인지 물어본다.

CHAPTER 07 직무상식능력

영역 소개

직무상식능력은 경제 · 경영, 역사, 과학 · IT, 사회 · 문화, 예절과 영어 여섯 가지 유형으로 출제된다. 총 40문항을 6분 안에 풀어내야 한다.

경제 · 경영

경제 · 경영상식은 깊이 있는 전공 수준의 내용까지 물어보지는 않는다. 게다가 반복적으로 출제 되는 개념, 현상 등이 있으므로 타 유형보다 비교적 수월하다. 주로 출제되는 유형은 단순한 개념을 묻는 문제부터, 개념을 적용한 간단한 계산식, 기업과 관련한 경영 전략을 사례에 적용하는 문제 등이다.

학습전략

- 기출문제는 반드시 다시 보아야 한다. 기출문제가 그대로 나오지는 않지만 같은 것에 대해 묻거나, 또는 비슷한 형태로 다시 나올 수도 있기 때문이다. 따라서 출제된 적 있는 용어는 따로 정리해두고 반드시 숙지해야 한다.

역 사

한국사 · 세계사의 정치 · 경제 · 문화 · 사회 등 다양한 영역의 상식을 물어본다. 기업은 역사상식 출제를 통해 지원자들이 역사에 대해 보다 관심을 갖도록 유도함은 물론, 전공 분야와 인문학적 소양의 결합으로 지원자들이 창의적인 융합을 할 수 있는 통합적 사고 능력을 갖추었는지 알아 볼 수 있다. 역사 상식 자체가 범위도 광범위하고, 최근에는 난도가 높아지는 편이라 지원자가 학습하기에 꽤 까다로운 유형이다.

학습전략

- 한국사뿐 아니라 세계사도 따로 공부해야 한다. 특히 중국사는 서양사에 비해 더 자세히 공부해 둘 필요가 있다.

| 과학 · IT | 역사상식이 강화됨에 따라 비교적 출제 비중이 많이 감소했다. 대부분 기초적인 지식으로 풀 수 있는 쉬운 문제들이 출제되며, 출제된 현상과 상황은 반복적으로 제시되기 때문에 기본적인 이론을 중심으로 다양한 문제를 풀어보는 것이 도움이 된다. 특히 IT 유형은 컴퓨터 활용능력과 관련된 문제들이 다수 출제되기 때문에 업무에 활용될 법한 기본적인 윈도우 프로그램 단축키들은 미리 익혀두는 것이 좋다. |

학습전략
- 과학 · 공학 · 기술 트렌드를 놓치지 않고 따라간다.

| 사회 · 문화 | 최근 시사 및 사회 · 정치에 대한 관심과 현대사회의 이슈에 대한 빠른 적응력과 인문학적 소양을 바탕으로 한 사고력 및 판단력을 평가하기 위한 유형이다. 특히나 광범위하기 때문에 평소에 신문을 보며 사회학 및 심리학 용어, 소비 트렌드 용어, 사회 · 정치 이슈, 상 · 하반기 트렌드 등을 다양하게 알아두면 좋다. |

학습전략
- 평소 이슈를 접하면서 창의적으로 생각하는 연습을 많이 한다.

| 예 절 | 업무 수행에 있어서 필요한 비즈니스 예절에 관한 문제가 주를 이루는 유형이다. 악수 예절, 명함 예절, 전화 예절 등 직장생활에 있어서 기본적으로 알아둬야 하는 예절들을 학습하면 어려움 없이 쉽게 해결할 수 있다. |

학습전략
- 다양한 예절에 대해 알아본다.

| 영 어 | 영어는 동사의 다양한 의미, 어법상 맞는 단어, 논리적으로 상황에 알맞은 어휘를 선택하는 어휘 · 문법 관련 문제, 독해 문제 등이 출제된다. 어휘 · 문법, 독해에서 제일 중요한 것은 풍부한 어휘력으로, 이를 대비하기 위해서 평소에 영어 단어를 찾을 때 항상 그 단어와 같은 의미군을 이루는 인접 단어와 파생어의 뜻, 단어 간의 관계, 문장 내에서의 용례 등을 꼼꼼히 확인해 두는 것이 좋다. |

학습전략
- 평소에 어휘 공부를 해놓으면 도움이 된다.

1 기출유형분석

대표유형 **경제 · 경영**

어떤 재화의 가격변화가 그 재화의 수요(소비)량에 미치는 효과를 뜻하는 경제용어는?

① 자산 효과

② 가격 효과

③ 백로 효과

④ 베블런 효과

출제의도 ●

경제 · 경영 이론의 기본 지식을 보유하고 있는지 평가한다.

문제풀이 ● ②

오답확인 ●

① 자산 효과 : 자산 가격이 상승하면 소비도 증가하는 현상으로 현재의 소비가 현재의 소득뿐만 아니라 미래의 소득에 의해서도 영향을 받는다는 이론이다.

③ 백로 효과 : 특정 상품에 대한 소비가 증가하면 그에 대한 수요가 줄어드는 소비현상으로 속물 효과라고도 한다.

④ 베블런 효과 : 가격이 오르는데도 일부 계층의 과시욕이나 허영심 등으로 인해 수요가 줄어들지 않는 현상을 말한다.

01 달러/원 환율이 연일 하락하고 있을 경우, 그 영향으로 옳지 않은 것은?

① 한국 수출품의 가격 경쟁력 약화를 초래해 수출 타격을 불러올 수 있다.
② 원화가치 하락으로 국외여행이 증가할 것이다.
③ 경상수지와 기업수지 악화를 불러올 수 있다.
④ 단기적으로 수입업체에는 유리하게 작용할 수 있다.

02 값싼 가격에 질 낮은 저급품만 유통되는 시장을 가리키는 용어는?

① 레몬마켓   ② 프리마켓
③ 제3마켓   ④ 피치마켓

02 역사

대표유형 역사

다음에서 설명하는 사단칠정론을 주장한 학자는?

> '사단(四端)'이란 맹자가 실천도덕의 근간으로 삼은 측은지심(惻隱之心)·수오지심(羞惡之心)·사양지심(辭讓之心)·시비지심(是非之心)을 말하며, '칠정(七情)'이란 「예기(禮記)」와 「중용(中庸)」에 나오는 희(喜)·노(怒)·애(哀)·구(懼)·애(愛)·오(惡)·욕(慾)을 말한다.

① 율곡 이이
② 퇴계 이황
③ 화담 서경덕
④ 다산 정약용

출제의도 ●
역사에 관한 지식을 가지고 있는지를 평가한다.

문제풀이 ● ②
이황은 '사단'이란 '이(理)'에서 나오는 마음이고 '칠정'이란 '기(氣)'에서 나오는 마음이라 하였다. 또한 인간의 마음은 이와 기를 함께 지니고 있지만, 마음의 작용은 이의 발동으로 생기는 것과 기의 발동으로 생기는 것 두 가지로 구분된다고 하였다. 즉, 인성에 있어 본연의 성(性)과 기질의 성이 다른 것과 같다고 하여 이른바 주리론적(主理論的) 이기이원론(理氣二元論)을 주장하였다.

01 다음 〈보기〉에서 역사적 사건들을 발생한 순서대로 바르게 배열한 것을 고르면?

---- 보 기 ----
- 십자군 전쟁
- 베스트팔렌 조약
- 30년 전쟁
- 백년전쟁

① 십자군 전쟁 － 백년전쟁 － 30년 전쟁 － 베스트팔렌 조약
② 십자군 전쟁 － 백년전쟁 － 베스트팔렌 조약 － 30년 전쟁
③ 십자군 전쟁 － 30년 전쟁 － 백년전쟁 － 베스트팔렌 조약
④ 백년전쟁 － 30년 전쟁 － 십자군 전쟁 － 베스트팔렌 조약

02 정약용의 저서 중 다음 내용을 담고 있는 것은?

조선 시대의 형옥에 관한 법서로 살인 사건에 대한 처리가 매우 무성의하고 형식적으로 진행됨이 형을 다루는 사람들의 형률에 대한 무지 때문으로 파악하고, 이를 시정하기 위하여 「경국대전」과 중국의 「대명률」을 기본원리로 하여 조선과 중국의 사례를 들어 설명하였다.

① 흠흠신서　　　　　　　　② 경세유표
③ 목민심서　　　　　　　　④ 여유당전서

03 과학·IT

1 기출유형분석

대표유형 **과학·IT**

다음에서 설명하는 병명으로 바른 것은?

> X 염색체에 있는 유전자의 선천성이나 유전성 돌연변이로 인해 혈액 내 응고인자가 부족하게 되어 발생하는 질환을 말한다. 상처가 나도 혈액응고인자가 없어 피가 멈추는 데 정상인보다 시간이 오래 걸린다. 10,000명 중 한 명 꼴로 발생하며 부족한 응고인자의 종류에 따라 A, B, C 세 종류로 나뉜다.

① 백혈병
③ 패혈증
② 혈우병
④ 흑사병

출제의도 ●

과학·IT에 관한 지식을 보유하고 있는지를 평가한다.

문제풀이 ● ②

오답확인 ●

① 혈액의 세포 중 백혈구에 발생한 암을 말하며 비정상적인 백혈구가 과도하게 증식하여 정상적인 백혈구, 적혈구, 혈소판의 생성이 억제된다.

③ 미생물에 감염되어 발열, 빠른 맥박, 호흡수 증가, 백혈구 수의 증가 및 감소 등 전신에 걸친 염증 반응이 나타나는 상태를 말한다.

④ 쥐에 기생하는 벼룩에 의해 페스트균이 옮겨져 발생하는 급성 열성 전염병을 말한다.

01 한글 Windows 7에서 실행 중인 다른 창이나 프로그램으로 빠르게 전환하는 방법으로 가장 적절한 것은?

① Alt+Tab을 눌러 이동한다.
② Ctrl+Tab을 눌러 이동한다.
③ Ctrl+Alt+Delete를 눌러 나타나는 작업 관리자에서 이동한다.
④ 제어판에서 이동한다.

02 녹색화학(Green Chemistry)은 환경에 미치는 부정적인 효과가 적은 화학기술 및 화학산업의 총칭이다. 다음 중 녹색화학의 원칙과 가장 거리가 먼 것은?

① 사용하는 모든 원료가 전부 최종 생성물에 들어가도록 하는 합성방법을 개발해야 한다.
② 용매 등 보조 물질은 가능하면 사용하지 않아야 한다.
③ 가능하다면 물질 합성은 실온과 대기압에서 실시해야 한다.
④ 선택적 촉매보다는 가능한 한 화학양론적 시약을 사용해야 한다.

04 사회·문화

1 기출유형분석

대표유형 **사회·문화**

레임덕(Lame Duck) 현상에 대한 설명으로 옳은 것은?

① 국회에서 합법적인 방법으로 의사진행을 방해하는 행위를 말한다.
② 무기력증이나 자기혐오, 직무 거부 등에 빠지는 증후군이다.
③ 특정 정당 혹은 특정 후보자에게 유리하도록 자의적으로 선거구를 정하는 것이다.
④ 현직에 있던 대통령의 임기 만료를 앞두고 나타나는 일종의 권력누수 현상이다.

출제의도 ●
사회·문화에 관한 용어에 대해 관심을 가지고 있는지를 평가한다.

문제풀이 ● ④
레임덕(Lame Duck)
현직에 있던 대통령의 임기 만료를 앞두고 나타나는 일종의 권력누수 현상이다. 즉, 대통령의 권위나 명령이 제대로 시행되지 않거나 먹혀들지 않아서 국정 수행에 차질이 생기는 현상이다. 절름발이 오리라는 뜻이며, 레임덕(Lame Duck)이란 표현이 처음 등장한 곳은 18세기 영국 런던이었다. 이 당시 레임덕은 주식 투자 실패로 파산한 증권 투자자를 가리키는 말로 쓰였다. 레임덕을 증권시장이 아니라 정치 용어로 쓰기 시작한 것은 미국 남북전쟁 무렵이었다.

오답확인 ●
① 필리버스터(Filibuster)
② 소진 증후군(Burn-out Syndrome)
③ 게리맨더링(Gerrymandering)

01 베토벤은 나폴레옹에게 헌정하기 위한 곡을 만들었지만, 나폴레옹의 황제 즉위 소식을 듣고는 배신감에 악보를 던져 버렸다. 이 작품은 무엇인가?

① 피아노 협주곡 〈황제〉　　　　② 피아노 소나타 〈비창〉

③ 교향곡 제5번 〈운명〉　　　　④ 교향곡 제3번 〈영웅〉

02 다음이 설명하고 있는 권리는 무엇인가?

> 타인의 물건 또는 유가증권을 점유한 자가 그 물건이나 유가증권에 관하여 생긴 채권(債權)을 가지는 경우에, 그 채권의 변제를 받을 때까지 그 물건 또는 유가증권을 유치할 수 있는 권리이다. 예를 들어, 시계수리상은 수리대금을 지급받을 때까지는 수리한 시계를 유치하여 그 반환을 거절할 수 있다.

① 점유권　　　　② 저당권

③ 질권　　　　④ 유치권

05 예절

직무상식능력

1 기출유형분석

대표유형 예절

문상 시 지켜야 할 예절로 올바른 것은?

① 남자는 오른손을 위로 하고 한 번 절한다.
② 문상 시 상주에게 위로의 말을 건네는 것이 예의다.
③ 고인의 사망 원인과 경위 등을 되도록 상세히 묻는다.
④ 반가운 친구나 친지를 만나도 되도록 바깥에서 이야기를 나눈다.

출제의도 ●

기본적인 예를 갖출 수 있는지를 평가한다.

문제풀이 ● ④

오답확인 ●

① 남자는 오른손을 위로 하고 두 번 절한다.
② 침묵은 그 어떤 말로도 상을 당한 사람에게는 위로가 될 수 없다는 뜻이며, 오히려 아무 말도 하지 않는 것이 더 깊은 조의를 표하는 것이다.
③ 사망 원인과 경위를 자세히 묻는 것도 실례이다. 유족에게 정신적 괴로움을 주기 때문이다.

2 유형 익히기

01 서양의 식사 예절로 올바른 것은?

① 생선의 머리는 오른쪽으로 둔다.

② 커피 잔에 손가락을 끼지 않고 세 손가락으로 잡는다.

③ 포크와 나이프는 안쪽에서 바깥쪽으로 사용한다.

④ 식사가 끝나면 포크는 안쪽, 나이프를 바깥으로 접시 왼쪽에 나란히 놓는다.

02 외국인을 대하는 예절로 바르지 않은 것은?

① 악수는 상대의 눈을 마주보고 미소를 지으며 한다.

② 머리를 조아리거나 허리를 굽실거리는 수줍은 태도의 악수는 비겁하게 보일 수 있다.

③ 영문 명함이 아닐 경우에는 교환하지 않는다.

④ 여성/연장자에서 남성/연소자 순으로 소개한다.

06 영어

1 기출유형분석

대표유형   영 어

다음 글의 제목으로 가장 알맞은 것은?

> Clarity is not the important point of writing, nor the principal mark of a good style. There are occasions when obscurity serves a literary yearning, if not a literary purpose, and there are writers whose manner is more overcast than clear. But since writing is communication, clarity can only be a virtue. Although there is no substitute for merit in writing, clarity comes closest to being one. Even to a writer who is being intentionally obscure or wild of tongue we can say, 'Be obscure clearly!'

① Be Clear in Writing.
② Write with a Clear Purpose.
③ Clarity is Not the Prize in Writing.
④ Obscurity Serves a Literary Yearning.

출제의도 ●
기본적인 영어능력을 가지고 있는지를 평가한다.

문제풀이 ● ①

> 명확함은 글쓰기에서 중요하지 않을뿐더러 훌륭한 문체의 주된 특징도 아니다. 문학의 목적은 아니지만 모호함이 문학의 열정에 도움이 되는 경우도 있고, 작품의 분위기가 명료하기보다는 모호한 작가가 있다. 그러나 글은 의사 전달이기 때문에 명료함이 미덕이 되어야 한다. 비록 글쓰기에서 그 장점에 대신할 것이 없지만, 명료함이 장점에 가장 근접한 것이다. 의도적으로 모호하고 거친 말을 하는 작가에게조차도 우리는 '확실하게 모호해져라!'라고 말할 수 있다.

01 다음 밑줄 친 부분과 의미가 가장 비슷한 것은?

> I <u>was all ears</u> when he whispered.

① was very reluctant to hear

② was very eager to hear

③ was almost deaf

④ was very happy

02 다음 빈칸에 들어갈 알맞은 말을 순서대로 배열한 것은?

> About four thousand years ago, a great city _____ Troy stood on the shores of the Aegean sea. The walls of this great city were _____ so that enemy couldn't climb over them.

① called, high

② called, far

③ called, big

④ call, huge

01 다음 중 우리나라의 선거제도와 관련하여 옳지 않은 것은?

① 우리나라 국회의원 정수는 고정되어 있지 않고 법률로 정하도록 되어 있다.
② 무소속 후보는 후보자의 나이 순서대로 기호 순위가 정해진다.
③ 국회의원 선거와 지방자치단체장 및 지방의회 의원의 선거운동 기간은 14일이다.
④ 후보자의 배우자가 대한민국 국민이 아니어도 선거운동을 할 수 있다.

02 다음 중 국정조사에 대한 설명으로 틀린 것은?

① 비공개로 진행하는 것이 원칙이다.
② 재적의원 4분의 1 이상의 요구가 있는 때에 조사를 시행한다.
③ 특정한 국정사안을 대상으로 한다.
④ 부정기적이며 수시로 조사할 수 있다.

03 '출처를 위장하여 공개하지 않고 근거 없는 사실 등을 조작해 상대방을 혼란과 위험에 빠뜨리거나 그 내부를 교란시키기 위한 정치적 술책'과 관련이 없는 말은?

① 흑백선전   ② 살라미
③ 중상모략   ④ 마타도르

04 외교상의 중립정책, 즉 일종의 고립주의를 무엇이라 하는가?

① 먼로주의   ② 패권주의
③ 티토이즘   ④ 삼민주의

05 다음 중 리디노미네이션(Redenomination)에 대한 설명으로 옳지 않은 것은?

① 나라의 화폐를 가치의 변동 없이 모든 지폐와 은행권의 액면을 동일한 비율의 낮은 숫자로 표현하는 것을 말한다.

② 리디노미네이션의 목적은 화폐의 숫자가 너무 많아서 발생하는 국민들의 계산이나 회계 기장의 불편, 지급상의 불편 등의 해소에 있다.

③ 리디노미네이션은 인플레이션 기대심리를 유발할 수 있다는 문제점이 있다.

④ 화폐단위가 변경되면서 새로운 화폐를 만들어야 하기 때문에 화폐제조비용이 늘어난다.

06 다음의 빈칸에 들어갈 용어로 바른 것은?

> 최근 알뜰 소비자들이 돈을 절약하기 위해 '( )'을(를) 많이 선택하고 있다. ( )은(는) 스토어 브랜드(Store Brand, 해당 매장의 자체 브랜드) 혹은 대중에게 공격적으로 홍보되지 않고 덜 알려진 브랜드로 특히 식품, 생활용품, 의약품 등에 많이 있다.

① 세컨드 라인   ② 플래그십
③ 제네릭 브랜드   ④ 프라이빗 브랜드

07 수출국이 특정 수출산업에 대해 장려금이나 보조금을 지급하여 수출 상품의 가격경쟁력을 높일 경우, 수입국이 그 수입상품에 대해 보조 금액에 해당하는 만큼의 관세를 부과하는 누진관세를 무엇이라고 하는가?

① 상계관세   ② 조정관세
③ 탄력관세   ④ 보호관세

08 은행이나 보험사가 다른 금융부분의 판매채널을 이용하여 자사상품을 판매하는 마케팅 전략을 뜻하는 용어는 무엇인가?

① 랩 어카운트   ② 커버드 본드
③ 신디케이트론   ④ 방카슈랑스

09 '맨부커상'은 노벨문학상, 프랑스의 공쿠르 문학상과 함께 세계 3대 문학상의 하나이다. 2016년 맨부커상 인터내셔널 부문에서 한국인 최초로 수상의 영예를 안은 작품은 무엇인가?

① 채식주의자
② 나미야 잡화점의 기적
③ 안녕 주정뱅이
④ 몽고반점

10 다음 중 중국의 소셜 네트워킹 및 마이크로 블로그 서비스로 중국판 트위터라고 불리는 것은?

① 믹시(Mixi)
② 웨이보(Weibo)
③ 아메바 나우(Ameba Now)
④ 그리(GREE)

11 부자의 부의 독식을 부정적으로 보고 사회적 책임을 강조하는 용어로, 월가 시위에서 1 대 99 라는 슬로건이 등장하며 1%의 탐욕과 부의 집중을 공격하는 이 용어는 무엇인가?

① 노비즘
② 노블레스 오블리주
③ 뉴리치현상
④ 리세스 오블리주

12 과자 봉지 속에 충격 및 산화 방지를 위해 사용되는 기체가 너무 많아 과대포장이라는 의미에서 우리나라 과자에 이름 붙여진 용어는?

① 수소과자
② 헬륨과자
③ 질소과자
④ 산소과자

13 신문·방송에 관련된 다음 용어 중 설명이 잘못된 것은?

① 커스컴(Cuscom) : 특정 소수의 사람들을 상대로 전달되는 통신체계

② 앰부시 마케팅(Ambush Marketing) : 올림픽 등 스포츠 행사의 공식 후원사가 아닌 업체가 간접적으로 행사를 연상시키는 광고 문구를 통해 고객의 관심을 끄는 전략 기법

③ 전파 월경(Spill Over) : 방송위성의 전파가 대상지역을 넘어 주변국까지 수신이 가능하게 되는 것

④ 블랭킷 에어리어(Blanket Area) : 어느 시간까지만 보도를 중지하는 시한부 보도중지를 일컫는 말

14 다음 보기의 괄호 안에 공통으로 들어갈 말로 가장 적절한 것은?

> 핫코너란 (   )가 지키는 수비지역을 가리키는 야구용어이다. 대부분의 타자가 오른손 잡이이기 때문에 보통 (   )에게 가장 강하고 날카로운 타구가 집중되자 메이저리그 초창기에 핫코너라는 이름을 붙이게 됐다.

① 1루수　　　　　　　　　　　② 2루수
③ 3루수　　　　　　　　　　　④ 투수

15 빌보드 차트에 관한 설명 중 괄호 안에 들어갈 말로 가장 적절한 것은?

> 빌보드 차트는 미국의 음악잡지 '빌보드'에서 발표하는 대중음악의 인기순위이다. 크게 싱글 차트와 앨범 차트로 구분되며 (   ) 35가지의 차트를 발표한다. 가수 싸이는 한국 가수로는 최초로 빌보드 차트 2위에 오르며 전 세계적인 관심을 받았다.

① 매일　　　　　　　　　　　② 매주
③ 매달　　　　　　　　　　　④ 매년

16 다음 중 한국 최초의 근대 신문은?

① 한성순보   ② 대한매일신보

③ 제국신문   ④ 독립신문

17 달 탐사와 관련된 위성들과 업적을 연결한 것 중 바르지 못한 것은?

① 파이어니어 1호(미국) : 최초로 달 궤도 진입

② 루나 9호(소련) : 최초로 달 착륙

③ 아폴로 11호(미국) : 최초로 달 착륙한 유인 우주선

④ 스마트 1호(EU) : 유럽 최초의 달 탐사선

18 다음 중 용어 설명이 잘못된 것은?

① UCC : 사용자 제작 콘텐츠

② PCC : 준전문가 제작 콘텐츠

③ MCN : 다중 채널 네트워크

④ SCC : 상품매니저 제작 콘텐츠

19 다음 중 물리법칙이 나타난 현상은?

① 빨래가 마른다.

② 우유가 상했다.

③ 종이를 불에 댔더니 그을음이 생겼다.

④ 버스가 급정거했더니 몸이 앞으로 쏠렸다.

20 무선 환경을 통해 메시지나 첨부파일의 형태로 휴대폰에 잠입하며, 근처에 있는 다른 블루투스가 장착된 휴대폰에도 프로그램이나 데이터를 파괴하는 악성 프로그램을 퍼뜨리는 휴대폰 바이러스는 무엇인가?

① 트로이목마　　　　　　　　　② 블루 재킹
③ 스턱스넷　　　　　　　　　　④ 라스코. A

21 장지연의 사설 「시일야방성대곡」이 실린 신문은 무엇인가?

① 태평양주보　　　　　　　　　② 황성신문
③ 독립신문　　　　　　　　　　④ 단산시보

22 다음 중 3·1운동에 관한 설명으로 옳지 않은 것은?

① 2·8독립선언과 미국 윌슨 대통령의 민족자결주의에 영향을 받았다.
② 1919년 3월 1일 33인의 민족대표가 탑골공원에서 독립선언서를 발표했다.
③ 비폭력 시위에서 인원과 계층이 늘어나면서 폭력투쟁으로 발전하였다.
④ 일본의 통치 방식을 민족말살통치로 변화시키는 요인이 되었다.

23 중세 서유럽 문화에 대한 설명으로 옳지 않은 것은?

① 중세에 신학이 학문의 중심이었다.
② 크리스트교를 바탕으로 발전하였다.
③ 기사들의 영웅담이나 사랑을 노래한 기사도 문학이 유행하였다.
④ 비잔티움 양식의 특징을 잘 나타내는 노트르담 성당 등이 건축되었다.

24 다음 글이 설명하고 있는 사건은?

> 신항로 개척 이후 아시아와 아프리카의 값싼 원료와 상품 시장의 확보로 유럽의 경제가 크게 성장하였다. 근대적 기업이 성장하고 상업 자본이 발달하는 등 근대 자본주의 경제 발달의 발판이 마련되었다.

① 르네상스
② 과학 혁명
③ 상업 혁명
④ 가격 혁명

25 음주 예절로 바르지 않은 것은?

① 건배 시 잔을 부딪칠 때 상위자의 술잔보다 낮게 든다.
② 술을 따를 때에는 상위자에게 먼저 술잔을 권한다.
③ 잔이 비고 난 후 다시 술을 따른다.
④ 술은 술잔이 가득 차도록 따른다.

26 내선전화를 걸 때 가장 먼저 해야 할 말은?

① 자신의 소속과 이름을 밝힌다.
② 전화 받은 상대가 누구인지 확인한다.
③ 상대가 전화를 받을 수 있는 상황인지 파악한다.
④ 전화를 누구에게 건 것인지 밝힌다.

27 결혼 선물을 보내기에 가장 적절한 시기는?

① 청첩장을 받을 때
② 결혼 전날
③ 결혼식장 입장 전
④ 신혼여행에서 돌아온 후

28 일식 식사 예절로 바르지 않은 것은?

① 밥은 왼쪽에, 국은 오른쪽에 놓는다.

② 밥을 먹을 때는 반찬을 밥 위에 얹어 먹지 않는다.

③ 음식이 소반에 얹혀 나오면 그릇만 두 손으로 받고 소반은 상 위에 올리지 않는다.

④ 밥그릇에 국물을 부어 먹어서는 안 된다.

29 좌석을 배치할 때 주의사항으로 옳지 않은 것은?

① 출입문으로부터 먼 쪽에 상석이 위치한다.

② 최상석을 기준으로 가까울수록, 우측일수록 상석이다.

③ 좌석배치는 공식, 관행에 따라 서열을 존중하여 한다.

④ 부부는 나란히 앉을 수 있도록 배려한다.

30 다음 중 RAM에 대한 설명으로 옳은 것은?

① 컴퓨터의 보조기억장치로 이용된다.

② 크게 SRAM, DRAM, ROM으로 분류할 수 있다.

③ Read Access Memory의 약어이다.

④ SRAM이 DRAM보다 성능이 우수하나 고가이다.

31 다음 중 웹페이지에 있는 표를 엑셀의 워크시트로 가져오는 방법에 대한 설명으로 옳지 않은 것은?

① 웹페이지에 있는 표를 복사하여 엑셀 시트에 붙여넣기를 한다.

② HTML 파일이나 표를 드래그하여 시트 위에 드롭한다.

③ 엑셀의 [데이터] — [외부 데이터 가져오기] — [새 웹 쿼리]를 사용한다.

④ 엑셀의 [편집] — [시트 이동 · 복사]를 사용한다.

32 다음 중 [파일] - [페이지 설정]의 시트 탭에서 설정할 수 있는 항목으로 옳지 않은 것은?

① 인쇄 영역 설정 　　　　　　　② 반복할 행과 열을 설정
③ 눈금선 인쇄 　　　　　　　　④ 축소 · 확대 배율 지정

33 폼 작성기에서 작성된 컨트롤을 클릭한 후 방향키를 이용하여 이동시킬 때 사용되는 기능키는?

① Alt 　　　　　　　　　　　② Alt＋Shift
③ Ctrl 　　　　　　　　　　　④ Shift

34 다음 중 연속된 영역의 셀들을 선택할 때와 불연속적인 셀들을 선택할 때, 마우스와 함께 사용되는 키보드의 연결이 옳은 것은?

① 연속 : Alt, 불연속 : Ctrl
② 연속 : Shift, 불연속 : Ctrl
③ 연속 : Alt, 불연속 : Shift
④ 연속 : Ctrl, 불연속 : Shift

35 다음의 관계에서 빈칸에 들어갈 가장 알맞은 것은?

cosmos : flower = venus : ( )

① earth 　　　　　　　　　　② planet
③ nebula 　　　　　　　　　④ universe

36 다음 대화의 빈칸에 적절한 것은?

A : Hey, Barrie, look at this.
B : What is it, Nova?
A : Today's newspaper says that killer bees are moving into States from Mexico.
B : Come on, Nova. _____
A : Look! It has a photo of bees attacking a cow.
B : Hmm. Where do these bees come from?
A : South American bees were introduced into Mexico by farmers.
B : Why did they do that?
A : They thought the new bees would make more honey. However, they attacked and killed the native bees. This is another example of man interfering with nature.

① How do you know that?
② Do you even have to ask?
③ You can't be serious!
④ Do you need any form of identification?

37 다음 빈칸에 들어갈 알맞은 것을 고르면?

He has lots of books, _____ that he is still young.

① being considered
② considering
③ considered
④ to be considered

38 다음 문장 중 어법상 옳지 않은 것은?

① The professor showed that Pythagoras was mistaken.
② He promised that the debt would be repaid.
③ John convinced that he was right.
④ The judge ordered that the prisoner be remanded.

39 다음 글에 표현된 사람의 직업은 무엇인가?

> OK. Let's have a look. Umm. I think it's flu. Let me write you a prescription. Take one teaspoon of this every four hours. And call me next week sometime. I hope you feel better soon.

① film director
② professor
③ doctor
④ plumber

40 밑줄 친 부분의 내용으로 가장 알맞은 것은?

> Michelle did not like the way of her mother putting pressure on her to get married. She especially didn't like it when her mom did this in front of other people. That really hurt Michelle, so she finally confronted her mother in a private chat. She told her mom that she really wanted to get married, just as much as her mom wanted her to. However, Michelle warned her mother that when she brought up this issue in front of other people, she made Michelle ever more resistant to marriage. Michelle told her mother that she would be happy to discuss this one on one with her. Michelle's mother relieved to know that her daughter was seriously looking for a partner, and she did not want to rock the boat. Things got better after the talk, <u>even though there were occasional lapses.</u>

① 엄마가 가끔 사람들 앞에서 결혼이야기를 했지만
② 엄마가 가끔 미셸과 대화를 나누었지만
③ 미셸이 가끔 결혼이야기를 하고 싶어 했지만
④ 미셸이 가끔 엄마에게 결혼이야기를 하지 말라고 경고했지만

PART

2

인성검사

개인이 업무를 수행하면서 능률적인 성과물을 만들기 위해서는 개인의 능력과 경험 그리고 회사에서의 교육 및 훈련 등이 필요하지만, 개인의 성격이나 성향 역시 중요하다. 여러 직무분석 연구에서 나온 결과들에 따르면, 직무에서의 성공과 관련된 특성들 중 최고 70% 이상이 능력보다는 성격과 관련이 있다고 한다. 따라서 최근 기업들은 인성검사의 비중을 높이고 있는 추세이다.

현재 기업들은 인성검사를 KIRBS(한국행동과학연구소)나 SHR(에스에이치알) 등의 전문기관에 의뢰해서 시행하고 있다. 전문기관에 따라서 인성검사 방법에 차이가 있고, 보안을 위해서 인성검사를 의뢰한 기업을 공개하지 않아 특정 기업의 인성검사를 정확하게 판단할 수 없지만, 지원자들이 후기에 올린 문제를 통해 인성검사 유형을 예상할 수 있다. 본서는 금호아시아나그룹의 인성검사와 수검요령 및 검사 시 유의사항에 대해 간략하게 정리하였다. 또한 인성검사 모의연습을 통해 실제 시험 유형을 확인할 수 있도록 하였다.

1. 금호아시아나그룹 인성검사

금호아시아나그룹의 인재상과 적합한 인재인지 평가하는 테스트로, 지원자의 개인 성향이나 조직적합에 관한 질문으로 구성되어 있다.

(1) 문항수 : 210문항

(2) 시간 : 50분

(3) 유형 : 각 문항에 대해, 자신의 성격에 맞게 '예', '아니요'를 선택하는 문제가 출제된다.

2. 인성검사 수검요령

인성검사는 특별한 수검요령이 없다. 다시 말하면 모범답안이 없고, 정답이 없다는 이야기이다. 국어문제처럼 말의 뜻을 풀이하는 것도 아니다. 굳이 수검요령을 말하자면, 진실하고 솔직한 자신의 생각이 최고의 답변이라고 할 수 있을 것이다.

인성검사에서 가장 중요한 것은 첫째, 솔직한 답변이다. 지금까지의 경험을 통해서 축적되어온 자신의 생각과 행동을 거짓 없이 솔직하게 기재를 하는 것이다. 예를 들어, '나는 타인의 물건을 훔치고 싶은 충동을 느껴본 적이 있다.'란 질문에 지원자들은 많은 생각을 하게 된다. 생각해 보라. 유년기에 또는 성인이 되어서도 타인의 물건을 훔치는 일을 저지른 적은 없더라도, 훔치고 싶은 충동은 누구나 조금이라도 느껴보았을 것이다. 그런데 이 질문에 고민을 하는 사람이 간혹 있다. 이 질문에 '예'라고 대답하면 담당 검사관들이 나를 사회적으로 문제가 있는 사람으로 여기지는 않을까 하는 생각에 '아니요'라는 답을 기재하게 된다. 이런 솔직하지 않은 답변이 답변의 신뢰와 솔직함을 나타내는 타당성 척도에 좋지 않은 점수를 주게 된다.

둘째, 일관성 있는 답변이다. 인성검사의 수많은 질문 문항 중에는 비슷한 뜻의 질문이 여러 개 숨어 있는 경우가 많이 있다. 그 질문들은 지원자의 솔직한 답변과 심리적인 상태를 알아보기 위해 내포되어 있는 문항들이다. 예컨대 '나는 유년시절 타인의 물건을 훔친 적이 있다.'라는 질문에 '예'라고 대답했는데, '나는 유년시절 타인의 물건을 훔쳐보고 싶은 충동을 느껴본 적이 있다.'라는 질문에는 '아니요'라는 답을 기재한다면 어떻겠는가. 일관성 없이 '대충 기재하자.'라는 식의 심리적 무성의성 답변이 되거나, 정신적으로 문제가 있는 사람으로 보일 수 있다.

인성검사는 많은 문항수를 풀어야하므로 지원자들은 지루함과 따분함, 반복된 뜻의 질문에 의한 인내력 상실 등이 나타날 수 있다. 인내를 가지고 솔직하게 내 생각을 대답하는 것이 무엇보다 중요한 요령이 될 것이다.

3. 인성검사 시 유의사항

(1) 충분한 휴식으로 불안을 없애고 정서적인 안정을 취한다. 심신이 안정되어야 자신의 마음을 표현할 수 있다.

(2) 생각나는 대로 솔직하게 응답한다. 자신을 너무 과대포장하지도, 너무 비하하지도 마라. 답변을 꾸며서 하면 앞뒤가 맞지 않게끔 구성돼 있어 불리한 평가를 받게 된다. 무엇보다 제일 중요한 것은 솔직하게 답하는 것이다.

(3) 검사문항에 대해 지나치게 생각해서는 안 된다. 지나치게 몰두하면 엉뚱한 답변이 나올 수 있으므로 불필요한 생각은 삼간다.

(4) 검사시간에 너무 신경 쓸 필요는 없다. 인성검사는 시간제한이 없는 경우가 많으며 시간제한이 있다 해도 충분한 시간이다.

(5) 인성검사는 대개 문항수가 많기에 자칫 건너뛰는 경우가 있는데, 가능한 모든 문항에 답해야 한다. 응답하지 않은 문항이 많을 경우 평가자가 정확한 평가를 내리지 못해 불리한 평가를 내릴 수 있기 때문이다.

4. 인성검사 모의연습

※ 다음 질문을 읽고, '예', '아니요'에 ○표 하시오. [1~225]

번호	질문	응답	
1	문화재 위원과 체육대회 위원 중 체육대회 위원을 하고 싶다.	예	아니요
2	보고 들은 것을 문장으로 옮기기를 좋아한다.	예	아니요
3	남에게 뭔가 가르쳐주는 일이 좋다.	예	아니요
4	많은 사람과 장시간 함께 있으면 피곤하다.	예	아니요
5	엉뚱한 일을 하기 좋아하고 발상도 개성적이다.	예	아니요
6	전표 계산 또는 장부 기입 같은 일을 싫증내지 않고 할 수 있다.	예	아니요
7	책이나 신문을 열심히 읽는 편이다.	예	아니요
8	신경이 예민한 편이며, 감수성도 예민하다.	예	아니요
9	연회석에서 망설임 없이 노래를 부르거나 장기를 보이는 편이다.	예	아니요
10	즐거운 캠프를 위해 계획 세우는 것을 좋아한다.	예	아니요
11	데이터를 분류하거나 통계 내는 일을 싫어하지는 않는다.	예	아니요
12	드라마나 소설 속 등장인물의 생활과 사고방식에 흥미가 있다.	예	아니요
13	자신의 미적 표현력을 살리면 상당히 좋은 작품이 나올 것 같다.	예	아니요
14	화려한 것을 좋아하며 주위의 평판에 신경을 쓰는 편이다.	예	아니요
15	여럿이서 여행할 기회가 있다면 즐겁게 참가한다.	예	아니요
16	여행 소감문을 쓰는 것을 좋아한다.	예	아니요
17	상품 전시회에서 상품설명을 한다면 잘 할 수 있을 것 같다.	예	아니요
18	변화가 적고 손이 많이 가는 일도 꾸준히 하는 편이다.	예	아니요
19	신제품 홍보에 흥미가 있다.	예	아니요
20	열차 시간표 한 페이지 정도라면 정확하게 옮겨 쓸 자신이 있다.	예	아니요
21	자신의 장래에 대해 자주 생각해본다.	예	아니요
22	혼자 있는 것에 익숙하다.	예	아니요
23	별 근심이 없다.	예	아니요
24	나의 환경에 아주 만족한다.	예	아니요
25	상품을 고를 때 디자인과 색에 신경을 많이 쓴다.	예	아니요
26	극단이나 연기학원에서 공부해보고 싶다는 생각을 한 적 있다.	예	아니요
27	외출할 때 날씨가 좋지 않아도 그다지 신경을 쓰지 않는다.	예	아니요
28	손님을 불러들이는 호객행위도 마음만 먹으면 할 수 있을 것 같다.	예	아니요
29	신중하고 주의 깊은 편이다.	예	아니요
30	하루 종일 책상 앞에 앉아 있어도 지루해 하지 않는 편이다.	예	아니요
31	알기 쉽게 요점을 정리한 다음 남에게 잘 설명하는 편이다.	예	아니요
32	생물 시간보다는 미술 시간에 흥미가 있다.	예	아니요
33	남이 자신에게 상담을 해오는 경우가 많다.	예	아니요

번호	질문	응답	
34	친목회나 송년회 등의 총무 역할을 좋아하는 편이다.	예	아니요
35	실패하든 성공하든 그 원인은 꼭 분석한다.	예	아니요
36	실내장식품이나 액세서리 등에 관심이 많다.	예	아니요
37	남에게 보이기 좋아하고 지기 싫어하는 편이다.	예	아니요
38	대자연 속에서 마음대로 몸을 움직이는 일이 좋다.	예	아니요
39	파티나 모임에서 자연스럽게 돌아다니며 인사하는 성격이다.	예	아니요
40	무슨 일에 쉽게 구애받는 편이며 장인의식도 강하다.	예	아니요
41	우리나라 분재를 파리에서 파는 방법 따위를 생각하기 좋아한다.	예	아니요
42	하루 종일 돌아다녀도 그다지 피곤을 느끼지 않는다.	예	아니요
43	컴퓨터의 키보드 조작도 연습하면 잘 할 수 있을 것 같다.	예	아니요
44	자동차나 모터보트 등의 운전에 흥미를 갖고 있다.	예	아니요
45	유명 연예인의 인기 비결을 곧잘 생각해본다.	예	아니요
46	과자나 빵을 판매하는 일보다 만드는 일이 나에게 맞을 것 같다.	예	아니요
47	대체로 걱정하거나 고민하지 않는다.	예	아니요
48	비판적인 말을 들어도 쉽게 상처받지 않는다.	예	아니요
49	초등학교 선생님보다는 등대지기가 더 재미있을 것 같다.	예	아니요
50	남의 생일이나 명절 때 선물을 사러 다니는 일이 귀찮게 느껴진다.	예	아니요
51	조심스러운 성격이라고 생각한다.	예	아니요
52	사물을 신중하게 생각하는 편이다.	예	아니요
53	동작이 기민한 편이다.	예	아니요
54	포기하지 않고 노력하는 것이 중요하다.	예	아니요
55	일주일의 예정을 세우는 것을 좋아한다.	예	아니요
56	노력의 여하보다 결과가 중요하다.	예	아니요
57	자기주장이 강하다.	예	아니요
58	장래의 일을 생각하면 불안해질 때가 있다.	예	아니요
59	소외감을 느낄 때가 있다.	예	아니요
60	훌쩍 여행을 떠나고 싶을 때가 자주 있다.	예	아니요
61	대인관계가 귀찮다고 느낄 때가 있다.	예	아니요
62	자신의 권리를 주장하는 편이다.	예	아니요
63	낙천가라고 생각한다.	예	아니요
64	싸움을 한 적이 없다.	예	아니요
65	자신의 의견을 상대에게 잘 주장하지 못한다.	예	아니요
66	좀처럼 결단하지 못하는 경우가 있다.	예	아니요
67	하나의 취미를 오래 지속하는 편이다.	예	아니요
68	한 번 시작한 일은 끝을 맺는다.	예	아니요

번 호	질 문	응 답	
69	행동으로 옮기기까지 시간이 걸린다.	예	아니요
70	다른 사람들이 하지 못하는 일을 하고 싶다.	예	아니요
71	해야 할 일은 신속하게 처리한다.	예	아니요
72	병이 아닌지 걱정이 들 때가 있다.	예	아니요
73	다른 사람의 충고를 기분 좋게 듣는 편이다.	예	아니요
74	다른 사람에게 의존적이 될 때가 많다.	예	아니요
75	타인에게 간섭받는 것은 싫다.	예	아니요
76	자의식과잉이라는 생각이 들 때가 있다.	예	아니요
77	수다 떠는 것을 좋아한다.	예	아니요
78	잘못된 일을 한 적이 한 번도 없다.	예	아니요
79	모르는 사람과 이야기하는 것은 용기가 필요하다.	예	아니요
80	끙끙거리며 생각할 때가 있다.	예	아니요
81	다른 사람에게 항상 움직이고 있다는 말을 듣는다.	예	아니요
82	매사에 얽매인다.	예	아니요
83	잘하지 못하는 게임은 하지 않으려고 한다.	예	아니요
84	어떠한 일이 있어도 출세하고 싶다.	예	아니요
85	막무가내라는 말을 들을 때가 많다.	예	아니요
86	신경이 예민한 편이라고 생각한다.	예	아니요
87	쉽게 침울해한다.	예	아니요
88	쉽게 싫증을 내는 편이다.	예	아니요
89	옆에 사람이 있으면 싫다.	예	아니요
90	토론에서 이길 자신이 있다.	예	아니요
91	친구들과 남의 이야기를 하는 것을 좋아한다.	예	아니요
92	푸념을 한 적이 없다.	예	아니요
93	남과 친해지려면 용기가 필요하다.	예	아니요
94	통찰력이 있다고 생각한다.	예	아니요
95	집에서 가만히 있으면 기분이 우울해진다.	예	아니요
96	매사에 느긋하고 차분하게 대처한다.	예	아니요
97	좋은 생각이 떠올라도 실행하기 전에 여러모로 검토한다.	예	아니요
98	누구나 권력자를 동경하고 있다고 생각한다.	예	아니요
99	몸으로 부딪혀 도전하는 편이다.	예	아니요
100	당황하면 갑자기 땀이 나서 신경 쓰일 때가 있다.	예	아니요
101	친구들은 나를 진지한 사람으로 생각하고 있다.	예	아니요
102	감정적으로 될 때가 많다.	예	아니요
103	다른 사람의 일에 관심이 없다.	예	아니요

번 호	질 문	응 답	
104	다른 사람으로부터 지적받는 것은 싫다.	예	아니요
105	지루하면 마구 떠들고 싶어진다.	예	아니요
106	부모님께 불평을 한 적이 한 번도 없다.	예	아니요
107	내성적이라고 생각한다.	예	아니요
108	돌다리도 두들겨 보고 건너는 타입이라고 생각한다.	예	아니요
109	굳이 말하자면 시원시원하다.	예	아니요
110	끈기가 강하다.	예	아니요
111	전망을 세우고 행동할 때가 많다.	예	아니요
112	일에는 결과가 중요하다고 생각한다.	예	아니요
113	활력이 있다.	예	아니요
114	항상 천재지변을 당하지 않을까 걱정하고 있다.	예	아니요
115	때로는 후회할 때도 있다.	예	아니요
116	다른 사람에게 위해를 가할 것 같은 기분이 들 때가 있다.	예	아니요
117	진정으로 마음을 허락할 수 있는 사람은 없다.	예	아니요
118	기다리는 것에 짜증내는 편이다.	예	아니요
119	친구들로부터 줏대 없는 사람이라는 말을 듣는다.	예	아니요
120	사물을 과장해서 말한 적은 없다.	예	아니요
121	인간관계가 폐쇄적이라는 말을 듣는다.	예	아니요
122	매사에 신중한 편이라고 생각한다.	예	아니요
123	눈을 뜨면 바로 일어난다.	예	아니요
124	난관에 봉착해도 포기하지 않고 열심히 해본다.	예	아니요
125	실행하기 전에 재확인할 때가 많다.	예	아니요
126	리더로서 인정을 받고 싶다.	예	아니요
127	어떤 일이 있어도 의욕을 가지고 열심히 하는 편이다.	예	아니요
128	다른 사람의 감정에 민감하다.	예	아니요
129	다른 사람들이 남을 배려하는 마음씨가 있다는 말을 한다.	예	아니요
130	사소한 일로 우는 일이 많다.	예	아니요
131	반대에 부딪혀도 자신의 의견을 바꾸는 일은 없다.	예	아니요
132	누구와도 편하게 이야기할 수 있다.	예	아니요
133	가만히 있지 못할 정도로 침착하지 못할 때가 있다.	예	아니요
134	다른 사람을 싫어한 적은 한 번도 없다.	예	아니요
135	그룹 내에서는 누군가의 주도하에 따라가는 경우가 많다.	예	아니요
136	차분하다는 말을 듣는다.	예	아니요
137	스포츠 선수가 되고 싶다고 생각한 적이 있다.	예	아니요
138	모두가 싫증을 내는 일도 혼자서 열심히 한다.	예	아니요

번 호	질 문	응 답	
139	휴일은 세부적인 계획을 세우고 보낸다.	예	아니요
140	완성된 것보다 미완성인 것에 흥미가 있다.	예	아니요
141	잘하지 못하는 것이라도 자진해서 한다.	예	아니요
142	가만히 있지 못할 정도로 불안해질 때가 많다.	예	아니요
143	자주 깊은 생각에 잠긴다.	예	아니요
144	이유도 없이 다른 사람과 부딪힐 때가 있다.	예	아니요
145	타인의 일에는 별로 관여하고 싶지 않다고 생각한다.	예	아니요
146	무슨 일이든 자신을 가지고 행동한다.	예	아니요
147	유명인과 서로 아는 사람이 되고 싶다.	예	아니요
148	지금가지 후회를 한 적이 없다.	예	아니요
149	의견이 다른 사람과는 어울리지 않는다.	예	아니요
150	무슨 일이든 생각해 보지 않으면 만족하지 못한다.	예	아니요
151	다소 무리를 하더라도 피로해지지 않는다.	예	아니요
152	굳이 말하자면 장거리 주자에 어울린다고 생각한다.	예	아니요
153	여행을 가기 전에는 세세한 계획을 세운다.	예	아니요
154	능력을 살릴 수 있는 일을 하고 싶다.	예	아니요
155	시원시원하다고 생각한다.	예	아니요
156	남들보다 자존감이 낮은 편이다.	예	아니요
157	자신을 쓸모없는 인간이라고 생각할 때가 있다.	예	아니요
158	주위의 영향을 쉽게 받는다.	예	아니요
159	지인을 발견해도 만나고 싶지 않을 때가 많다.	예	아니요
160	다수의 반대가 있더라도 자신의 생각대로 행동한다.	예	아니요
161	번화한 곳에 외출하는 것을 좋아한다.	예	아니요
162	지금가지 다른 사람의 마음에 상처준 일이 없다.	예	아니요
163	다른 사람에게 자신이 소개되는 것을 좋아한다.	예	아니요
164	실행하기 전에 다시 생각하는 경우가 많다.	예	아니요
165	몸을 움직이는 것을 좋아한다.	예	아니요
166	완고한 편이라고 생각한다.	예	아니요
167	신중하게 생각하는 편이다.	예	아니요
168	커다란 일을 해보고 싶다.	예	아니요
169	계획을 생각하기보다 빨리 실행하고 싶어한다.	예	아니요
170	작은 소리도 신경 쓰인다.	예	아니요
171	자질구레한 걱정이 많다.	예	아니요
172	이유도 없이 화가 치밀 때가 있다.	예	아니요
173	융통성이 없는 편이다.	예	아니요

번호	질문	응답	
174	다른 사람보다 기가 세다.	예	아니요
175	다른 사람보다 쉽게 우쭐해진다.	예	아니요
176	다른 사람을 의심한 적이 한 번도 없다.	예	아니요
177	어색해지면 입을 다무는 경우가 많다.	예	아니요
178	하루의 행동을 반성하는 경우가 많다.	예	아니요
179	격렬한 운동도 그다지 힘들어하지 않는다.	예	아니요
180	새로운 일에 첫발을 좀처럼 떼지 못한다.	예	아니요
181	앞으로의 일을 생각하지 않으면 진정이 되지 않는다.	예	아니요
182	인생에서 중요한 것은 높은 목표를 갖는 것이다.	예	아니요
183	무슨 일이든 선수를 쳐야 이긴다고 생각한다.	예	아니요
184	다른 사람이 나를 어떻게 생각하는지 궁금할 때가 많다.	예	아니요
185	침울해지면서 아무것도 손에 잡히지 않을 때가 있다.	예	아니요
186	어린 시절로 돌아가고 싶을 때가 있다.	예	아니요
187	아는 사람을 발견해도 피해버릴 때가 있다.	예	아니요
188	굳이 말하자면 기가 센 편이다.	예	아니요
189	성격이 밝다는 말을 듣는다.	예	아니요
190	다른 사람이 부럽다고 생각한 적이 한 번도 없다.	예	아니요
191	결점을 지적받아도 아무렇지 않다.	예	아니요
192	피곤하더라도 밝게 행동한다.	예	아니요
193	실패했던 경험을 생각하면서 고민하는 편이다.	예	아니요
194	언제나 생기가 있다.	예	아니요
195	선배의 지적을 순수하게 받아들일 수 있다.	예	아니요
196	매일 목표가 있는 생활을 하고 있다.	예	아니요
197	열등감으로 자주 고민한다.	예	아니요
198	남에게 무시당하면 화가 난다.	예	아니요
199	무엇이든지 하면 된다고 생각하는 편이다.	예	아니요
200	자신의 존재를 과시하고 싶다.	예	아니요
201	사람을 많이 만나는 것을 좋아한다.	예	아니요
202	사람들이 당신에게 말수가 적다고 하는 편이다.	예	아니요
203	특정한 사람과 교제를 하는 타입이다.	예	아니요
204	친구에게 먼저 말을 하는 편이다.	예	아니요
205	친구만 있으면 된다고 생각한다.	예	아니요
206	많은 사람 앞에서 말하는 것이 서툴다.	예	아니요
207	새로운 환경으로 이동하는 것을 싫어한다.	예	아니요
208	송년회 등에서 자주 책임을 맡는다.	예	아니요

번 호	질 문	응 답	
209	새 팀의 분위기에 쉽게 적응하지 못하는 편이다.	예	아니요
210	누구하고나 친하게 교제한다.	예	아니요
211	충동구매는 절대 하지 않는다.	예	아니요
212	컨디션에 따라 기분이 잘 변한다.	예	아니요
213	옷 입는 취향이 오랫동안 바뀌지 않고 그대로이다.	예	아니요
214	남의 물건이 좋아 보인다.	예	아니요
215	광고를 보면 그 물건을 사고 싶다.	예	아니요
216	자신이 낙천주의자라고 생각한다.	예	아니요
217	에스컬레이터에서도 걷지 않는다.	예	아니요
218	꾸물대는 것을 싫어한다.	예	아니요
219	고민이 생겨도 심각하게 생각하지 않는다.	예	아니요
220	반성하는 일이 거의 없다.	예	아니요
221	남의 말을 호의적으로 받아들인다.	예	아니요
222	혼자 있을 때가 편안하다.	예	아니요
223	친구에게 불만이 있다.	예	아니요
224	남의 말을 좋은 쪽으로 해석한다.	예	아니요
225	남의 의견을 절대 참고하지 않는다.	예	아니요

인성검사

PART

3

한자시험

영역 소개

한자시험은 한자의 음과 훈, 한자어, 한자성어 등이 다양하게 출제되며, 문제의 평균 난이도는 대한상공회의소에서 주관하는 한자능력검정시험 3급 정도의 수준 정도로 제시된다. 40분 내에 50문항을 해결해야 하며, 난도가 어렵지 않으므로 다른 영역에 비해 시간적 여유가 있는 편이다.

한자시험

한자의 음과 훈처럼 단순히 한자에 대해서만 묻는 문제와 한자로 된 단어의 뜻이나 한자성어에 들어가는 한자나 뜻을 묻는 등의 다양한 문제가 출제된다. 그러나 문제의 난이도는 실생활에서 자주 쓰이는 쉬운 한자나 한자어 위주이므로, 쉬운 편이다.

학습전략
• 평소 자주 쓰이는 한자나 한자어를 정리해두도록 한다.

한자시험

한자시험

1 기출유형분석

대표유형 | **한자의 음과 뜻** |

---

01 다음 한자(漢字)의 음(音)을 고르면?

卵

① 란　　　　　　　　　　② 문
③ 묘　　　　　　　　　　④ 각

02 다음 한자(漢字)의 뜻을 고르면?

博

① 전하다　　　　　　　　② 넓다
③ 얇다　　　　　　　　　④ 꿰다

출제의도 ●
한자의 음과 뜻을 정확히 알고 있는지 평가한다.

문제풀이 ● 01 ①　02 ②
01 卵 알 란

02 博 넓을 박

01 다음 한자어(漢字語) 중 밑줄 친 한자(漢字)의 발음이 다른 한자어는?

① 貿易

② 簡易

③ 易姓革命

④ 易地思之

02 '音樂'의 '樂'과 같은 음(音)으로 쓰인 것은?

① 樂典

② 獨樂

③ 法樂

④ 樂易

출제의도 ●

한자어 각각의 음과 뜻을 알고 있는지 평가한다.

문제풀이 ● 01 ② 02 ①

01

簡易(간이)를 제외하고는 모두 '역'으로 발음된다.

02

'樂'은 '音樂'에서 '악'으로 쓰였으므로 ①의 '樂典(악전)'이 정답이다.

오답확인 ●

01

① 무역

③ 역성혁명

④ 역지사지

02

② 독락

③ 법락

④ 낙이

다음 문장에서 밑줄 친 한자어(漢字語)의 음(音)은?

> 여기서의 <u>旅行</u>은(는) 인생에 커다란 도움이 될 것이다.

① 여행   ② 경험
③ 공부   ④ 유행

출제의도 ●
한자어의 음을 정확히 알고 있는지 평가한다.

문제풀이 ● ①
여행(旅行) : 일이나 유람을 목적으로 다른 고장이나 외국에 가는 일

오답확인 ●
② 경험(經驗) : 자신이 실제로 해 보거나 겪어 봄. 또는 거기서 얻은 지식이나 기능
③ 공부(工夫) : 학문이나 기술을 배우고 익힘
④ 유행(流行) : 특정한 행동 양식이나 사상 따위가 일시적으로 많은 사람의 추종을 받아서 널리 퍼짐. 또는 그런 사회
   적 동조 현상이나 경향

대표유형 Ⅳ 한자어 Ⅱ

다음 단어들의 □에 공통으로 들어갈 알맞은 한자(漢字)는?

> □福, 感□, □歌

① 幸 ② 祝
③ 知 ④ 村

출제의도 ●

한자어에 쓰이는 한자를 제대로 알고 있는지 평가한다.

문제풀이 ● ②

- 축복(祝福) : 행복을 빎
- 감축(感祝) : 경사스러운 일을 함께 감사하고 축하함
- 축가(祝歌) : 축하의 뜻을 담은 노래

오답확인 ●

① 幸 다행 행
③ 知 알 지
④ 村 마을 촌

01 다음 성어(成語)에서 □에 들어갈 알맞은 한자는?

> 朝三□四

① 暮   ② 母

③ 旦   ④ 食

02 다음의 뜻을 가장 잘 나타낸 성어(成語)는?

> 열심히 책을 읽다

① 手不釋卷   ② 燈下不明

③ 捲土重來   ④ 牛耳讀經

출제의도 ●

한자성어의 뜻과 한자를 아는지 평가한다.

문제풀이 ● 01 ①   02 ①

01

제시된 성어(成語)는 조삼모사(朝三暮四)에서 '暮'가 빈칸 □로 제시되었다.

02

제시된 문장의 의미와 가장 가까운 성어는 ①이다.

- 수불석권(手不釋卷) : '손에서 책을 놓지 아니하고 늘 글을 읽는다.'는 뜻으로, '열심히 공부함'을 이르는 말

오답확인 ●

02

② 등하불명(燈下不明) : '등잔 밑이 어둡다.'는 뜻으로, '가까이에 있는 물건이나 사람을 잘 찾지 못함'을 이르는 말
③ 권토중래(捲土重來) : '땅을 말아 일으킬 것 같은 기세로 다시 온다.'는 뜻으로, '한 번 실패하였으나 힘을 회복하여 다시 쳐들어옴'을 이르는 말
④ 우이독경(牛耳讀經) : '소 귀에 경 읽기'라는 뜻으로, '아무리 가르치고 일러 주어도 알아듣지 못함'을 이르는 말

2 유형 익히기

정답 및 해설 p.048

대표유형 Ⅰ **한자의 음과 뜻 Ⅰ**

01 다음 한자(漢字)의 음(音)을 고르면?

齷

① 착 ② 악 ③ 척 ④ 혁

02 다음의 음(音)을 가진 한자(漢字)를 고르면?

쇄

① 灑 ② 疎 ③ 縊 ④ 諧

03 다음 한자(漢字)의 뜻을 고르면?

邈

① 피곤하다 ② 떠나다
③ 멀다 ④ 배웅하다

04 다음의 뜻을 가진 한자(漢字)를 고르면?

마치다

① 審 ② 畢 ③ 憊 ④ 携

05 다음 한자어(漢字語) 중 밑줄 친 한자(漢字)의 발음이 다른 한자어는?

① <u>殺</u>害   ② <u>殺</u>到

③ <u>殺</u>菌   ④ 被<u>殺</u>

※ 다음 한자어(漢字語)와 발음이 같은 한자어를 고르시오. [6~8]

06

眼前

① 原因   ② 空論

③ 安全   ④ 案內

07

早到

① 造景   ② 祖孫

③ 調度   ④ 讀圖

08

赤手

① 部首   ② 食水

③ 元首   ④ 敵手

09 다음 문장에서 밑줄 친 한자어(漢字語)의 음(音)을 고르면?

> 우리 민족은 오랫동안 단군을 국조로서 崇仰하여 왔다.

① 존경   ② 숭배
③ 칭송   ④ 숭앙

※ 다음 문장에서 밑줄 친 단어(單語)를 한자(漢字)로 바르게 쓴 것을 고르시오. [10~11]

10
> 이 기구는 농촌에서 논밭을 경작할 때 사용하는 농기구이다.

① 輕作   ② 耕作
③ 驚作   ④ 境作

11
> 개나리는 적응력이 강해 척박한 곳에서도 잘 자란다.

① 刊剝   ② 剔樸
③ 瘠薄   ④ 陟膊

12 다음 문장에서 밑줄 친 단어(單語)나 어구(語句)의 뜻을 가장 잘 나타낸 한자어(漢字語)를 고르면?

> 그의 가족들은 전쟁이 벌어졌을 때 생이별을 했다.

① 展示   ② 軍事
③ 單獨   ④ 戰時

※ 다음 문장에서 밑줄 친 한자어(漢字語)의 뜻풀이로 가장 적절한 것을 고르시오. [13~14]

13

> 이런 <u>姑息</u>으로는 문제를 근본적으로 해결할 수 없다.

① 고모의 한숨
② 오래 숨을 쉼
③ 일시적인 임시변통
④ 못된 시어머니의 긴 한숨

14

> 한 번의 잘못으로 <u>千秋</u>의 한이 남지 않도록 하여라.

① 늦은 가을
② 오랜 세월
③ 하룻밤
④ 극심한

※ 다음 단어들의 빈칸에 공통으로 들어갈 알맞은 한자(漢字)를 고르시오. [15~16]

15

| □中, □計, □合 |

① 貴   ② 家
③ 同   ④ 集

16

| 考□, 明□, 觀□ |

① 究   ② 視
③ 察   ④ 製

※ 다음 문장에서 빈칸에 들어갈 가장 적절한 한자어(漢字語)를 고르시오. [17~19]

17

얘기가 나온 김에 □□이지만 꼭 한마디 덧붙일 말이 있다.

① 壯談　　　　　　　　② 餘談
③ 對話　　　　　　　　④ 演說

18

지방자치단체는 정부의 예산삭감안 시행에 대하여 정부가 □□해 줄 것을 요청했다.

① 執行　　　　　　　　② 再考
③ 同調　　　　　　　　④ 飜譯

19

그 선수는 □□의 아픔을 딛고 재기에 성공하였다.

① 遲刻　　　　　　　　② 缺陷
③ 奮鬪　　　　　　　　④ 負傷

20 다음 성어(成語)에서 빈칸에 들어갈 알맞은 한자를 고르면?

□火可親

① 燈　　　　　　　　② 母

③ 證　　　　　　　　④ 食

※ 다음 성어(成語)의 뜻풀이로 적절한 것을 고르시오. [21~22]

21

博覽強記

① 잠깐 본 것을 잘 기억하다.

② 박학하여 기록할 필요가 없다.

③ 널리 여러 책을 읽고 잘 기억하다.

④ 대충 훑어보고 세밀하게 본 것처럼 기록하다.

22

黍離之歎

① 떠나간 연인을 그리워함

② 세월의 무상함을 탄식함

③ 고향에 두고 온 부모님을 그리워함

④ 가난한 살림을 탄식함

※ 다음의 뜻을 가장 잘 나타낸 성어(成語)를 고르시오. [23~24]

23

처음에는 근소한 차이지만 나중에는 큰 차이가 된다.

① 毫釐千里   ② 大同小異
③ 魂飛魄散   ④ 苛斂誅求

24

실현 가망이 없는 일이다.

① 百年河淸   ② 不問曲直
③ 坐不安席   ④ 安貧樂道

정답 및 해설 p.050
50문제 / 40분

※ 다음 한자(漢字)의 음(音)을 고르시오. [1~3]

01

推

① 투   ② 유
③ 거   ④ 추

02

驀

① 멱   ② 맥
③ 백   ④ 벽

03

彫刻

① 주해   ② 조작
③ 조각   ④ 주각

※ 다음의 음(音)을 가진 한자(漢字)를 고르시오. [4~5]

04

새

① 纖   ② 齋

③ 聯   ④ 賽

05

폐

① 階   ② 貰

③ 陛   ④ 齋

06 다음 중 독음이 같은 한자끼리 바르게 짝지어진 것은?

① 爾 ― 彌   ② 椅 ― 姉

③ 尹 ― 伊   ④ 蟻 ― 誼

07 다음 중 독음이 다른 한자끼리 바르게 짝지어진 것은?

① 置 ― 直   ② 寡 ― 侉

③ 校 ― 矯   ④ 唐 ― 黨

08 다음과 반의 관계인 한자는?

厚

① 疲   ② 博

③ 辱   ④ 薄

09 다음 중 한자의 음과 뜻이 잘못 연결된 것은?

① 炯 : 빛날 형
② 眩 : 어지러울 현
③ 挾 : 골짜기 협
④ 液 : 진 액

10 다음 한자어와 의미상 관계가 있는 말은?

決裁

① 現金　　　　　　　　　② 病院
③ 去來　　　　　　　　　④ 上官

11 다음의 우리말 독음으로 옳은 것은?

執權

① 집착　　　　　　　　　② 집권
③ 참관　　　　　　　　　④ 집중

※ 다음 한자들의 공통적인 의미로 옳은 것을 고르시오. [12~13]

12

抑 押 壓

① 쌓다　　　　　　　　　② 누르다
③ 우러르다　　　　　　　④ 경고하다

13

餘 殘 剩

① 갚다   ② 타다
③ 잔인하다   ④ 남다

※ 다음의 뜻을 가진 한자(漢字)를 고르시오. [14~16]

14

아름답다

① 悛   ② 怡
③ 猾   ④ 睆

15

마치다

① 審   ② 畢
③ 儂   ④ 携

16

빛나다

① 炅   ② 美
③ 昊   ④ 唯

※ 다음 한자어(漢字語)와 발음이 같은 한자어를 고르시오. [17~19]

17

歷史

① 力作   ② 力士
③ 判事   ④ 道士

18

施肥

① 施設   ② 對備
③ 詩碑   ④ 視線

19

愛情

① 哀情   ② 稟性
③ 愛人   ④ 愛心

20 다음 한자어의 뜻과 관련 있는 2음절의 한자어는?

知音

① 親舊   ② 家族
③ 親戚   ④ 夫婦

※ 다음 단어들의 빈칸에 들어갈 알맞은 한자어(漢字語)를 고르시오. [21~23]

21

양반들에게 농토를 빼앗긴 농민들은 소작인으로 □□해 버렸다.

① 專擔   ② 傳播

③ 傳達   ④ 轉落

22

은지는 높은 □□□을 뚫고 표 구매에 성공했다.

① 競爭率   ② 競爭社

③ 愛社心   ④ 會社員

23

진실이는 아침마다 □□를 직접 갈아 마신다.

① 原因   ② 原豆

③ 雪氷   ④ 化粧

24 다음 성어(成語)에서 빈칸에 들어갈 알맞은 한자(漢字)는?

□虎遺患

① 皮   ② 名

③ 養   ④ 限

※ 다음 빈칸에 공통으로 들어갈 한자로 옳은 것을 고르시오. [25~27]

25

| __子   __氣   __球 |

① 孝   ② 蒸
③ 電   ④ 孔

26

| __成   __結 |

① 玩   ② 浣
③ 完   ④ 莞

27

| __理   調__   __列 |

① 官   ② 査
③ 整   ④ 行

※ 다음 문장에서 밑줄 친 한자어(漢字語)의 음(音)을 고르시오. [28~29]

28

예는 <u>節度</u>를 넘어서지 아니하고 남을 업신여기지 아니하며, 사람에게 버릇없이 굴지 않는 것이다.

① 절제   ② 상도
③ 정도   ④ 절도

29

오늘은 수류탄 <u>投擲</u> 훈련이 있는 날이다.

① 낙하   ② 투척
③ 시범   ④ 공격

30   다음 문장에서 밑줄 친 한자어(漢字語)의 뜻풀이로 적절한 것은?

사회가 각박하고 경쟁이 치열할수록 <u>寬容</u>의 정신을 회복해야 한다.

① 여럿이 모여 의논함
② 서로 도와 협력함
③ 습관적으로 늘 씀
④ 너그럽게 받아들이거나 용서함

31   다음 문장에서 밑줄 친 단어(單語)나 어구(語句)의 뜻을 가장 잘 나타낸 한자어(漢字語)를 고르면?

2017년 2/4분기 팀 평가는 각 팀별로 1/4분기의 <u>일이 이루어진</u> 결과에 따라 반영될 것이다.

① 勞力   ② 原因
③ 意見   ④ 成果

32 다음 글에서 밑줄 친 한자로 적절하지 않은 것은?

> 서울문화<u>재단</u>에서 <u>시행</u>하는 문화바우처 사업 역시 문화 <u>소외</u> 계층에게 문화의 기회를 폭넓게 지원하고 있다.

① 財團   ② 施行

③ 消外   ④ 階層

※ 다음 문장에서 밑줄 친 한자어(漢字語)의 뜻풀이로 가장 적절한 것을 고르시오. [33~34]

33

> 얼마 전 결혼을 한 은하는 요즘 <u>姑婦</u>갈등 때문에 힘들어한다.

① 시어머니와 며느리

② 시누이의 남편

③ 시어머니와 시아버지

④ 남편의 형제

34

> 그는 자기 <u>憐憫</u>에 빠져 늘 우울해했다.

① 불쌍한 백성

② 이성을 그리워하고 사모하는 마음

③ 불쌍하고 가련하게 여김

④ 불쌍히 여겨 사랑함

※ 다음 문장에서 밑줄 친 한자어(漢字語)의 한자표기(漢字表記)가 바르지 않은 것을 고르시오. [35~38]

35

① <u>今日</u> 뉴스에 ② <u>交通事故</u>의 처참한 ③ <u>廣景</u>이 ④ <u>放送</u>되었다.

36

① <u>便宜</u>와 ② <u>效率</u>을 위해 인권을 ③ <u>犧牲</u>하는 교각살우(矯角殺牛)의 ④ <u>偶</u>를 범해선 안 된다.

37

지금은 ① <u>華麗</u>한 경제 ② <u>指標</u>에 ③ <u>眩惑</u>되지 말고 경제 ④ <u>起楚</u>를 다져야 한다.

38

지은이네 ① <u>學教</u>는 ② <u>來日</u> ③ <u>上海</u>로 ④ <u>修學旅行</u>을 간다.

※ 다음 성어(成語)의 뜻풀이로 적절한 것을 고르시오. [39~42]

39

雪上加霜

① 어려운 일이 겹침을 이름
② 좋은 일에 또 좋은 일이 더하여 짐
③ 천차만별의 상태
④ 한숨을 쉬며 크게 탄식함

40

塗炭之苦

① 자신의 신분을 숨기고 은신하여 사는 괴로움
② 자신의 세력을 넓히기 위해 서로 싸워 난장판이다.
③ 생활이 몹시 곤궁하거나 고통스럽다.
④ 목적을 이루기 위하여 괴로움을 참고 견디다.

41

遊魚出聽

① 자기 분수를 모름
② 사리에 맞지 않음
③ 재주가 뛰어남
④ 세상이 태평하여 걱정거리가 없음

42

十匙一飯

① 여러 사람의 말에는 진실이 없음
② 여러 사람의 말로 인해 큰 일이 일어남
③ 여러 사람이 말하는 한 마디가 한 사람에게는 큰 상처가 됨
④ 여러 사람이 힘을 모으면 한 사람을 돕기는 쉬움

43 다음 한자어가 반의 관계가 아닌 것은?

① 가감(加減)　　　　　　　② 경중(輕重)
③ 권근(倦勤)　　　　　　　④ 반려(伴侶)

44 다음 밑줄 친 단어의 한자표기가 아닌 것은?

> 건강을 위해 즐길 수 있는 운동으로는 <u>축구</u>, <u>야구</u>, <u>수영</u>, <u>농구</u> 등이 있다.

① 蹴球　　　　　　　　　　② 野球
③ 水泳　　　　　　　　　　④ 卓球

45 다음에서 밑줄 친 부분을 바르게 읽은 것은?

> 금호 아시아나는 2017년 下半期 신입 公開採用을 시작했다. 서류 접수 후 10월 4일쯤 합격자를 발표하여 직무적성검사는 오는 10월 8일에 시행될 예정이다. 書類 접수 시 필요한 어학 성적은 접수 마감기간 전 날짜까지 <u>有效</u>하며, 서류 접수 마감 기한이 지난 후 취득한 어학 성적은 심사에 미반영 된다.

① 유명　　　　　　　　　　② 유지
③ 유과　　　　　　　　　　④ 유효

※ 다음 본문을 읽고 물음에 답하시오. [46~47]

> ○○전자는 △1 발매 이후 ㉠ <u>소비자</u>들의 ㉡ <u>의견</u>을 적극적으로 反映하여 新製品 △2를 선보일 準備를 하고 있다. 그동안 ○○전자는 <u>脫附着</u>형 배터리와 모듈형 스마트폰을 <u>固守</u>해 왔으나 이를 <u>抛棄</u>하고 <u>防水</u>와 <u>防塵</u>이 가능한 기능과 일체형 배터리를 탑재하기로 했다. 그동안 모듈형 스마트폰 事業을 지속할지 고민하던 ○○전자는 결국 소비자의 <u>滿足</u>을 제일로 삼아 모듈형 스마트폰 事業을 내려놓기로 <u>快定</u>한 것이다.

46 ㉠과 ㉡의 한자어로 옳은 것은?

① ㉠ 消費者, ㉡ 疑見
② ㉠ 逍費子, ㉡ 義見
③ ㉠ 逍費子, ㉡ 疑見
④ ㉠ 消費者, ㉡ 意見

47 위 본문에서 밑줄 친 한자 중 잘못 쓰인 것은 무엇인가?

① 脫附着

② 防水

③ 滿足

④ 快定

※ 다음 본문을 읽고 물음에 답하시오. [48~50]

○○회사에서는 'CES 2017'에서 次世代 OLED 製品들을 대거 선보였다. 특히 OLED 화면에서 흡響이 직접 울려 퍼지게 한 ㉠ 신기술 제품인 '크리스털 소리 OLED' 패널이 관람객의 눈길을 사로잡았다. 별도의 스피커를 통한 반사음을 듣는 것이 아닌 실제와 똑같은 OLED 화면 속 등장인물의 입에서 직접 소리가 나오는 듯한 ㉡ 技術로 몰입도를 극대화한다. 이와 같은 ㉢ 革新적인 기술이 2017년 ○○디스플레이의 ㉣ 賣出과 成長에 기여할 것을 기대해 본다.

48 ㉠을 한자로 바르게 나타낸 것은?

① 新素材

② 新世界

③ 新技術

④ 新藝術

49 ㉡을 바르게 읽은 것은?

① 기예

② 기술

③ 재주

④ 예술

50 ㉢과 ㉣의 한자를 각각 바르게 읽은 것은?

① ㉢ 대, ㉣ 성

② ㉢ 혁, ㉣ 출

③ ㉢ 신, ㉣ 매

④ ㉢ 혁, ㉣ 매

PART

4

면 접

CHAPTER 01 면접 실전 대책 및 유형

1. 면접 실전 대책

(1) 면접 대비사항

① 사전지식을 충분히 갖는다.

필기시험 또는 서류전형에서 합격통지를 받은 후 면접시험 날짜가 정해지는 것이 보통이다. 이때 지원자는 면접시험을 대비해 사전에 자기가 지원한 계열 또는 업무에 대해 폭넓은 지식을 가질 필요가 있다.

② 충분한 수면을 취한다.

충분한 수면으로 안정감을 유지하고 첫 출발의 신선한 마음가짐을 갖는다.

③ 얼굴을 생기 있게 한다.

첫인상은 면접에 있어서 가장 결정적인 당락요인이다. 면접관들이 가장 좋아하는 인상은 얼굴에 생기가 있고 눈동자가 살아 있는 사람, 즉 기가 살아 있는 사람이다.

④ 아침에 인터넷에 의한 정보나 신문을 읽는다.

그날의 뉴스가 면접 질문 대상에 오를 수가 있다. 특히 경제면, 정치면, 문화면 등을 유의해서 보아둘 필요가 있다.

(2) 면접 시 옷차림

면접에서 옷차림은 간결하고 단정한 느낌을 주는 것이 가장 중요하다. 색상과 디자인 면에서 지나치게 화려하거나, 노출이 심한 디자인은 자칫 면접관의 눈살을 찌푸리게 할 수 있다. 단정한 차림을 유지하면서 자신만의 독특한 멋을 연출하는 것, 지원하는 회사의 분위기를 파악했다는 센스를 보여주는 것 또한 코디네이션의 포인트다.

> **복장 점검**
>
> • 구두는 잘 닦여 있는가?
> • 옷은 깨끗이 다려져 있으며 스커트 길이는 적당한가?
> • 손톱은 길지 않고 깨끗한가?
> • 머리는 흐트러짐 없이 단정한가?

(3) 면접요령

① 첫인상을 중요시한다.

상대에게 인상을 좋게 주지 않으면 어떠한 얘기를 해도 이쪽의 기분이 충분히 전달되지 않을 수 있다. 예를 들면 '저 친구는 표정이 없고 무엇을 생각하고 있는지 전혀 알 길이 없다.' 이렇게 생각되면 최악의 상태다. 우선 청결한 복장, 바른 자세로 침착하게 들어가서 건강하고 신선한 이미지를 주어야 한다.

② 좋은 표정을 짓는다.

얘기를 할 때의 표정은 중요한 사항 중의 하나다. 거울 앞에서 웃는 얼굴을 연습해 본다. 웃는 얼굴은 상대를 편안하게 만들고 특히 면접 등 긴박한 분위기에서는 좋은 인상을 남길 것이다. 그렇다고 하여 항상 웃고만 있어서는 안 된다. 자기의 할 얘기를 진정으로 전하고 싶을 때는 진지한 표정으로 상대의 눈을 바라보며 얘기한다. 면접을 볼 때 눈을 감고 있으면 마이너스 이미지를 주게 된다.

③ 결론부터 이야기한다.

자기의 의사나 생각을 상대에게 정확하게 전달하기 위해서는 먼저 무엇을 말하고자 하는 가를 명확히 결정해 두어야 한다. 대답을 할 때는 결론을 먼저 이야기하고 나서 그에 따르는 설명과 이유를 나중에 덧붙이면 논지(論旨)가 명확해지고 이야기가 깔끔하게 정리된다. 한 가지 사실을 이야기하거나 설명하는 데는 3분이면 충분하다. 복잡한 이야기라도 어느 정도의 길이로 요약해서 이야기하면 상대도 이해하기 쉽고 자기도 정리할 수 있다. 지나치게 긴 이야기는 오히려 상대를 불쾌하게 할 수가 있다.

④ 질문의 요지를 파악한다.

상대의 질문이나 이야기에 대해 적절하고 필요한 대답을 한다. 만일 그러지 않으면 대화가 끊어지고 자기의 생각도 제대로 표현하지 못하여 면접관이 지원자의 인품이나 사고방식 등을 명확히 파악할 수 없다. 따라서 면접관이 무엇을 묻고 있는지, 무슨 이야기를 하고 있는지 그 요점을 정확히 알아내야 한다.

면접에서 고득점을 받을 수 있는 성공요령(10가지)

1. 자기 자신을 겸허하게 판단하라.
2. 지원한 회사에 대해 100% 이해하라.
3. 실전과 같은 연습으로 감각을 익혀라.
4. 단답형 답변보다는 구체적으로 이야기를 풀어나가라.
5. 거짓말을 하지 마라.
6. 면접시간 동안 대화의 흐름을 유지하라.
7. 친밀감과 신뢰를 구축하라.
8. 상대방의 말을 성실하게 들어라.
9. 근로조건에 대한 이야기를 풀어나갈 준비를 하라.
10. 끝까지 긴장을 풀지 마라.

(4) 면접 시 주의사항

① **지각은 있을 수 없다.**

면접 당일에 시간을 맞추지 못하여 지각하는 것은 있을 수 없는 일이다. 약속을 못 지키는 사람은 좋은 평가를 받을 수 없다. 면접일에는 지정시간 10~20분쯤 전에 미리 면접장에 도착해 마음을 가라앉히고 준비해야 한다.

② **손가락을 움직이지 마라.**

면접 시에 손가락을 까딱거리거나 만지작거리는 행동은 유난히 눈에 띌 뿐만 아니라 면접관의 눈에 거슬리기 마련이다. 다리를 떠는 행동은 말할 것도 없다. 불안정하거나 산만하다는 느낌을 줄 수 있으므로 주의할 필요가 있다.

③ **옷매무새를 자주 고치지 마라.**

여성의 경우 외모에 너무 신경 쓴 나머지 머리를 계속 쓸어 올리거나, 깃과 치마 끝을 만지작거리는 경우가 많다. 미니스커트를 입고 와서 면접시간 내내 치마 끝을 내리는 행위는 면접관으로 하여금 인상을 찌푸리게 만든다. 인사담당자의 말에 의하면 이런 사람이 의외로 많다고 한다.

④ **적당한 목소리로 말해라.**

면접관과의 거리가 어느 정도 떨어져 있기 때문에 작은 소리로 웅얼거리는 것은 안 좋다. 그러나 또 너무 큰 소리로 소리를 질러가며 말하는 사람은 오히려 거북스럽게 느껴진다.

⑤ **성의 있는 응답 자세를 보여라.**

사소한 질문에 대해서도 성의 있는 응답 자세는 면접관에게 성실하다는 인상을 심어준다.

⑥ **기타 사항**

- 앉으라고 할 때까지 앉지 마라. 의자로 재빠르게 다가와 앉으면 무례한 사람처럼 보이기 쉽다.
- 응답시 너무 말을 꾸미지 마라.
- 질문이 떨어지자마자 답변을 외운 것처럼 너무 바쁘게 대답하지 마라.
- 혹시 잘못 대답하였다고 해서 혀를 내밀거나 머리를 긁지 마라.
- 머리카락에 손대지 마라. 정서불안으로 보이기 쉽다.
- 면접실에 타인이 들어올 때 절대로 일어서지 마라.
- 동종업계나 라이벌 회사에 대해 비난하지 마라.
- 인사관리자 책상에 있는 서류를 보지 마라.
- 농담을 하지 마라. 쾌활한 것은 좋지만 지나치게 경망스러운 태도는 취업에 대한 의지가 부족하게 보인다.
- 질문에 대해 대답할 말이 생각나지 않는다고 천장을 쳐다보거나 고개를 푹 숙이고 바닥을 내려다보지 마라.
- 면접위원이 서류를 검토하는 동안 말하지 마라.
- 과장이나 허세로 면접위원을 압도하려 하지 마라.
- 최종 결정이 이루어지기 전까지 급여에 대해 언급하지 마라.
- 은연중에 연고를 과시하지 마라.

• 약속된 면접시간 10분 전에 도착하도록 스케줄을 짤 수 있다.
• 면접실에 들어가서 공손히 인사한 후 또렷한 목소리로 자기 수험번호와 성명을 말할 수 있다.
• 앉으라고 할 때까지는 의자에 앉지 않는다는 것을 알고 있다.
• 자신에 대해 3분간 이야기할 수 있는 준비가 되어 있다.
• 자신의 긍정적인 면을 상대방에게 바르게 전달할 수 있다.

2. 면접의 유형

과거 천편일률적인 일대일 면접과 달리 현재는 다양한 유형이 도입되어 '면접은 이렇게 보는 것이다.'라고 말할 수 있는 정해진 유형이 없어졌다. 그러므로 면접의 기본인 단독 면접부터 다대일 면접, 집단 면접의 유형과 그 대책에 대해 알아보자.

(1) 단독 면접

단독 면접이란 지원자와 면접관이 일대일로 마주하는 형식을 말한다. 면접관 한 사람과 지원자 한 사람이 마주 앉아 자유로운 화제를 가지고 질의응답을 되풀이하는 방식이다. 이 방식은 면접의 가장 기본적인 방법으로 소요시간은 10~20분 정도가 일반적이다.

① 단독 면접의 장점

필기시험 등으로 판단할 수 없는 성품이나 능력을 알아내는 데 가장 적합하다. 특히 지원자 한 사람 한 사람에 대해 여러 면에서 비교적 폭넓게 파악할 수 있다. 지원자 입장에서는 한 사람의 면접관만을 대하는 것이므로 상대방에게 집중할 수 있으며, 긴장감도 다른 면접방식에 비해서는 적은 편이다.

② 단독 면접의 단점

면접관의 주관이 강하게 작용해 객관성을 저해할 소지가 있으며, 면접 평가표를 활용한다 하더라도 일면적인 평가에 그칠 가능성을 배제할 수 없다. 또한 시간이 많이 소요되는 것도 단점이다.

단독 면접에 대비하기 위해서는 평소 일대일로 논리 정연하게 대화를 나눌 수 있는 능력을 기르는 것이 중요하다. 그리고 면접장에서는 면접관을 선배나 선생님 혹은 부모님을 대하는 기분으로 면접에 임하는 것이 부담도 훨씬 적고 실력을 발휘할 수 있는 방법이 될 것이다.

(2) 다대일 면접

다대일 면접은 일반적으로 가장 많이 사용되는 면접방법으로 보통 2~5명의 면접관이 1명의 지원자에게 질문하는 형태의 면접방법이다. 면접관이 여러 명이므로 다각도에서 질문을 하여 지원자에 대한 정보를 많이 알아낼 수 있다는 점 때문에 회사 측에서 선호하는 면접방법이다. 하지만 지원자의 입장에서는 질문도 면접관에 따라 각양각색이고 동료 지원자가 없으므로 숨돌릴 틈도 없게 느껴진다. 또한 관찰하는 눈도 많아서 조그만 실수라도 지나치는 법이 없기 때문에 정신적 압박과 긴장감이 높은 면접방법이다. 따라서 지원자는 긴장을 풀고 한 시험관이 묻더라도 면접관 전원을 향해 대답한다는 기분으로 또박또박 대답하는 자세가 필요하다.

① 다대일 면접의 장점

면접관이 집중적인 질문과 다양한 관찰을 통해 지원자가 과연 조직에 필요한 인물인가를 완벽히 검증할 수 있다.

② 다대일 면접의 단점

면접시간이 보통 10~30분 정도로 좀 긴 편이고 지원자에게 지나친 긴장감을 조성하는 면접방법이다.

다대일 면접준비 Point

질문을 들을 때 시선은 면접위원을 향하고 다른 데로 돌리지 말아야 하며, 대답할 때에도 고개를 숙이거나 입속에서 우물거리는 소극적인 태도는 피하도록 한다. 면접위원과 대등하다는 마음가짐으로 편안한 태도를 유지하면 대답도 자연스러운 상태에서 좀 더 충실히 할 수 있고, 이에 따라 면접위원이 받는 인상도 달라지게 된다.

(3) 집단 면접

집단 면접은 다수의 면접관이 여러 명의 지원자를 한꺼번에 평가하는 방식으로 짧은 시간에 능률적으로 면접을 진행할 수 있다. 각 지원자에 대한 질문내용, 질문횟수, 시간배분이 똑같지는 않으며, 모두에게 같은 질문이 주어지기도 하고, 각각 다른 질문을 받기도 한다. 또 어떤 지원자가 한 대답에 대한 의견을 묻는 등 그때그때의 분위기나 면접관의 의향에 따라 변수가 많다. 집단 면접은 지원자의 입장에서는 단독 면접에 비해 긴장감은 다소 덜한 반면에 다른 지원자들과의 비교가 확실하게 나타난다. 따라서 지원자는 몸가짐이나 표현력·논리성 등이 결여되지 않도록 자신의 생각이나 의견을 솔직하게 발표하여 집단 속에 묻히거나 밀려나지 않도록 주의해야 한다.

① 집단 면접의 장점

집단 면접의 장점은 면접관의 지원자 한 사람에 대한 관찰시간이 상대적으로 길고, 비교평가가 가능하기 때문에 평가의 객관성과 신뢰성을 높일 수 있다는 점이다. 지원자는 동료들과 함께 면접을 받기 때문에 긴장감이 다소 덜하다는 것을 들 수 있다. 또한 동료가 답변하는 것을 들으며, 자신의 답변 방식이나 자세를 조정할 수 있다는 것도 큰 장점이다.

② 집단 면접의 단점

응답하는 순서에 따라 지원자마다 유리하고 불리한 점이 있고, 면접관의 입장에서는 각각의 개인적인 문제를 깊게 다루기가 곤란하다.

너무 자기 과시를 하지 않는 것이 좋다. 대답은 자신이 말하고 싶은 내용을 간단명료하게 말해야 한다. 내용이 없는 발언을 한다거나 대답을 질질 끄는 태도는 좋지 않다. 또 말하는 중에 내용이 주제에서 벗어나거나 자기중심적으로만 말하는 것도 피해야 한다. 집단 면접에 대비하기 위해서는 평소에 설득력과 논리력을 계발하는 데 힘써야 하며, 다른 사람 앞에서 자신의 의견을 조리 있게 말할 수 있는 발표력을 갖추는 데 많은 노력을 기울여야 한다.

- 실력에는 큰 차이가 없다는 것을 기억하라.
- 동료 지원자들과 서로 협조하라.
- 답변하지 않을 때의 자세가 중요하다.
- 개성 표현은 좋지만 튀는 것은 위험하다.

(4) 집단 토론식 면접

집단 토론식 면접은 집단 면접과 형태는 유사하지만, 면접관과 지원자 간의 질의응답이 아니라 지원자들끼리의 토론이 중심이 되는 면접방법으로 최근 들어 급증세를 보이고 있다. 이는 공통의 주제에 대해 다양한 견해들이 개진되고 결론을 도출하는 과정, 즉 토론을 통해 지원자의 다양한 면에 대한 평가가 가능한 집단 토론식 면접의 장점이 널리 확산된 데 따른 것으로 보인다.

집단 토론식 면접을 활용하면 주제와 관련된 지식 정도와 이해력, 판단력, 설득력, 협동성은 물론 리더십, 조직 적응력, 적극성과 대인관계 능력 등을 파악하는 것이 용이하다고 한다. 토론식 면접에서는 자신의 의견을 명확히 제시하면서도 상대방의 의견을 경청하는 토론의 기본 자세가 필수적이며, 지나친 경쟁심이나 자기 과시욕은 접어두는 것이 좋다.

또한 집단 토론의 목적이 결론을 도출해 나가는 과정에 있다는 것을 감안하여 무리하게 자신의 주장을 관철시키기보다 오히려 토론의 질을 높이는 데 힘쓰는 것이 좋은 인상을 줄 수 있다는 점을 알아야 한다. 지원자들은 토론식 면접이 급속도로 확산되는 추세임을 감안해 특히 철저한 준비를 해야 한다.

평소에 신문의 사설이나 매스컴 등의 토론 프로그램을 주의 깊게 보면서 논리 전개 방식을 비롯한 토론 과정을 익히도록 하고, 친구들과 함께 간단한 주제를 놓고 토론을 진행해 볼 필요가 있다. 또한 사회 · 시사문제에 대해 자기 나름대로의 관점을 정립해두는 것도 반드시 필요하다.

- 토론은 정답이 없다는 것을 명심한다.
- 내 주장을 강조하지 않는다.
- 상대방이 말할 때 끼어들지 않는다.
- 필기구를 준비하여 메모하면서 면접에 임한다.
- 주제에 자신이 없다면 첫 번째 발언자가 되지 않는다.
- 자신의 입장을 먼저 밝힌다.
- 상대방의 이론을 반박하지 않는다.
- 상대방의 의견을 경청한다.

금호아시아나그룹은 '성실하고 부지런한 사람, 연구하고 공부하는 사람, 진지하고 적극적인 사람'을 인재상으로 하고 있다. 이에 총 두 차례의 면접을 통해 정직하고 근면하며, 조직과 자신의 발전을 위해 매사에 꾸준히 노력하고 행동이 빠른 사람, 조직과 자신의 발전을 위해 깊이 생각하고 연구하며 공부함으로써 개선과 변화를 추진하는 사람, 책임감과 진지한 자세로 조직과 자신의 발전을 위해 매사에 솔선수범하며 열정적으로 목적한 바를 끝까지 추진하는 사람을 선발하고자 한다.

1. 1차 면접

(1) 역량 면접

① 면접위원 : 3명
② 면접시간 : 약 50분
③ 면접형태 : 多 대 多 면접(집단 면접)
④ 면접내용

자기소개서를 바탕으로 지원자가 가지고 있는 역량이 과거의 경험을 통해 어떻게 발휘되었으며, 이를 바탕으로 미래 역량을 예측하고 평가하는 방식으로 진행된다. 특히 지원자의 단체 활동, 창의적인 경험, 힘든 상황의 극복 경험과 같은 주제의 질문을 통해, 지원자의 가치관이나 행동을 구체적으로 알아보고자 한다. 따라서 지원자는 다양한 경험을 요약하여 말하고, 이 경험이 직무에 어떻게 도움이 될 수 있는지 논리적이고 솔직하게 설명하는 것이 중요하다. 특히 단순히 경험만을 전달한다면 충분히 어필할 수 없으므로, 경험을 통해 얻은 자신의 역량을 위주로 답변하는 것이 면접관에게 좋은 인상을 남길 수 있다.

> **[기출 질문]**
> • 자기소개를 해보시오.
> • 직무를 수행하기 위해 키워온 본인만의 역량은 무엇인가?
> • 정직함에 관해 이야기해 보시오.
> • 커닝을 해 본 경험이 있는가?
> • 기사 자격증을 취득한 이유는 무엇인가?
> • 회사 생활에서 가장 중요한 가치는 무엇인가?
> • 취업 스터디를 한 경험이 있는가?
> • 봉사활동은 꾸준히 해온 것인가?
> • 정비소 아르바이트 경험에 대해 말해 보시오.
> • 살면서 가장 힘들었던 순간은?
> • 윤리적으로 문제를 일으켰던 경험이 있는가?

- 거짓말을 해 본 적이 있는가?
- 가장 기뻤던 순간은 언제인가?
- 본인의 좌우명은 무엇인가?
- 왜 대학원을 진학하지 않고, 취업을 준비하게 되었는가?
- 중요한 아침 회의를 앞두고 늦잠을 잤다. 회사 앞 마지막 신호등에서 신호에 걸려 지각하게 될 때 어떤 선택을 할 것인가?
- 살면서 어려웠던 경험은 무엇인가?
- 도전적인 경험은 무엇인가?
- 지방근무가 가능한가?
- 윤리의식에 어긋나는 행동을 한 적이 있는가?
- 학창시절 좋아했던 과목은?
- 남들과 차별되는 본인만의 장점은?
- 프로와 아마추어의 차이는 무엇인가?
- 최근 취업이 어려운데, 그 이유가 무엇이라고 생각하는가?
- 함께 일하고 싶은 선배 상이 있는가, 있다면 무엇인가?
- 드론 기술이 정비에 활용된다면 어느 부분에서 어떻게 유용하게 쓰일까?
- 본인만의 스트레스 해소법은?
- 무인도에 간다면 가져가고 싶은 두 가지는?
- 마지막으로 하고 싶은 말을 해 보시오.
- 자기소개를 40초 안에 해 보시오.
- 근무 희망지가 아닌 곳에 발령을 받는다면?
- 가장 감명 깊게 읽은 책은 무엇인가?
- 협력 업무에서 갈등을 해결한 경험은 무엇인가?
- 다른 사람이 나를 위해 희생한 경험을 말해 보시오.
- 자신의 잘못된 판단으로 동료에게 피해를 준 경험은 무엇인가?
- 손해를 감수하고 일을 진행했던 경험을 말해 보시오.
- 지금까지 가장 힘들었던 일은 무엇인가?
- 자신이 생각하는 본인의 단점은 무엇인가?
- 좌우명이 무엇인가? 좌우명과 관련된 경험을 말해 보시오.
- 글로벌 역량이란 무엇인가?
- 사람의 첫 인상에 대해 어떻게 생각하는가?
- 전혀 문외한인 분야에서 성공했던 경험을 말해 보시오.
- 연구하고 싶은 분야는 무엇인가?
- 살면서 가장 보람 있게 느꼈던 일은 무엇인가?
- 원가 절감을 위하여 어떠한 노력을 할 수 있는가?
- 직업적인 윤리관이란 무엇인가?
- 원리원칙을 고수하는가 아니면 상황에 맞게 융통성을 발휘하는가?
- 1분 동안 자기소개를 해 보시오.
- 전공에서 무엇을 배우는가?
- 전공지식을 바탕으로 문제를 해결해본 경험이 있는가?
- 끈기 있게 도전했지만 실패한 경험이 있는가? 있다면 말해 보시오.
- 성과와 분배 중에 어떤 것을 선택하겠는가?
- 전공과 영어 이외의 관심 있는 분야를 학습한 경험이 있는가?

- 현재 국내 항공사들이 처한 위기는 무엇인가?
- 금호 고속이 패밀리랜드를 운영하는 것을 알고 있는가?
- 경제 위기가 발생한 이유는 무엇인가?
- 마지막으로 할 이야기나 궁금한 사항이 있는가?

(2) 집단 토의 면접

① 면접위원 : 3명

② 면접시간 : 약 20분

③ 면접형태 : 집단 면접(집단 토론식 면접)

④ 면접내용

면접관 앞에서 찬성과 반대의 입장으로 나뉘어 토론을 하게 된다. 토론 전에는 5분 정도 기조연설문을 작성할 시간을 주며, 이후 면접관이 있는 토론장으로 이동한다. 토론 시 면접관은 시작과 끝만 알려주며, 개인별로 주제에 대한 입장을 발표한 후, 토론을 하게 된다. 이 과정에서 지원자는 의사소통능력과 창의력을 평가받게 되며, 다른 사람의 의견을 경청하고 얼마나 정확하고 빠르게 판단 내리는지 평가받게 된다. 더불어 참신한 아이디어를 통해 결론을 도출해낸다면 더욱 좋은 평가를 받을 수 있다.

[기출 질문]
- 자동차세 과세 기준 변경(배기량 → 차량 가격)에 대한 찬반 토론
- 개성공단 폐쇄에 대한 찬반 토론
- 새만금과 부산에 들어오는 카지노의 내국인 입장 허용에 대한 찬반 토론
- 한·일 해저터널 건설에 대한 찬반 토론
- 안현수 선수의 귀화에 대한 찬반 토론
- 동물의 의학적 실험에 대한 찬반 토론
- 메르스로 인한 환자 개인정보 및 의료기관 정보 공개에 대한 찬반 토론
- 어린이집 CCTV 설치 의무화 찬반 토론
- 지하철 여성전용칸에 대한 찬반 토론
- 도서 정가제에 대한 찬반 토론
- 교사 임금을 성과에 따라 차등 지급하는 것에 대한 찬반 토론
- 카이스트의 징벌적 수업료에 대한 찬반 토론
- 고졸 채용이 증가하는 것에 대한 찬반 토론
- 학교 내 음주 및 주류 판매 금지에 대한 찬반 토론

2. 2차 면접(임원 면접)

① 면접위원 : 3명
② 면접시간 : 30~40분
③ 면접형태 : 多 대 多 면접(집단 면접)
④ 면접내용

2차 면접은 인성 면접과 직무 관련 면접으로 진행된다. 자기소개와 직무 관련 면접은 역량 면접에서도 진행되었지만, 2차 면접에서는 좀 더 심층적인 질문이 주어진다. 특히 2차 면접에서는 면접관들과 좀 더 활발한 피드백을 하면서 답변을 해 나가는 것이 중요하다. 특히 질문이 꼬리에 꼬리를 물고 진행되기 때문에, 역량 면접에서 보여주지 못했던 자신의 모습을 좀 더 솔직하고 적극적이게 어필하는 것이 좋다.

[기출 질문]

- 자신이 남들보다 잘한다고 생각하는 것을 구체적으로 말해보시오.
- 한자 입구(口)자에 두 획을 추가해서 다른 단어를 만들어 보시오.
- 자기소개를 간단히 해보시오.
- 자신의 전공지식을 실무에 어떻게 활용할 것인가?
- 팀 활동에서 어려운 상황이 있었을 텐데 어떻게 갈등을 해결하였는가?
- 지방근무가 가능한가?
- 기여입학제에 대한 생각은?
- 인생의 좌우명과 좌우명을 갖게 된 계기는?
- 가장 슬펐던 영화나 프로그램은?
- 현재 사용하는 휴대전화와 그것을 선택한 이유?
- 해외 대학을 나와서 학제가 다른데, 채용시 문제가 되지 않을까?
- 학업 외에 했던 활동은 무엇이 있는가?
- 자신의 장단점은 무엇인가?
- 본사의 지점을 방문한 경험을 말해 보시오.
- 회사에서 자신이 생각하는 일과 다른 일을 시킨다면?
- 치명적인 거짓말을 한 경험이 있는가?
- 어떤 아르바이트를 했는가?
- 스스로 목표를 세우고 도전한 경험과 그 과정에서 겪었던 어려움에 대해 말해 보시오.
- 지원한 동기를 말해 보시오.
- 우리 회사를 어떻게 알게 되었는가?
- 연구하고 싶은 분야는 무엇인가?
- 자신이 지원한 분야에 대한 전문성을 보여줄 수 있는 경험에 대해서 말해 보시오.
- 인턴 경험이 있는데, 인턴 활동을 통해 느낀 점은 무엇인가?
- 지금 당신에게 5,000만 원이 생긴다면 무엇을 하겠는가?
- 학창시절 별명이 있는가? 입사 후 상사가 별명으로 부르면 어떻게 하겠는가?
- 남자는 왜 여자를 좋아한다고 생각하는가?
- 본인이 생각하는 리더의 자질 또는 모습은 무엇인가? 본인은 그렇다고 생각하는가?
- 상사와 고객이 동시에 서로 다른 업무를 요청한다면 어떻게 하겠는가?
- 직장인과 학생의 다른 점은 무엇이라 생각하는가?

- 최근에 읽은 책이 있는가? 느낀 점이 있는가?
- SNS를 하고 있는가? 하고 있는 이유는 무엇인가?
- 최근 뉴스에서 가장 인상 깊었던 것은 무엇인가?
- 주변에서 자신을 어떻게 평가하는가?
- 우리 회사를 선택한 이유는 무엇인가?

틀린 문제 다시 보기 다회독 마킹표

※ 각 영역별 마지막 절에 수록되어 있는 '조각모의고사'를 실제 시험처럼 풀어보고, 각 문제에 대한 본인의 체감 난이도를 표시하는 다회독 마킹표입니다. 확실히 이해한 문제는 'ㅇ', 애매한 문제는 '△', 전혀 이해되지 않는 문제는 '×'로 '난이도'란에 표시합니다. 이러한 과정을 통해서 이해하지 못한 문제만을 추려내어 여러 번 반복하여 풀어 실력을 향상해나갑니다.

언어능력				
날짜			회독	
소요시간				
문 번	난이도	CHECK		
1		① ② ③ ④		
2		① ② ③ ④		
3		① ② ③ ④		
4		① ② ③ ④		
5		① ② ③ ④		
6		① ② ③ ④		
7		① ② ③ ④		
8		① ② ③ ④		
9		① ② ③ ④		
10		① ② ③ ④		
11		① ② ③ ④		
12		① ② ③ ④		
13		① ② ③ ④		
14		① ② ③ ④		
15		① ② ③ ④		
16		① ② ③ ④		
17		① ② ③ ④		
18		① ② ③ ④		
19		① ② ③ ④		
20		① ② ③ ④		
21		① ② ③ ④		
22		① ② ③ ④		
23		① ② ③ ④		
24		① ② ③ ④		
25		① ② ③ ④		
26		① ② ③ ④		
27		① ② ③ ④		
28		① ② ③ ④		
29		① ② ③ ④		
30		① ② ③ ④		
31		① ② ③ ④		
32		① ② ③ ④		
33		① ② ③ ④		
34		① ② ③ ④		
35		① ② ③ ④		
36		① ② ③ ④		
37		① ② ③ ④		
38		① ② ③ ④		
39		① ② ③ ④		
40		① ② ③ ④		

수리능력				
날짜			회독	
소요시간				
문 번	난이도	CHECK		
1		① ② ③ ④		
2		① ② ③ ④		
3		① ② ③ ④		
4		① ② ③ ④		
5		① ② ③ ④		
6		① ② ③ ④		
7		① ② ③ ④		
8		① ② ③ ④		
9		① ② ③ ④		
10		① ② ③ ④		
11		① ② ③ ④		
12		① ② ③ ④		
13		① ② ③ ④		
14		① ② ③ ④		
15		① ② ③ ④		
16		① ② ③ ④		
17		① ② ③ ④		
18		① ② ③ ④		
19		① ② ③ ④		
20		① ② ③ ④		
21		① ② ③ ④		
22		① ② ③ ④		
23		① ② ③ ④		
24		① ② ③ ④		
25		① ② ③ ④		
26		① ② ③ ④		
27		① ② ③ ④		
28		① ② ③ ④		
29		① ② ③ ④		
30		① ② ③ ④		

추리능력				
날짜			회독	
소요시간				
문 번	난이도	CHECK		
1		① ② ③ ④		
2		① ② ③ ④		
3		① ② ③ ④		
4		① ② ③ ④		
5		① ② ③ ④		
6		① ② ③ ④		
7		① ② ③ ④		
8		① ② ③ ④		
9		① ② ③ ④		
10		① ② ③ ④		
11		① ② ③ ④		
12		① ② ③ ④		
13		① ② ③ ④		
14		① ② ③ ④		
15		① ② ③ ④		
16		① ② ③ ④		
17		① ② ③ ④		
18		① ② ③ ④		
19		① ② ③ ④		
20		① ② ③ ④		
21		① ② ③ ④		
22		① ② ③ ④		
23		① ② ③ ④		
24		① ② ③ ④		
25		① ② ③ ④		
26		① ② ③ ④		
27		① ② ③ ④		
28		① ② ③ ④		
29		① ② ③ ④		
30		① ② ③ ④		
31		① ② ③ ④		
32		① ② ③ ④		
33		① ② ③ ④		
34		① ② ③ ④		
35		① ② ③ ④		
36		① ② ③ ④		
37		① ② ③ ④		
38		① ② ③ ④		
39		① ② ③ ④		
40		① ② ③ ④		

사무지각능력		
날짜		회독
소요시간		

문 번	난이도	CHECK
1		① ② ③ ④
2		① ② ③ ④
3		① ② ③ ④
4		① ② ③ ④
5		① ② ③ ④
6		① ② ③ ④
7		① ② ③ ④
8		① ② ③ ④
9		① ② ③ ④
10		① ② ③ ④
11		① ② ③ ④
12		① ② ③ ④
13		① ② ③ ④
14		① ② ③ ④
15		① ② ③ ④
16		① ② ③ ④
17		① ② ③ ④
18		① ② ③ ④
19		① ② ③ ④
20		① ② ③ ④
21		① ② ③ ④
22		① ② ③ ④
23		① ② ③ ④
24		① ② ③ ④
25		① ② ③ ④
26		① ② ③ ④
27		① ② ③ ④
28		① ② ③ ④
29		① ② ③ ④
30		① ② ③ ④
31		① ② ③ ④
32		① ② ③ ④
33		① ② ③ ④
34		① ② ③ ④
35		① ② ③ ④
36		① ② ③ ④
37		① ② ③ ④
38		① ② ③ ④
39		① ② ③ ④
40		① ② ③ ④

분석판단능력		
날짜		회독
소요시간		

문 번	난이도	CHECK
1		① ② ③ ④
2		① ② ③ ④
3		① ② ③ ④
4		① ② ③ ④
5		① ② ③ ④
6		① ② ③ ④
7		① ② ③ ④
8		① ② ③ ④
9		① ② ③ ④
10		① ② ③ ④
11		① ② ③ ④
12		① ② ③ ④
13		① ② ③ ④
14		① ② ③ ④
15		① ② ③ ④
16		① ② ③ ④
17		① ② ③ ④
18		① ② ③ ④
19		① ② ③ ④
20		① ② ③ ④
21		① ② ③ ④
22		① ② ③ ④
23		① ② ③ ④
24		① ② ③ ④
25		① ② ③ ④
26		① ② ③ ④
27		① ② ③ ④
28		① ② ③ ④
29		① ② ③ ④
30		① ② ③ ④

직무상식능력		
날짜		회독
소요시간		

문 번	난이도	CHECK
1		① ② ③ ④
2		① ② ③ ④
3		① ② ③ ④
4		① ② ③ ④
5		① ② ③ ④
6		① ② ③ ④
7		① ② ③ ④
8		① ② ③ ④
9		① ② ③ ④
10		① ② ③ ④
11		① ② ③ ④
12		① ② ③ ④
13		① ② ③ ④
14		① ② ③ ④
15		① ② ③ ④
16		① ② ③ ④
17		① ② ③ ④
18		① ② ③ ④
19		① ② ③ ④
20		① ② ③ ④
21		① ② ③ ④
22		① ② ③ ④
23		① ② ③ ④
24		① ② ③ ④
25		① ② ③ ④
26		① ② ③ ④
27		① ② ③ ④
28		① ② ③ ④
29		① ② ③ ④
30		① ② ③ ④
31		① ② ③ ④
32		① ② ③ ④
33		① ② ③ ④
34		① ② ③ ④
35		① ② ③ ④
36		① ② ③ ④
37		① ② ③ ④
38		① ② ③ ④
39		① ② ③ ④
40		① ② ③ ④

언어능력					
날짜				회독	
소요시간					
문 번	난이도	CHECK			
1		①	②	③	④
2		①	②	③	④
3		①	②	③	④
4		①	②	③	④
5		①	②	③	④
6		①	②	③	④
7		①	②	③	④
8		①	②	③	④
9		①	②	③	④
10		①	②	③	④
11		①	②	③	④
12		①	②	③	④
13		①	②	③	④
14		①	②	③	④
15		①	②	③	④
16		①	②	③	④
17		①	②	③	④
18		①	②	③	④
19		①	②	③	④
20		①	②	③	④
21		①	②	③	④
22		①	②	③	④
23		①	②	③	④
24		①	②	③	④
25		①	②	③	④
26		①	②	③	④
27		①	②	③	④
28		①	②	③	④
29		①	②	③	④
30		①	②	③	④
31		①	②	③	④
32		①	②	③	④
33		①	②	③	④
34		①	②	③	④
35		①	②	③	④
36		①	②	③	④
37		①	②	③	④
38		①	②	③	④
39		①	②	③	④
40		①	②	③	④

수리능력					
날짜				회독	
소요시간					
문 번	난이도	CHECK			
1		①	②	③	④
2		①	②	③	④
3		①	②	③	④
4		①	②	③	④
5		①	②	③	④
6		①	②	③	④
7		①	②	③	④
8		①	②	③	④
9		①	②	③	④
10		①	②	③	④
11		①	②	③	④
12		①	②	③	④
13		①	②	③	④
14		①	②	③	④
15		①	②	③	④
16		①	②	③	④
17		①	②	③	④
18		①	②	③	④
19		①	②	③	④
20		①	②	③	④
21		①	②	③	④
22		①	②	③	④
23		①	②	③	④
24		①	②	③	④
25		①	②	③	④
26		①	②	③	④
27		①	②	③	④
28		①	②	③	④
29		①	②	③	④
30		①	②	③	④

추리능력					
날짜				회독	
소요시간					
문 번	난이도	CHECK			
1		①	②	③	④
2		①	②	③	④
3		①	②	③	④
4		①	②	③	④
5		①	②	③	④
6		①	②	③	④
7		①	②	③	④
8		①	②	③	④
9		①	②	③	④
10		①	②	③	④
11		①	②	③	④
12		①	②	③	④
13		①	②	③	④
14		①	②	③	④
15		①	②	③	④
16		①	②	③	④
17		①	②	③	④
18		①	②	③	④
19		①	②	③	④
20		①	②	③	④
21		①	②	③	④
22		①	②	③	④
23		①	②	③	④
24		①	②	③	④
25		①	②	③	④
26		①	②	③	④
27		①	②	③	④
28		①	②	③	④
29		①	②	③	④
30		①	②	③	④
31		①	②	③	④
32		①	②	③	④
33		①	②	③	④
34		①	②	③	④
35		①	②	③	④
36		①	②	③	④
37		①	②	③	④
38		①	②	③	④
39		①	②	③	④
40		①	②	③	④

사무지각능력

날짜		회독
소요시간		

문 번	난이도	CHECK
1		① ② ③ ④
2		① ② ③ ④
3		① ② ③ ④
4		① ② ③ ④
5		① ② ③ ④
6		① ② ③ ④
7		① ② ③ ④
8		① ② ③ ④
9		① ② ③ ④
10		① ② ③ ④
11		① ② ③ ④
12		① ② ③ ④
13		① ② ③ ④
14		① ② ③ ④
15		① ② ③ ④
16		① ② ③ ④
17		① ② ③ ④
18		① ② ③ ④
19		① ② ③ ④
20		① ② ③ ④
21		① ② ③ ④
22		① ② ③ ④
23		① ② ③ ④
24		① ② ③ ④
25		① ② ③ ④
26		① ② ③ ④
27		① ② ③ ④
28		① ② ③ ④
29		① ② ③ ④
30		① ② ③ ④
31		① ② ③ ④
32		① ② ③ ④
33		① ② ③ ④
34		① ② ③ ④
35		① ② ③ ④
36		① ② ③ ④
37		① ② ③ ④
38		① ② ③ ④
39		① ② ③ ④
40		① ② ③ ④

분석판단능력

날짜		회독
소요시간		

문 번	난이도	CHECK
1		① ② ③ ④
2		① ② ③ ④
3		① ② ③ ④
4		① ② ③ ④
5		① ② ③ ④
6		① ② ③ ④
7		① ② ③ ④
8		① ② ③ ④
9		① ② ③ ④
10		① ② ③ ④
11		① ② ③ ④
12		① ② ③ ④
13		① ② ③ ④
14		① ② ③ ④
15		① ② ③ ④
16		① ② ③ ④
17		① ② ③ ④
18		① ② ③ ④
19		① ② ③ ④
20		① ② ③ ④
21		① ② ③ ④
22		① ② ③ ④
23		① ② ③ ④
24		① ② ③ ④
25		① ② ③ ④
26		① ② ③ ④
27		① ② ③ ④
28		① ② ③ ④
29		① ② ③ ④
30		① ② ③ ④

직무상식능력

날짜		회독
소요시간		

문 번	난이도	CHECK
1		① ② ③ ④
2		① ② ③ ④
3		① ② ③ ④
4		① ② ③ ④
5		① ② ③ ④
6		① ② ③ ④
7		① ② ③ ④
8		① ② ③ ④
9		① ② ③ ④
10		① ② ③ ④
11		① ② ③ ④
12		① ② ③ ④
13		① ② ③ ④
14		① ② ③ ④
15		① ② ③ ④
16		① ② ③ ④
17		① ② ③ ④
18		① ② ③ ④
19		① ② ③ ④
20		① ② ③ ④
21		① ② ③ ④
22		① ② ③ ④
23		① ② ③ ④
24		① ② ③ ④
25		① ② ③ ④
26		① ② ③ ④
27		① ② ③ ④
28		① ② ③ ④
29		① ② ③ ④
30		① ② ③ ④
31		① ② ③ ④
32		① ② ③ ④
33		① ② ③ ④
34		① ② ③ ④
35		① ② ③ ④
36		① ② ③ ④
37		① ② ③ ④
38		① ② ③ ④
39		① ② ③ ④
40		① ② ③ ④

언어능력		
날짜		회독
소요시간		

문 번	난이도	CHECK
1		① ② ③ ④
2		① ② ③ ④
3		① ② ③ ④
4		① ② ③ ④
5		① ② ③ ④
6		① ② ③ ④
7		① ② ③ ④
8		① ② ③ ④
9		① ② ③ ④
10		① ② ③ ④
11		① ② ③ ④
12		① ② ③ ④
13		① ② ③ ④
14		① ② ③ ④
15		① ② ③ ④
16		① ② ③ ④
17		① ② ③ ④
18		① ② ③ ④
19		① ② ③ ④
20		① ② ③ ④
21		① ② ③ ④
22		① ② ③ ④
23		① ② ③ ④
24		① ② ③ ④
25		① ② ③ ④
26		① ② ③ ④
27		① ② ③ ④
28		① ② ③ ④
29		① ② ③ ④
30		① ② ③ ④
31		① ② ③ ④
32		① ② ③ ④
33		① ② ③ ④
34		① ② ③ ④
35		① ② ③ ④
36		① ② ③ ④
37		① ② ③ ④
38		① ② ③ ④
39		① ② ③ ④
40		① ② ③ ④

수리능력		
날짜		회독
소요시간		

문 번	난이도	CHECK
1		① ② ③ ④
2		① ② ③ ④
3		① ② ③ ④
4		① ② ③ ④
5		① ② ③ ④
6		① ② ③ ④
7		① ② ③ ④
8		① ② ③ ④
9		① ② ③ ④
10		① ② ③ ④
11		① ② ③ ④
12		① ② ③ ④
13		① ② ③ ④
14		① ② ③ ④
15		① ② ③ ④
16		① ② ③ ④
17		① ② ③ ④
18		① ② ③ ④
19		① ② ③ ④
20		① ② ③ ④
21		① ② ③ ④
22		① ② ③ ④
23		① ② ③ ④
24		① ② ③ ④
25		① ② ③ ④
26		① ② ③ ④
27		① ② ③ ④
28		① ② ③ ④
29		① ② ③ ④
30		① ② ③ ④

추리능력		
날짜		회독
소요시간		

문 번	난이도	CHECK
1		① ② ③ ④
2		① ② ③ ④
3		① ② ③ ④
4		① ② ③ ④
5		① ② ③ ④
6		① ② ③ ④
7		① ② ③ ④
8		① ② ③ ④
9		① ② ③ ④
10		① ② ③ ④
11		① ② ③ ④
12		① ② ③ ④
13		① ② ③ ④
14		① ② ③ ④
15		① ② ③ ④
16		① ② ③ ④
17		① ② ③ ④
18		① ② ③ ④
19		① ② ③ ④
20		① ② ③ ④
21		① ② ③ ④
22		① ② ③ ④
23		① ② ③ ④
24		① ② ③ ④
25		① ② ③ ④
26		① ② ③ ④
27		① ② ③ ④
28		① ② ③ ④
29		① ② ③ ④
30		① ② ③ ④
31		① ② ③ ④
32		① ② ③ ④
33		① ② ③ ④
34		① ② ③ ④
35		① ② ③ ④
36		① ② ③ ④
37		① ② ③ ④
38		① ② ③ ④
39		① ② ③ ④
40		① ② ③ ④

사무지각능력				
날짜				회독
소요시간				
문 번	난이도	CHECK		
1		① ② ③ ④		
2		① ② ③ ④		
3		① ② ③ ④		
4		① ② ③ ④		
5		① ② ③ ④		
6		① ② ③ ④		
7		① ② ③ ④		
8		① ② ③ ④		
9		① ② ③ ④		
10		① ② ③ ④		
11		① ② ③ ④		
12		① ② ③ ④		
13		① ② ③ ④		
14		① ② ③ ④		
15		① ② ③ ④		
16		① ② ③ ④		
17		① ② ③ ④		
18		① ② ③ ④		
19		① ② ③ ④		
20		① ② ③ ④		
21		① ② ③ ④		
22		① ② ③ ④		
23		① ② ③ ④		
24		① ② ③ ④		
25		① ② ③ ④		
26		① ② ③ ④		
27		① ② ③ ④		
28		① ② ③ ④		
29		① ② ③ ④		
30		① ② ③ ④		
31		① ② ③ ④		
32		① ② ③ ④		
33		① ② ③ ④		
34		① ② ③ ④		
35		① ② ③ ④		
36		① ② ③ ④		
37		① ② ③ ④		
38		① ② ③ ④		
39		① ② ③ ④		
40		① ② ③ ④		

분석판단능력				
날짜				회독
소요시간				
문 번	난이도	CHECK		
1		① ② ③ ④		
2		① ② ③ ④		
3		① ② ③ ④		
4		① ② ③ ④		
5		① ② ③ ④		
6		① ② ③ ④		
7		① ② ③ ④		
8		① ② ③ ④		
9		① ② ③ ④		
10		① ② ③ ④		
11		① ② ③ ④		
12		① ② ③ ④		
13		① ② ③ ④		
14		① ② ③ ④		
15		① ② ③ ④		
16		① ② ③ ④		
17		① ② ③ ④		
18		① ② ③ ④		
19		① ② ③ ④		
20		① ② ③ ④		
21		① ② ③ ④		
22		① ② ③ ④		
23		① ② ③ ④		
24		① ② ③ ④		
25		① ② ③ ④		
26		① ② ③ ④		
27		① ② ③ ④		
28		① ② ③ ④		
29		① ② ③ ④		
30		① ② ③ ④		

직무상식능력				
날짜				회독
소요시간				
문 번	난이도	CHECK		
1		① ② ③ ④		
2		① ② ③ ④		
3		① ② ③ ④		
4		① ② ③ ④		
5		① ② ③ ④		
6		① ② ③ ④		
7		① ② ③ ④		
8		① ② ③ ④		
9		① ② ③ ④		
10		① ② ③ ④		
11		① ② ③ ④		
12		① ② ③ ④		
13		① ② ③ ④		
14		① ② ③ ④		
15		① ② ③ ④		
16		① ② ③ ④		
17		① ② ③ ④		
18		① ② ③ ④		
19		① ② ③ ④		
20		① ② ③ ④		
21		① ② ③ ④		
22		① ② ③ ④		
23		① ② ③ ④		
24		① ② ③ ④		
25		① ② ③ ④		
26		① ② ③ ④		
27		① ② ③ ④		
28		① ② ③ ④		
29		① ② ③ ④		
30		① ② ③ ④		
31		① ② ③ ④		
32		① ② ③ ④		
33		① ② ③ ④		
34		① ② ③ ④		
35		① ② ③ ④		
36		① ② ③ ④		
37		① ② ③ ④		
38		① ② ③ ④		
39		① ② ③ ④		
40		① ② ③ ④		

2019 하반기 채용대비

『최신기출문제+유형분석+모의고사』로 완벽대비!

금호 아시아나 그룹

직무적성검사 및 한자시험

기출유형 분석 ▶ 유형 익히기 ▶ 조각 모의고사 ▶ 최종정리 모의고사

종합편

최종정리 모의고사

편저 | SD적성검사연구소

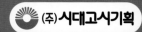

(주)시대고시기획

최 종 정 리
모 의 고 사

최종정리 모의고사

1 언어능력

※ 다음 제시된 단어와 같거나 유사한 의미를 가진 것을 고르시오. [1~3]

01

> 연유

① 선정　　　　　　　　② 경과
③ 까닭　　　　　　　　④ 수습

02

> 신랄하다

① 까다롭다　　　　　　② 얄궂다
③ 강파르다　　　　　　④ 날카롭다

03

> 보조개

① 삼시울　　　　　　　② 볼우물
③ 하르방　　　　　　　④ 날파람

※ 다음 제시된 단어와 반대의 의미를 가진 것을 고르시오. [4~7]

04

승인

① 수용   ② 차별
③ 거부   ④ 절교

05

흥진비래

① 설상가상   ② 상전벽해
③ 부화뇌동   ④ 고진감래

06

존경하다

① 복종하다   ② 얕보다
③ 찬탄하다   ④ 벌하다

07

외연

① 서설   ② 글월
③ 함축   ④ 풍광

08 다음의 뜻을 모두 가진 말은?

> - 거짓으로 꾸미다.
> - 논밭을 다루어 농사를 하다.
> - 어떤 표정이나 태도 따위를 얼굴이나 몸에 나타내다.
> - 한데 모여 줄이나 대열 따위를 이루다.
> - 여러 가지 재료를 섞어 약을 만들다.

① 사다   ② 짓다
③ 굽다   ④ 새다

09 다음 밑줄 친 '길'과 가장 가까운 뜻으로 쓰인 말은?

> 나는 얼마 전 어느 국어학자가 정년을 맞이하면서 자신과 제자들의 글을 모아서 엮어낸 수상집의 차례를 보고. 우리말을 가꾸는 길이란 결코 먼 데 있는 것이 아니라는 사실을 깊이 깨달은 일이 있다.

① 집에 돌아오는 길에 친구를 만났다.
② 그는 지금 의사의 길을 걷고 있다.
③ 어제 잃어버린 책을 찾을 길이 없다.
④ 우리 부모님이 살아오신 길은 참으로 험난하였다.

10 다음 밑줄 친 단어와 같은 의미로 쓰인 것은?

> 한 천체의 질량은 다른 천체의 운동에 영향을 미친다.

① 상욱이의 기록은 세계신기록에 훨씬 못 미친다.
② 그 기업에 대출을 하라는 압력이 그에게 미쳤다.
③ 지민이가 진실을 알고 있을 것이라는 데 생각이 미쳤다.
④ 사고는 열차가 역에 채 못 미쳐 발생했다.

11 다음 밑줄 친 단어의 반대말로 가장 적절한 것은?

> 이 변두리 동네는 버스가 떠서 겨울이면 차를 기다리는 일이 힘들다.

① 물이 다 잦아 논바닥이 말라 버렸다.
② '부웅부웅'하는 고동 소리가 잦게 들렸다.
③ 폭풍우의 세찬 기운은 새벽이 되자 약간 잦았다.
④ 등에 업은 아이가 뒤로 자꾸 잦아서 힘이 들었다.

12 다음 뜻을 가진 단어가 들어 있는 문장은?

> 인정이 없이 억세며 성질이 악착같고 모질다.

① 제 행동이 다소 버릇없고 무람없더라도 용서하십시오.
② 미욱한 것 같으면서도 그만한 감각은 있는 사람이었다.
③ 처음에는 그가 야무져서 좋았는데, 요즈음에는 몰강스러움에 질려버렸다.
④ 이 집에서 가장 문문해 보인다는 셈인지 그에게 곧잘 농을 걸기도 하였다.

13 다음 밑줄 친 말과 바꾸어 쓰기에 가장 적절한 것은?

> 그는 자신의 능력에 맞는 보수를 받고 있다.

① 호응하는   ② 대응하는
③ 부응하는   ④ 상응하는

14 다음 중 나이를 일컫는 말로 바르게 연결되지 않은 것은?

① 15세 - 지학(地學)   ② 30세 - 이립(而立)
③ 40세 - 불혹(不惑)   ④ 50세 - 이순(耳順)

15 다음 중 나이를 가리키는 말이 잘못 쓰인 것은?

① 그는 불혹의 나이에도 이십 대 청년 못지않은 왕성한 활동력을 보이고 있다.
② 그는 불혹을 넘기고 지천명을 바라보는 나이가 되었다.
③ 그는 20대의 약관임에도 불구하고 앞으로의 사업 활동에 대해 확고한 계획을 가지고 있었다.
④ 할아버지는 올해 70세가 되어 산수가 지나신 지 한참인데도 아주 정정하시다.

16 다음 중 단위 표현이 잘못된 것은?

① 달걀 한 꾸러미　　　　② 국수 한 사리
③ 오징어 한 쾌　　　　　④ 보약 한 제

17 다음 괄호 안에 들어갈 말로 가장 적절한 것은?

> 그가 선친으로부터 유산으로 받은 것은 논 여섯 (　　)이/가 전부였다.

① 가마니　　　　　　　② 마지기
③ 바리　　　　　　　　④ 자밤

18 다음 중 호칭어 및 지칭어에 대한 설명이 바르게 된 것은?

① 손위 처남의 부인을 '제부'라 호칭한다.
② 형의 딸을 남에게 '생질녀'라 지칭한다.
③ 조카의 아내를 '질부'라 호칭한다.
④ 아버지의 둘째 형을 '백부'라 지칭한다.

19 제시된 호칭어나 지칭어에 대한 설명으로 옳지 않은 것은?

① 가친(家親), 엄친(嚴親) : 남에게 자기 아버지를 가리키는 말이다.
② 자친(慈親), 가자(家慈) : 남에게 자기 어머니를 가리키는 말이다.
③ 선친(先親), 선고(先考) : 돌아가신 남의 아버지를 일컫는 말이다.
④ 춘부장(椿府丈), 춘장(椿丈), 춘당(椿堂) : 살아 계신 남의 아버지를 일컫는 말이다.

20 다음 괄호 안에 들어갈 알맞은 말은?

> • 조인성에 대해 기자들은 (   ) 공세를 폈다.
> • 효진이는 너무 놀라서 이게 꿈인지 생시인지를 (   )하고 있었다.
> • 아버지께서는 궁금한 점을 해당 시청에 (   )하셨다.

① 문의, 의심, 질문
② 의심, 문의, 질문
③ 질문, 문의, 의심
④ 질문, 의심, 문의

21 다음 괄호 안에 들어갈 말로 가장 알맞은 것은?

> 해인사의 자락은 가야산 전체의 중심지로, 그 자세가 당당하고 환경이 뛰어나게 아름다워 풍채가 수려한 위인이 칼을 잡고 설교하는 것 같다. 완연히 움직이는 한 폭의 그림이다. 해인사는 산수가 아름다운 곳이라고 하느니보다 (   ) 땅이다. 나는 국내외의 사찰을 다소 보았으나 해인사에 필적할 만한 절터를 보지 못하였다. 거룩하다는 말 이외에 무슨 형용사를 붙일 수가 없다.

① 은밀한   ② 한적한
③ 소박한   ④ 성스러운

22 다음 상황을 표현하는 관용구로 적절한 것은?

> 그는 작년까지 경마에 빠져서 재산을 탕진했으나 지금은 완전히 끊고 건실하게 살고 있다.

① 손을 걸다   ② 손을 놓다
③ 손을 씻다   ④ 손을 치다

23 다음 괄호 안에 공통으로 들어갈 단어는?

> • (   )이/가 빠지다.
> • (   )을/를 맞대다.
> • (   )이/가 땅에 닿다.
> • (   )이/가 삐뚤어지다.
> • (   )이/가 납작해지다.

① 귀   ② 코
③ 입   ④ 살

24 다음 관용어의 뜻으로 바른 것은?

> 말소리를 입에 넣다.

① 말을 조리 있게 하다.
② 상대방의 말이 이치에 맞지 않아 무시하다.
③ 남의 비난하는 소리를 참고 견디다.
④ 다른 사람에게는 안 들리게 웅얼웅얼 낮은 목소리로 말하다.

25 다음 밑줄 친 부분의 뜻풀이로 가장 적절한 것은?

> 그는 바늘 뼈에 두부 살이다.

① 매우 연약한 사람
② 매우 유연한 사람
③ 매우 심약한 사람
④ 매우 우유부단한 사람

26 다음 중 속담의 뜻풀이가 바르지 못한 것은?

① 감나무 밑에 누워도 삿갓 미사리를 대어라 : 아무리 좋은 기회라도 그것을 놓치지 않으려면 노력을 해야 한다.
② 과부는 은이 서 말이다 : 홀어미는 알뜰해서 오히려 잘 지낼 수 있다.
③ 단단한 땅에 물이 괸다 : 의지가 강한 사람이 변절하기 시작한다.
④ 물건을 모르거든 금 보고 사라 : 값은 물건의 질에 따라 정해지는 것이니, 좋은 물건을 사려거든 비싼 것으로 사라.

27 다음 중 힘없고 세력이 없어 어찌할 수 없는 외로운 신세를 비유적으로 이르는 말은?

① 날 샌 올빼미 신세다.
② 날 받아 놓은 색시 같다.
③ 날 샌 은혜 없다.
④ 날은 좋아 웃는다마는 동남풍에 잇속이 건다.

28 다음 중 죽음을 뜻하는 의미가 포함되지 않은 것은?

① 서거   ② 붕어
③ 소천   ④ 적요

29 다음 속담이 가장 잘 어울리는 상황은?

앉은뱅이가 서면 천리 가나

① 할아버지가 영어 학원 다니겠다고 아들에게 우기자 할머니가 핀잔조의 말을 할 때
② 매일 줄넘기 횟수를 10회씩 늘려가며 다이어트에 성공한 친구에게 칭찬할 때
③ 5년 동안 식물인간으로 있었던 최 모 씨가 1%의 확률로 기적적으로 회복했을 때
④ 옹알이를 하는 조카가 천재라며 영어 유치원에 등록하려는 언니에게 충고할 때

30 다음 중 왼쪽 문장의 의미를 잘못 해석한 것은?

① 길눈이 어둡다 — 가 본 길을 잘 찾아가지 못할 만큼 길을 잘 기억하지 못한다.
② 눈을 붙이다 — 잠을 자다.
③ 눈 밖에 나다 — 마음에 들다.
④ 눈이 나오다 — 몹시 놀라다.

31 다음 빈칸에 들어갈 알맞은 단어를 고르면?

남의 어려운 처지를 자기 일처럼 딱하고 가엾게 여기는 것을 ( )(이)라 한다.

① 동감   ② 동일
③ 동정   ④ 동기

32 다음 글을 문맥에 맞게 순서대로 배열한 것은?

(가) 닭 한 마리가 없어져서 뒷집 식구들이 모두 나서서 찾았다. 그런데 앞집 부엌에서 고기 삶는 냄새가 났다. 왜 우리 닭을 잡아먹었느냐고 따지자 주인은 아니라고 잡아뗐다. 부엌에서 나는 고기 냄새는 무어냐고 물었더니, 냄새가 날 리 없다고, 아마도 네가 오랫동안 고기 맛을 보지 못해서 환장했을 거라고 면박을 준다. 너희 집 두엄 더미에 버려진 닭털은 어찌된 거냐고 들이대자 오리 발을 들고 나와 그것은 네 집 닭털이 아니라 우리 집 오리털이라고 변명한다. 네 집 닭을 훔쳐 먹은 것이 아니라 우리 집 오리를 내가 잡은 것인데, 그게 무슨 죄가 되냐고 오히려 큰소리친다.

(나) 남의 닭을 훔쳐다 잡아먹고서 부인할 수는 있다. 그러나 뭐 뀐 놈이 성내는 것도 분수가 있지, 피해자를 가해자로 몰아 처벌하게 하는 데야 말문이 막힐 수밖에 없는 일이 아닌가. 적반하장도 유분수지, 도둑이 주인을 도둑으로 처벌해 달라고 고소하는 일은 별로 흔하지 않을 것이다.

(다) 뒷집 사람은 원님에게 불려가게 되었다. 뒷집이 우리 닭을 훔쳐다 잡아먹었으니 처벌해 달라고 앞집 사람이 고소했던 것이다. 이번에는 증거물이 있었다. 바로 앞집 사람이 잡아먹고 남은 닭발이었는데, 그것을 뒷집 두엄 더미에 넣어 두었던 것이다. 뒷집 사람은 앞집에서는 증조부 때 이후로 닭을 기른 적이 없다고 항변했지만 그것을 입증해 줄 만한 사람은 없었다. 뒷집 사람은 어쩔 수 없이 앞집에 닭 한 마리 값을 물어 주었다.

(라) '닭 잡아먹고 오리 발 내민다.'는 속담이 있다. 제가 저지른 나쁜 일이 드러나게 되니 어떤 수단을 써서 남을 속이려 한다는 뜻이다. 남을 속임으로써 난감한 처지에서 벗어나고자 하는 약삭빠른 사람의 행위를 우리는 이렇게 비유해서 말하는 것이다.

① (라) ─ (가) ─ (다) ─ (나)
② (라) ─ (가) ─ (나) ─ (다)
③ (라) ─ (다) ─ (나) ─ (가)
④ (라) ─ (나) ─ (가) ─ (다)

33 다음 글을 〈보기〉와 같은 순서로 재구성하려고 할 때 순서로 가장 바른 것은?

(가) 최근 전자 상거래 시장에서 소셜 커머스 열풍이 거세게 불고 있다. 할인율 50%라는 파격적인 조건으로 검증된 상품을 구매할 수 있다는 입소문이 나면서 국내 소셜 커머스 시장의 규모가 급성장하고 있다. 시장 규모가 커지다 보니 개설된 소셜 커머스 사이트가 수백 개에 달하고, 소셜 커머스 모임 사이트까지 등장할 정도로 소셜 커머스의 인기가 날로 높아지고 있다.

(나) 현재 국내 소셜 커머스는 일정 수 이상의 구매자가 모일 경우 파격적인 할인가로 상품을 판매하는 방식의 소셜 쇼핑이 주를 이루고 있다. 그러나 소셜 쇼핑 외에도 SNS상에 개인화된 쇼핑 환경을 만들거나 상거래 전용 공간을 여는 방식의 소셜 커머스도 등장하고 있다. 소셜 커머스의 소비자는 판매자(생산자)의 상품을 소비하는 데서 그치지 않고 판매자들로 하여금 자신들이 원하는 물건을 판매하도록 유도할 수 있으며, 자신들 스스로가 새로운 소비자를 끌어모을 수도 있다. 이러한 소비자의 변모는 소비자의 역할뿐만 아니라 상거래 지형이 크게 변화할 것임을 시사한다. 소셜 커머스 시대에는 소비자가 상거래의 주도권을 쥐는 일이 가능해진 것이다.

(다) 소셜 커머스란 소셜 네트워크 서비스(SNS)를 통하여 이루어지는 전자 상거래를 가리키는 말이다. 소셜 커머스는 상품의 구매를 원하는 사람들이 거래를 성사하기 위하여 공동 구매자를 모으는 과정에서 주로 SNS를 이용하는 데서 그 명칭이 유래되었다. 소셜 커머스는 2005년 '야후(Yahoo)'의 장바구니 공유 서비스인 '쇼퍼스피어(Shopersphere)' 같은 사이트를 통하여 처음 소개되었다.

● 보기 ●

국내 소셜 커머스의 현황 → 소셜 커머스의 명칭 유래 및 등장 배경 → 소셜 커머스의 유형 및 전망

① (가) ― (나) ― (다)

② (가) ― (다) ― (나)

③ (나) ― (가) ― (다)

④ (나) ― (다) ― (가)

34 다음 〈보기〉의 글이 들어갈 위치로 가장 적절한 것은?

(가) 직업이 그저 일신의 고식지계에 그치는 것이 아니라 그 직업을 통해 사회에 무엇인가 기여하는 것이고 또 그래야만 한다는 것은, 직업을 논하는 경우의 정석처럼 되어 있는 대목이다. 지게를 지건 구두닦이를 하건, 자신이 의식하지 못하고 있더라도 그것은 훌륭히 사회에 기여를 하고 있다.

(나) 그러나 직업을 통해 사회에 기여해야 한다는 의식을 마땅히 가짐직한 사람들이 그것을 갖지 못하거나, 아예 그것을 귀찮다고 외면하는 경우도 있다. 직업을 한낱 고식지계로 타락시켜 그것으로 만족하기도 한다.

(다) 세상에 하고많은 부정부패가 있다고들 하고, 그 부정부패가 불학무식(不學無識)한 사람들에서 보다 식자(識字)나 한다는 사람들 가운데서 더 심각하게 저질러지고 있는 것을 보면 직업을 통한 사회적 분담이라는 의식은 그렇게 말처럼 쉬운 일이 아닌지도 모르겠다.

(라) 우수한 대학을 나오는 젊은이들 가운데도 경우에 따라서는 우선 직업을 얻는 것조차 힘이 드는 경우도 있기는 할 것이다. 그런 정도로 오늘 현재의 우리 사회는 몹시 병든 구석이 있는 것도 사실이다. 그럼에도 불구하고, 또 비록 비현실적이라는 말을 듣는 한이 있더라도 지식인의 직업은 역시 고식지계여서는 안 된다.

(마) 자기의 개성에 따라, 이것이 나의 생계를 위할 뿐 아니라 사회에 대한 나의 참여, 분담, 공헌, 기여의 길이라고 확신하여 얻은 직업에는 자기의 전 생명을 기울여 마땅하다. 내 직업에 전 생명을 기울이는 가운데서, 비로소 이 세상에 태어나 남들이라고 다 기회가 있는 것도 아닌 최고의 교육을 받은 사람으로서, 이 세상의 발전에 다소의 갚음이라도 할 수 있는 길이 트일 것으로 믿는다.

●보 기●
아주 극단의 예로, 조선 왕조말의 시인 황매천(黃梅泉)은 합방의 소식을 듣고 '難作人間識字人(난작인간식자인) : 사람 가운데도 식자나 한다는 사람 되기가 이렇게도 어렵구나'라는 시를 남기고 자결을 했다. 하물며 하루 세 끼 밥 먹기 위해, 혹은 단지 호강하고 편히 살기 위해 직업을 택한다는 것은, 지식인으로서 차마 취하지 못할 일인 것은 더 말할 것 없다.

① (가)와 (나) 사이
② (나)와 (다) 사이
③ (다)와 (라) 사이
④ (라)와 (마) 사이

35 다음 글의 논지 전개 방식으로 가장 적절한 것은?

언젠가부터 우리 바다 속에 해파리나 불가사리와 같이 특정한 종들만이 크게 번창하고 있다는 우려의 말이 들린다. 한마디로 다양성이 크게 줄었다는 이야기다. 척박한 환경 에서는 몇몇 특별한 종들만이 득세한다는 점에서 자연 생태계와 우리 사회는 닮은 것 같다. 어떤 특정 집단이나 개인들에게 이와 같이 앞으로 어려워질 경제 상황은 새로운 기회가 될지도 모른다. 하지만 이는 사회 전체로 볼 때 그다지 바람직한 현상이 아니다. 왜냐하면 자원과 에너지 측면에서 보더라도 이들 몇몇 집단들만 존재하는 세계에서는 이들이 쓰다 남은 물자와 이용하지 못한 에너지는 고스란히 버려질 수밖에 없고 따라서 효율성이 극히 낮기 때문이다.

다양성 확보는 사회 집단의 생존과도 무관하지 않다. 조류 독감이 발생할 때마다 해당 양계장은 물론 그 주변 양계장의 닭까지 모조리 폐사시켜야 하는 참혹한 현실을 본다. 단 한 마리 닭이 감염돼도 그렇게 많은 닭들을 죽여야 하는 이유는 인공적인 교배로 인해 이들 모두가 똑같은 유전자를 가졌기 때문이다. 따라서 다양한 유전 형질을 확보하는 길만이 재앙의 확산을 막고 피해를 줄이는 길이다.

이처럼 다양성의 확보는 자원의 효율적 사용과 사회 안정에 중요하지만 많은 비용이 들기도 한다. 예를 들어 출산 휴가를 주고, 노약자를 배려하고, 장애인에게 보조 공학 기기와 접근성을 제공하는 것을 비롯해 다문화 가정, 외국인 노동자를 위한 행정 제도 개선 등은 결코 공짜가 아니다. 그럼에도 불구하고 다양성 확보가 중요한 이유는 우리가 미처 깨닫고 있지 못하는 넓은 이해와 사랑에 대한 기회를 사회 구성원 모두에게 제공하기 때문이다.

① 다양성 확보의 중요성에 대해 관점이 다른 두 주장을 대비하고 있다.
② 다양성 확보의 중요성에 대해 유추를 통해 설명하고 있다.
③ 다양성이 사라진 사회를 여러 기준에 따라 분류하고 있다.
④ 다양성이 사라진 사회의 사례들을 나열하고 있다.

36 다음 글에서 제시하고 있는 '융합'의 사례로 보기 어려운 것은?

1980년 이후에 등장한 과학기술 분야의 가장 강력한 트렌드는 컨버전스, 융합, 잡종의 트렌드이다. 기존의 분야들이 합쳐져서 새로운 분야가 만들어지고, 이렇게 만들어진 몇 가지 새로운 분야가 또 합쳐져서 시너지 효과를 낳는다. 이러한 트렌드를 볼 때 미래에는 과학과 기술, 순수과학과 응용과학의 경계가 섞이면서 새롭게 만들어진 분야들이 연구를 주도한다는 것이다. 나노과학기술, 생명공학, 물질공학, 뇌과학, 인지과학 등이 이러한 융합의 예이다. 연구대학과 국립연구소의 흥망성쇠는 이러한 융합의 경향에 기존의 학문 분과 제도를 어떻게 잘 접목시키느냐에 달려 있다. 이러한 융합은 과학기술 분야 사이에서만이 아니라 과학기술과 다른 문화적 영역에서도 일어난다. 과학기술과 예술, 과학기술과 철학, 과학기술과 법 등 20세기에는 별개의 영역 사이의 혼성이 강조될 것이다. 이는 급격히 바뀌는 세상으로 인한 새로운 철학과 도덕, 법률의 필요성에서 기인한다. 인간의 유전자를 가진 동물이 만들어지고, 동물의 장기가 인간의 몸에 이식도 되고 있다. 생각만으로 기계를 작동시키는 인간-기계의 인터페이스도 실험의 수준을 지나 곧 현실화되는 단계에 와 있다. 인간-동물-기계의 경계가 무너지는 세상에서 철학, 법, 과학 기술의 경계도 무너지는 것이다.

20년 후 과학기술의 세부 내용을 지금 예측하기는 쉽지 않다. 하지만 융합 학문과 학제 간 연구의 지배적 패러다임화, 과학과 타 문화의 혼성화, 사회를 위한 과학 기술의 역할 증대, 국제화와 합동 연구의 증가라는 트렌드는 미래 과학 기술을 특징짓는 뚜렷한 트렌드가 될 것이다.

– 홍성욱, 「20년 후의 미래 과학기술 트렌드」

① 유전공학, 화학 독성물, 태아 권리 등의 법적 논쟁에 대한 날카로운 분석을 담은 책
② 과학자들이 이룬 연구 성과들이 어떻게 재판의 사실 인정 기준에 영향을 주는가를 탐색하고 있는 책
③ 과학기술과 법이 만나고 충돌하는 지점들을 탐구하고, 미래의 지속 가능한 사회를 위한 둘 사이의 새로운 관계를 제시한 책
④ 과학은 신이 부여한 자연법칙을 발견하는 것이며, 사법 체계도 보편적인 자연법의 토대 위에 세워진 것이라는 주장을 펴는 책

37 다음 글에 대한 이해를 심화·발전시킨 것으로 보기 어려운 것은?

영화의 기본적인 단위는 프레임이다. 테두리 혹은 틀을 뜻하는 프레임은 영화가 만들어져 상영되는 단계마다 서로 다르게 정의된다. 촬영 과정에서는 카메라를 통해 들여다보는 장면의 구도로, 편집 과정에서는 필름에 현상된 낱낱의 정지 사진으로, 그리고 상영 과정에서는 극장의 어둠과 화면을 가르는 경계선으로 규정되는 것이다. 그러나 어떻게 정의되든 간에 이 개념은 영화가 프레임을 통해 비추어진 세계이며 프레임을 경계로 어두운 객석의 현실 세계와 구분된다는 것을 의미한다는 점에서 일치한다. 영화는 연속적으로 교체되는 많은 수의 프레임을 가진다. 그리고 이 프레임들은 통합의 과정을 거치면서 한 편의 영화로 만들어진다. 그렇기 때문에, 어떤 프레임일지라도 그 시간과 동작의 원래 맥락에서 분리되지 않으며, 그 자체가 독립적으로 완결된 의미를 지니는 경우는 거의 없다.

영화는 가로·세로 비율이 언제나 일정한, 같은 크기의 프레임에 맞추어 내용물을 배치한다. 이렇게 프레임이 고정되는 것은 필름이나 극장 영사막의 규격화된 형식을 이용해야 하는 영화의 기계적·기술적 조건을 벗어나기 어렵기 때문이다. 프레임의 완고한 형식성으로 인해 영화가 상영되는 조건에 따라서는 원래의 프레임이 변형되고 결과적으로 감독이 의도했던 화면 구성이 심각하게 훼손되는 일이 생기기도 한다. 특히, 와이드 스크린의 장점을 효과적으로 이용한 극장용 영화가 TV를 통해 방영될 때 이러한 문제가 두드러지게 나타난다. 35mm의 영화가 16mm로 축소된다는 것은 원래 프레임에서 화면의 3분의 1 정도가 잘린다는 것을 의미한다. 그런데 이런 식으로 화면을 자르면, 원래 프레임의 가장자리에 있던 등장인물이 변형된 화면에서는 전혀 보이지 않을 수도 있고, 혹은 등장인물이 시청자의 눈에는 보이지도 않는 것에 깜짝 놀라거나 공포에 찬 반응을 보일 수도 있다.

그러나 영화 프레임이 갖는 이러한 제약성 때문에 영화의 매력이 감소한다고 보기는 어렵다. 왜냐하면 이러한 형식의 제약성으로 인해 오히려 영화의 다양한 기법들이 개발되고 작품의 예술성이 더욱 높아질 수 있기 때문이다.

① 영화를 제대로 감상하려면 영화관에서 가서 보는 것이 좋겠어.
② 영화의 기법도 참조해 가면서 영화를 감상하는 것이 좋겠어.
③ 기법과 소재를 융합시킬 수 있는 방법이 무엇인지 알고 싶어.
④ 배우의 대사나 연기에 관심을 갖고 영화를 감상하는 것이 좋겠어.

38 다음 빈칸에 들어갈 말로 가장 적절한 것은?

민주주의의 목적은 다수가 소수의 폭군이나 자의적인 권력 행사를 통제하는 데 있다. 민주주의의 이상은 모든 자의적인 권력을 억제하는 것으로 이해되었는데 이것이 오늘날에는 자의적 권력을 정당화하기 위한 장치로 변화되었다. 이렇게 변화된 민주주의는 민주주의 그 자체를 목적으로 만들려는 이념이다. 이것은 법의 원천과 국가권력의 원천이 주권자 다수의 의지에 있기 때문에, 국민의 참여와 표결 절차를 통하여 다수가 결정한 법과 정부의 활동이라면 그 자체로 정당성을 갖는다는 것이다. 즉, 유권자 다수가 원하는 것이면 무엇이든 실현할 수 있다는 말이다.

이런 민주주의는 '무제한적 민주주의'이다. 어떤 제약도 없는 민주주의라는 의미이다. 이런 민주주의는 자유주의와 부합할 수가 없다. 그것은 다수의 독재이고 이런 점에서 전체주의와 유사하다. 폭군의 권력이든, 다수의 권력이든, 군주의 권력이든, 위험한 것은 권력 행사의 무제한성이다. 중요한 것은 이러한 권력을 제한하는 일이다.

민주주의 그 자체를 수단이 아니라 목적으로 여기고 다수의 의지를 중시한다면, 그것은 다수의 독재를 초래할 뿐만 아니라 전체주의만큼이나 위험하다. 민주주의 존재 그 자체가 언제나 개인의 자유에 대한 전망을 밝게 해 준다는 보장은 없다. 개인의 자유와 권리를 보장하지 못하는 민주주의는 본래의 민주주의가 아니다. 본래의 민주주의는 [   ]

① 다수의 의견을 수렴하여 이를 그대로 정책에 반영해야 한다.

② 서로 다른 목적의 충돌로 인한 사회적 불안을 해소할 수 있어야 한다.

③ 무제한적 민주주의를 과도기적으로 거치며 개인의 자유와 권리 보장에 기여해야 한다.

④ 민주적 절차 준수에 그치지 않고 과도한 권력을 실질적으로 견제할 수 있어야 한다.

언어의 습득은 인종이나 지능과 관계없이 누구에게나 비슷한 수준으로 이루어진다. 그리고 하나의 언어를 일단 배우고 난 뒤에는 그것을 일상생활에서 자유자재로 구사할 수 있다. 마치 자전거나 스케이트를 한 번 배우고 나면 그 뒤에는 별다른 신경을 쓰지 않고 탈 수 있는 것과 같다. 우리는 언어를 이처럼 쉽게 배우고 또 사용하고 있지만, 언어 사용과 관련하여 판단을 내리는 과정의 내면을 살펴보면, 그것이 그리 단순하지 않다는 사실을 알 수 있다. 지극히 간단한 언어 표현에 관한 문법성을 판단하기 위해서만도 엄청난 양의 사고 과정이 요구되는 것이기 때문이다. 예컨대, 우리는 '27의 제곱은 얼마인가?'와 같은 계산을 위해서는 상당한 시간을 소모하지 않으면 안 되면서도, '너는 냉면 먹어라. 나는 냉면 먹을게.'와 같은 문장은 어딘가 이상한 문장이라는 사실, 어떻게 고쳐야 바른 문장이 된다는 사실을 특별히 따져보지 않고도 순간적으로 파악해 낼 수 있다. 그러나 막상 (가) 이 문장이 틀린 이유가 무엇인지 설명하라고 하면, 일반인으로서는 매우 곤혹스러움을 느끼게 된다. 이를 논리적으로 설명해 내기 위해서는 국어의 문법 현상에 관한 상당한 수준의 전문적 식견이 필요하기 때문이다.

… (중략) …

언어는 개방적이고 무한한 체계이기 때문에 우리는 언어를 통해서 반드시 보았거나 들은 것, 존재하는 것만을 이야기하는 데 그치지 않고 '용, 봉황새, 손오공, 유토피아……'같이 현실에 존재하지 않은 상상의 산물이나, 나아가서는 '희망, 불행, 평화, 위기……'라든가, '의문, 제시, 제한, 효과, 실효성……' 등과 같은 관념적이고 추상적인 개념까지를 거의 무한에 가깝게 표현할 수가 있다.

39 윗글의 설명 방식으로 적절한 것은?

① 구체적인 사례를 들어 정보를 전달하고 있다.
② 대상 간의 차이점을 중심으로 서술하고 있다.
③ 상위 단위를 하위 단위로 나누어 설명하고 있다.
④ 대상의 변화 과정에 초점을 맞추어 전개하고 있다.

40 (가)를 바르게 설명한 것은?

① 시간적으로 차이가 나는 두 행동을 마치 동시에 발생한 것처럼 표현했다.
② 어떤 대상이 다른 것과 대조됨을 나타내는 보조사를 사용하면서 동일한 대상을 가리켰다.
③ 청자(聽者)가 분명한 상황에서 청자를 생략하는 것이 자연스러운데도 억지로 사용했다.
④ 반드시 들어가야 할 문장 성분을 생략함으로써 행위주체를 분명하게 드러내지 않았다.

2 수리능력

01 다음 분수식을 계산한 값으로 알맞은 것은?

$$\frac{1}{2} \times \frac{2}{3} \div \frac{4}{3} \times \frac{4}{5} \div \frac{1}{5} - \frac{1}{2} \div 3 \div 2$$

① 1

② $\frac{11}{12}$

③ $\frac{5}{6}$

④ $\frac{3}{4}$

02 주어진 식을 계산했을 때, 가장 작은 수는?

① $123 \div 3 \times 18$

② $526 - 217 + 454$

③ $(32 + 25) \times 13 - 6$

④ $183 \times 4 + 23$

03 주어진 식을 계산했을 때, 가장 큰 수는?

① $516 \div 4 \times 7$

② $(94 + 167) \times 4 - 135$

③ $29 \times 19 + 1,011 \div 3$

④ $552 + (347 + 87) \times 2 - 527$

04 일반적으로 마트에서 1+1 행사를 할 때 가격을 조금 올리는 대신, 각 내용물의 양을 줄인다. 어느 마트에서는 정상가로 판매하는 제품이 200g에 2,000원이고, 1+1을 하면 각각 150g씩 들어가지만 2,900원이다. 이때 총 3kg의 제품을 구매한다면 1+1 제품을 사는 것이 얼마나 이득인가?

① 1,000원

② 2,000원

③ 3,000원

④ 4,000원

05 어느 가정의 1월과 6월의 난방요금 비율이 7 : 3이다. 1월의 난방요금에서 2만 원을 뺄 경우에 그 비율이 2 : 1이면, 1월의 난방요금은?

① 10만 원　　　　　　　　　　　② 12만 원
③ 14만 원　　　　　　　　　　　④ 16만 원

06 다음은 K 신문사의 인터넷 여론조사에서 '여러분이 길거리에서 침을 뱉거나, 담배꽁초를 버리다가 단속반에 적발되어 처벌을 받는다면 어떤 생각이 들겠습니까?'라는 물음에 대하여 1,200명이 응답한 결과이다. 이 조사 결과에 대한 해석으로 타당한 것은?

(단위 : %)

변 수	응답 구분	법을 위반했으므로 처벌받는 것은 당연하다.	재수가 없는 경우라고 생각한다.	도덕적으로 비난받을 수 있으나 처벌은 지나치다.
	전 체	54.9	11.4	33.7
연 령	20대	42.2	16.1	41.7
	30대	55.2	10.9	33.9
	40대	55.9	10.0	34.1
	50대 이상	71.0	6.8	22.2
학 력	초졸 이하	65.7	6.0	28.3
	중 졸	57.2	10.6	32.6
	고 졸	54.9	10.5	34.6
	대학 재학 이상	59.3	10.3	35.4

① 응답자들의 준법의식은 나이가 많을수록 그리고 학력이 높을수록 높은 것으로 나타난다.
② 학력이 높을수록 처벌보다는 도덕적인 차원에서 제제를 가하는 것이 바람직하다고 보는 응답자의 비중이 높다.
③ '재수가 없는 경우라고 생각한다.'라고 응답한 사람의 수는 대졸자보다 중졸자가 더 많았다.
④ 1,200명은 충분히 큰 표본이므로 이 여론조사의 결과는 우리나라 사람들의 의견을 충분히 대표한다고 볼 수 있다.

07 다음은 건강보험심사평가원에서 국내 병의원산업 동향 점검 및 향후 전망을 조사하기 위해 수집한 자료이다. 〈보기〉를 참고하여 A, B, C, D, E에 들어갈 항목을 바르게 짝지은 것은?

〈국내 의료기관 수 변동 현황〉

(단위 : 개)

구 분	2001년 12월	2016년 12월
A	43	43
B	28	1,337
C	10,855	16,377
D	21,342	28,883
E	677	1,474
전 체	32,945	48,114

● 보 기 ●
• 상급종합병원 수는 정체된 것으로 조사되었다.
• 노인인구 증가와 정부의 육성정책으로 요양병원 수가 가장 큰 폭으로 증가하였다.
• 진료과목의 경영환경의 개선으로 신경과, 내과, 치과 순으로 의원의 증감률이 높은 것으로 나타났다.

	A	B	C	D	E
①	요양병원	상급종합병원	신경과의원	치과의원	내과의원
②	요양병원	상급종합병원	치과의원	신경과의원	내과의원
③	상급종합병원	요양병원	신경과의원	내과의원	치과의원
④	상급종합병원	요양병원	내과의원	치과의원	신경과의원

08 은행 계좌에 100,000원이 들어있는데 먼저 그중 10%를 인출한 뒤 계좌에 남은 돈의 10%를 다시 입금한다면, 은행 계좌에 남아 있는 돈은 얼마가 되겠는가?

① 98,000원

② 99,000원

③ 100,000원

④ 101,000원

09 자동차를 타고 집에서 영화관까지 가는 데 시속 60km의 속력으로 가면 영화 상영 15분 전에 도착하고 시속 30km로 가면 영화 시작 후 4분이 지나 도착한다. 이때 집과 영화관 사이의 거리는?

① 11km

② 14km

③ 17km

④ 19km

10 다음의 주어진 계산식이 성립한다면 (1−5)+11은 얼마인가?

$(3-9)+2=10$

① −5

② 6

③ −7

④ 8

11 다음 자료는 지난 10년간 업종별로 외국인근로자의 고용현황을 나타낸 자료이다. 〈보기〉중 옳은 것을 모두 고른 것은?

〈업종별 외국인근로자 고용현황〉

(단위 : 명)

구 분	2005년	2010년	2013년	2014년	2015년
제조업	31,114	31,804	48,967	40,874	40,223
건설업	84	2,412	1,606	2,299	2,228
농축산업	419	3,079	5,641	6,047	5,949
서비스업	41	56	70	91	71
어 업	0	1,130	2,227	2,245	2,548
합 계	31,658	38,481	58,511	51,556	51,019

─● 보기 ●─
ㄱ 2015년 전체 업종 대비 상위 2개 업종이 차지하고 있는 비율은 2014년에 비해 낮아졌다.
ㄴ 2010년 대비 2015년 서비스업에 종사하는 외국인근로자의 증감률보다 전년 대비 증감률이 더 높다.
ㄷ 국내에서 일하고 있는 외국인근로자는 2013년 이후 감소하는 추세이다.
ㄹ 2010년 농축산업에 종사하는 외국인근로자 수는 전체 외국인근로자의 6% 이상이다.
ㅁ 전체적으로 건설업보다 제조업에 종사하는 외국인근로자의 소득이 더 높다.

① ㄱ, ㄴ, ㄹ
② ㄱ, ㄷ, ㄹ
③ ㄴ, ㄹ, ㅁ
④ ㄷ, ㄹ, ㅁ

12 아이들이 어떤 의자에 8명씩 앉을 경우, 남는 의자가 없이 2명의 아이가 남는다. 또한 9명씩 앉을 경우, 마지막 의자에는 4명의 아이가 앉을 수 있고, 의자 2개가 남는다. 아이들은 총 몇 명인가?

① 102명
② 152명
③ 202명
④ 252명

13 두 개의 톱니바퀴 A, B가 맞물려 회전하고 있다. A의 톱니가 25개이고 B의 톱니가 35개라면 지금 맞물려 있는 톱니가 다시 만나기 위해서는 A가 몇 바퀴 회전해야 하는 가?

① 7바퀴
② 8바퀴
③ 9바퀴
④ 10바퀴

14 민수가 어떤 일을 하는 데는 1시간이 걸리고, 그 일을 아버지가 하는 데는 15분이 걸린다. 민수가 혼자서 30분 일했을 때 아버지가 오셔서 함께 그 일을 끝마쳤다면 민수가 아버지와 함께 일한 시간은 몇 분인가?

① 5분   ② 6분
③ 7분   ④ 8분

※ 다음 괄호 안에 들어갈 알맞은 수를 고르시오. [15~16]

15

$$1.5 \times (\quad) \div 2 + 1 = 4$$

① 2   ② 3
③ 4   ④ 5

16

$$(\quad) - \frac{13}{3} + \frac{1}{5} = \frac{23}{10}$$

① $\frac{193}{30}$ ② $\frac{13}{60}$

③ $\frac{173}{30}$ ④ $\frac{19}{30}$

17 150가구를 대상으로 A, B 두 카페의 선호도를 조사하였다. A 카페를 선호하는 가구 수는 45, B 카페를 선호하는 수는 70, 둘 다 선호하지 않는 수는 50이었다. B 카페만 선호하는 가구의 수는?

① 30가구   ② 35가구
③ 50가구   ④ 55가구

18 다음은 서울에서 부산으로 귀성할 경우 귀성길 교통수단별 비용을 비교한 것이다. 이 자료에 대한 설명으로 옳지 않은 것은?

〈서울 → 부산 귀성길 교통수단별 비용 비교〉

(단위 : 원)

구 분	승용차	
	경 차	경차 외
주유비	74,606	74,606
통행료	12,550	25,100

(단위 : 원)

구 분	고속버스	KTX
어른요금(2명)	68,400	114,600
아동요금(2명)	34,200	57,200

① 경차 외 승용차로 가는 비용은 총 9만 9,706원이다. 만약 경차를 이용할 경우 통행료에서 50% 할인이 적용돼 총 8만 7,156원이 소요된다.

② 4인 가족(어른 2명, 아동 2명)이 고속버스를 이용하면 승용차를 이용하는 것보다 금액은 저렴해진다.

③ 어른 두 명이 고속버스로 귀성길에 오를 경우 경차를 이용하는 경우보다 저렴해진다.

④ 4인 가족(어른 2명, 아동 2명)이 서울에서 부산으로 귀성할 경우 비용이 가장 많이 드는 교통수단은 KTX이다.

19 비만 인구는 44명이고, 성인병 인구는 20명이다. 비만과 성인병을 모두 가지지 않은 인구가 12명이라면, 비만인 사람 중에서 성인병이 없는 사람의 수는?(단, 조사 인구는 60명이다)

① 24명 ② 26명
③ 28명 ④ 30명

20 연경이와 효진이의 현재 연령 비는 3 : 1이고, 5년 후의 연령 비는 7 : 4가 된다고 한다. 연경이와 효진이의 현재 나이는 몇 살인가?

① 연경 9살, 효진 3살   ② 연경 6살, 효진 2살

③ 연경 3살, 효진 9살   ④ 연경 2살, 효진 6살

21 둘레의 길이가 2km인 공원이 있다. 호인이와 수민이는 서로 반대 방향으로 걸어가 만나기로 했다. 호인이는 1분에 60m, 수민이는 1분에 40m 움직일 수 있을 때, 둘은 얼마 후에 만날 수 있는가?

① 10분   ② 15분

③ 20분   ④ 25분

22 다음 ○ 안에 들어갈 사칙 연산 기호를 고르면?

12□4○6□3=1

① +   ② −

③ ×   ④ ÷

23 $8^x \times 2^{4x} = 4^{14}$일 때, x의 값은?

① 3   ② 4

③ 5   ④ 6

24 $3(2^2+1)(2^4+1)(2^8+1) = 2^x - 1$일 때, x의 값은?

① 8   ② 12

③ 16   ④ 24

※ 다음은 미국의 자살률 관련 자료이다. 물음에 답하시오. [25~26]

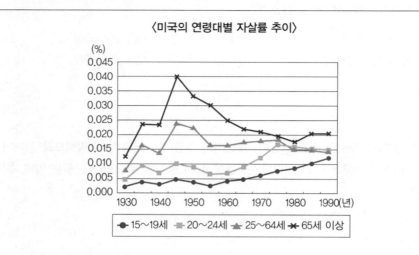

〈미국의 연령대별 자살률 추이〉

〈1910년 15~24세 연령대의 자살고려율, 자살시도율 및 자살률(미국)〉

(단위 : %)

구 분	자살고려율	자살시도율	자살률
남 자	11.8	2.5	0.022
여 자	16.7	5.6	0.004
백 인	14.7	4.3	0.014
흑 인	11.4	3.4	0.009
기 타	14.5	3.7	0.013
도 시	14.5	5.0	0.012
농 촌	14.1	3.7	0.014
중위소득 이상	14.4	3.7	0.011
중위소득 미만	14.6	4.4	0.015

25 다음 중 옳지 않은 것은?

① 소득이 낮을수록 자살시도율과 자살률이 더 높게 나타난다.

② 65세 이상 노년층의 자살률이 다른 연령대에 비해서 항상 높게 나타난다.

③ 1910년 미국의 15~24세 연령대 자살률은 여자보다는 남자, 흑인보다는 백인이 높게 나타난다.

④ 15~19세의 자살률은 전년 대비 계속 증가하고 있다.

26 1910년 미국 A 주의 인구수는 2,500만 명, 15~24세 연령대의 비율이 16.8%이고, 동 연령대 남녀의 비율이 같다고 한다면, 15~24세 연령대의 자살 추정치는 몇 명인가?

① 322명　　　　　　　　　　② 384명

③ 463명　　　　　　　　　　④ 546명

27 120에 자연수 하나를 곱하여 제곱수가 되도록 할 때, 곱할 수 있는 자연수 중 가장 작은 자연수는?

① 18　　　　　　　　　　　② 22

③ 26　　　　　　　　　　　④ 30

28 $x+y=10$, $xy=5$일 때, x^2+y^2는?

① 70　　　　　　　　　　　② 84

③ 90　　　　　　　　　　　④ 103

29 다음은 한국외식산업연구원(K-FIRI)에서 발표한 외식산업통계 자료 중 2016년 1~8월 평균 식재료 가격에 대한 자료이다. 자료에 대한 해석으로 적절하지 않은 것은?

〈2016년 1~8월 평균 식재료 가격〉

(단위 : 원)

구 분	1월	2월	3월	4월	5월	6월	7월	8월
쌀(kg)	2,132	2,112	2,085	2,027	1,988	1,990	1,992	1,993
양파(kg)	2,358	2,392	2,373	2,383	1,610	1,412	1,385	1,409
배추(포기)	2,183	2,874	3,587	4,125	3,676	2,775	2,967	4,556
무(개)	1,255	1,745	1,712	1,927	2,038	1,664	1,653	1,829
건멸치(kg)	21,210	21,260	21,370	22,030	22,490	22,220	23,760	24,180
물오징어(마리)	2,131	2,228	2,359	2,235	2,153	2,273	2,286	2,207
계란(개)	5,493	5,473	5,260	5,259	5,216	5,260	5,272	5,322
닭(kg)	5,265	5,107	5,545	5,308	5,220	5,529	5,436	5,337
돼지(kg)	14,305	14,465	14,245	14,660	15,020	16,295	16,200	15,485
소_국산(kg)	49,054	50,884	50,918	50,606	49,334	50,802	52,004	52,220
소_미국산(kg)	21,452	23,896	22,468	23,028	21,480	22,334	21,828	22,500
소_호주산 (kg)	23,577	24,375	24,087	23,538	24,388	24,060	23,760	23,777

※ 자료 : 한국외식산업연구원, 외식산업 통계

① 계란의 가격은 1~5월에 감소 추세를 보인 뒤 6월부터 가격이 다시 증가한다.
② 2~3월 양파 가격 평균의 합은 6~7월 배추 가격 평균의 합보다 작다.
③ 국산, 미국산, 호주산에 상관없이 소의 가격은 매월 꾸준히 증가한다.
④ 1~2월 계란 가격 변동 폭은 동월 대비 닭 가격 변동 폭보다 작다.

30 다음은 모바일 · 인터넷 쇼핑 소비자 동향과 관련된 정보이다. 다음 자료에 대한 해석으로 옳지 않은 것은?

<주요 업태별 월평균 이용자 수 추이>

(단위 : 명)

분 야		15년 상반기	15년 하반기	16년 상반기
PC 기반 인터넷 쇼핑몰	오픈마켓	21,493,000	21,515,000	21,480,000
	종합쇼핑몰	12,263,000	13,282,000	12,872,000
	소셜커머스	11,266,000	11,158,000	12,377,000
모바일 쇼핑 어플	오픈마켓	2,421,000	3,675,000	5,480,000
	종합쇼핑몰	580,000	868,000	1,530,000
	소셜커머스	2,568,000	4,057,000	6,604,000

※ 자료 : 대한상공회의소

① 모바일 쇼핑 어플의 월평균 이용자 수는 지속적인 증가 추세를 보였다.

② 2016년 상반기의 월평균 모바일 쇼핑 어플 이용자 수는 2015년 하반기 대비 약 58% 증가하였다.

③ 조사 기간 동안 모바일 쇼핑 어플 분야에서는 소셜커머스-오픈마켓-종합쇼핑몰 순으로 월평균 이용자 수가 많았다.

④ 2016년 상반기와 2015년 상반기의 분야별 월평균 이용자 수를 비교했을 때, PC 기반 종합쇼핑몰 이용자 수의 증감률이 가장 낮은 것으로 나타났다.

3 추리능력

※ 일정한 규칙으로 수를 나열할 때, ( ) 안에 들어갈 수를 고르시오. [1~16]

01

| 320 160 80 40 20 ( ) 5 |

① 18   ② 15
③ 13   ④ 10

02

| 12.3 15 7.5 10.2 ( ) 7.8 3.9 |

① 4.2   ② 5.1
③ 6.3   ④ 7.2

03

| 4 3 1 2 −1 3 ( ) |

① −3   ② −4
③ −5   ④ −6

04

| 1 5 5 9 ( ) 21 |

① 10   ② 11
③ 13   ④ 15

05

$$6 \quad 8 \quad 16 \quad 26 \quad (\ ) \quad 72$$

① 32 ② 36
③ 40 ④ 44

06

$$(\ ) \quad 3 \quad 6 \quad 18 \quad 108 \quad 1,944$$

① 0 ② 1
③ 2 ④ 3

07

$$3 \quad (\ ) \quad 20 \quad 54 \quad 148 \quad 404 \quad 1,104$$

① 3 ② 5
③ 7 ④ 9

08

$$31 \quad 71 \quad 27 \quad 64 \quad (\ ) \quad 57 \quad 19 \quad 50$$

① 9 ② 23
③ 41 ④ 63

09

$$24 \quad 189 \quad 34 \quad 63 \quad 44 \quad (\ ) \quad 54 \quad 7$$

① 6 ② 11
③ 16 ④ 21

10

| ( ) | 75 | 12 | 15 | −36 | 3 | 108 |

① −4   ② −1
③ 1   ④ 3

11

| 4 | 12 | 6 | 14 | 7 | ( ) | 7.5 |

① 9   ② 11
③ 13   ④ 15

12

| 82 | 41 | −164 | −82 | 328 | 164 | ( ) |

① −328   ② −492
③ −656   ④ −820

13

| −4 | 20 | ( ) | −205 | −409 | 2,045 | 4,091 |

① 40   ② 41
③ 42   ④ 43

14

| 2 ( ) 10 | 4 −3 −10 | −5 2 −8 |

① 4   ② 6
③ 8   ④ 12

15

<u>5</u>	1	2	<u>3</u>	9	4	<u>8</u>	( )	6

① 2   ② 7

③ 10   ④ 11

16

<u>3</u>	7	16	<u>−1</u>	3	−8	<u>( )</u>	−4	3

① 5   ② 7

③ −1   ④ −2

※ 일정한 규칙으로 문자를 나열할 때, ( ) 안에 들어갈 문자를 고르시오. [17~26]

17

Y ( ) Q M I E

① W   ② X

③ V   ④ U

18

ㄱ	−	2	−	D
ㄷ	−	6	−	L
ㄹ	−	8	−	P
ㅂ	−	( )	−	X

① 10   ② 12

③ 18   ④ 22

19

C P ㅂ H ㅌ ( ) X B

① B   ② ㅑ
③ ㄹ   ④ R

20

A B D ( ) P

① F   ② G
③ H   ④ I

21

ㄴ ㅁ ( ) ㅋ ㅎ

① ㅂ   ② ㅇ
③ ㅊ   ④ ㅌ

22

D ( ) E J F M G P

① A   ② C
③ E   ④ G

23

( ) ㅏ ㄷ ㅓ ㅅ ㅗ ㅍ ㅜ

① ㄱ   ② ㄴ
③ ㄷ   ④ ㄹ

24

B D H N ( )

① T
② U
③ V
④ W

25

A B C E ( ) M U

① E
② F
③ G
④ H

26

ㅅ ㅂ ㅇ ㅁ ㅈ ( )

① ㄷ
② ㄹ
③ ㅁ
④ ㅂ

※ 다음 제시된 낱말의 대응 관계로 볼 때, 빈칸에 들어가기에 알맞은 것을 고르시오. [27~32]

27

열 : 스티로폼 = ( ) : 고무

① 보온
② 보냉
③ 탄성
④ 전기

28

실직 : 취직 = 추상 : ( )

① 구체
② 현상
③ 풍경
④ 그림

29

부상 : 흉터 = ( ) : 병

① 고통　　　　　　　② 바이러스
③ 골절　　　　　　　④ 암

30

고전주의 : 낭만주의 = ( ) : 진보

① 공산주의　　　　　② 클래식
③ 음악　　　　　　　④ 보수

31

긴장 : 청심환 = ( ) : 지사제

① 출혈　　　　　　　② 설사
③ 변비　　　　　　　④ 감염

32

클래식 : 음악 = ( ) : 미술

① 팝아트　　　　　　② 피카소
③ 도자기　　　　　　④ 현대

※ 다음 제시된 낱말의 대응 관계로 볼 때, 빈칸에 들어가기에 알맞은 것으로 짝지어진 것을 고르시오.
[33~40]

33

( ) : 다툼 = 성공 : ( )

① 사과, 발전
② 싸움, 목표
③ 화해, 실패
④ 친구, 도전

34

( ) : 이름 = 인연 : ( )

① 나이, 연인
② 존함, 연분
③ 작명, 사랑
④ 사주, 이별

35

( ) : 대중교통 = 아파트 : ( )

① 트럭, 전세
② 지하철, 집
③ 빌라, 도보
④ 오피스텔, 버스

36

새 : ( ) = 꽃 : ( )

① 물고기, 바위
② 호랑이, 식물원
③ 붕어, 대나무
④ 매, 개나리

37

립스틱 : ( ) = ( ) : 치료

① 화장, 약 ② 연구, 간호사
③ 합격, 봉투 ④ 세수, 병원

38

( ) : 수선 = 마트 : ( )

① 시장, 운동 ② 세탁소, 판매
③ 정류장, 진료 ④ 병원, 개발

39

편지지 : ( ) = 연고 : ( )

① 은행, 목발 ② 시장, 병원
③ 문구점, 약국 ④ 스티커, 붕대

40

늦잠 : ( ) = ( ) : 수질오염

① 숙면, 공기오염 ② 알람, 가스
③ 지각, 폐수 ④ 불면, 매연

4 사무지각능력

※ 다음 중 좌우를 비교했을 때 같은 것은 몇 개인지 고르시오. [1~5]

01

ⓛⓜ(x)ⓨⓜⓣⓛ – ⓛⓝ(x)(y)(w)(t)ⓘ

① 2개   ② 3개
③ 4개   ④ 5개

02

ㄹㅃㅁㅉㅎㄹ래기 – ㄹㅃㅁㅆㅎ래리기

① 3개   ② 4개
③ 5개   ④ 6개

03

57869325 – 57068245

① 2개   ② 3개
③ 4개   ④ 5개

04

15982664 – 15387168

① 2개   ② 3개
③ 4개   ④ 5개

05

51802934 – 56703732

① 2개   ② 3개
③ 4개   ④ 5개

※ 다음 중 좌우를 비교했을 때 다른 것은 몇 개인지 고르시오. [6~10]

06

舡央商勝應翁盈 – 舡英商勝應翁盈

① 1개   ② 2개
③ 3개   ④ 4개

07

후훈호혼하한허헌 – 후혼호훈하한허헌

① 1개   ② 2개
③ 3개   ④ 4개

08

15926434 – 18826736

① 2개   ② 3개
③ 4개   ④ 5개

09

94652065 – 84457064

① 2개   ② 3개
③ 4개   ④ 5개

10

| 141378450 – 151296450 |

① 1개   ② 2개
③ 3개   ④ 4개

※ 다음 중 앞의 문자열이 서로 다르면 ①, 뒤의 문자열이 서로 다르면 ②, 둘 다 같거나 다르면 ③을 표기하시오. [11~13]

11

| UCPKLQWH – UCPKLQWH   甫往敎勢聖畵携縮 – 甫往敎勢聖畵携縮 |

①   ②   ③

12

| Ⅷ Ⅸ Ⅳ Ⅲ Ⅱ Ⅳ Ⅹ Ⅶ – Ⅷ Ⅸ Ⅳ Ⅲ Ⅱ Ⅵ Ⅹ Ⅶ   ㉮㉮㉯㉽㉱㉣㉠㉵ – ㉮㉭㉯㉽㉱㉣㉠㉵ |

①   ②   ③

13

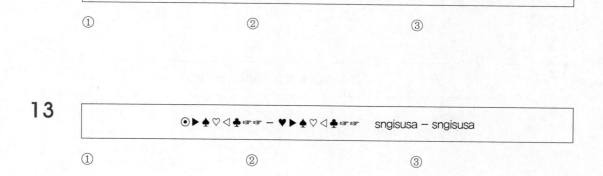

①   ②   ③

※ 다음 제시된 문자 또는 숫자를 비교하여 같으면 ①, 다르면 ②를 표시하시오. [14~17]

14

양배추소고기볶음 [　] 양배추소고기복음

　　　　①　　　　　　　　　　　②

15

IXiiEAOXx [　] IXiiEAOXx

　　　　①　　　　　　　　　　　②

16

やづごしどなる [　] やづごじどなる

　　　　①　　　　　　　　　　　②

17

傑琉浴賦忍杜家 [　] 傑瑜浴賦忍杜家

　　　　①　　　　　　　　　　　②

※ 다음 제시된 문자 또는 숫자와 같은 것을 고르시오. [18~20]

18

Mozart requiem K626

① Mozart requiem K626　　　② Mozort requiem K626
③ Mozart requiem K629　　　④ Mozart repuiem K626

19

Violin Sonata BB.124–Ⅲ

① Violin Sonata BB.124－Ⅲ　　　② Violin Sonota BB.124－Ⅲ
③ Violin Sonata BB.124－Ⅱ　　　④ Violin Sonata BP.124－Ⅲ

20

⑤0⑨①36⑤7④③3

① ⑤09①36⑤7④③3　　　② ⑤0⑨①36⑤7④③3
③ ⑤0⑨①36⑤7④⑤3　　　④ ⑤0⑨①36⑤7④⑧8

21 다음 제시된 문자 또는 숫자와 다른 것은?

DeCapua&Listz(1968)

① DeCapua&Listz(1968)　　　② DeCapua&Listz(1968)
③ DeCapua&Listz(1968)　　　④ DeCaqua&Listz(1968)

※ 다음 중 좌우가 서로 다른 것을 고르시오. [22~23]

22
① INQEOGUH － INQEOGUH
② 하사날고미다히여 － 하사날고마다히여
③ こやゆすどふいひ － こやゆすどふいひ
④ 13419760 － 13419760

23
① 닫각악닥산갇漣삭 － 닫각악닥산갇漣삭
② ⑦65④①9⑧5 － ⑦65④①⑨⑧5
③ $/〉〈*&!?$ － $/〉〈*&!?$
④ しでぷよりたくぢ － しでぷよりたくぢ

※ 다음에서 왼쪽에 표시된 굵은 글씨체와 같은 문자의 개수를 고르시오. [24~25]

24

| ∈ | ㅋㄷㄹㅌㄹㅋㄷㄴㄹㄹㅋㄴ∧∨∪ㄹ≫ㅌㄷㅋ≫≪∪ㄹ≥≤ㄹ〉〉〉ㄹㅌ∪ㅌㄹㅋ∪ㅌ |

① 5개　　　　　　　② 6개
③ 7개　　　　　　　④ 8개

25

| % | 1#%&(2=5($43!^%&9&#=0)9%×7=!)^60!*3#%2×6+0#%!@($^)5)%&!5*68$1 |

① 5개　　　　　　　② 6개
③ 7개　　　　　　　④ 8개

※ 다음 중 더해서 10이 나오는 알파벳을 고르시오. [26~27]

26

| A:6 B:5 H:14 C:12 K:4 M:3 P:11 |

① AK ② BC
③ KB ④ AP

27

| B:1 F:10 H:9 J:7 K:5 O:3 X:8 |

① BH ② BF
③ OK ④ JX

28 다음 중 합이 5가 되는 알파벳 쌍은?

| B:3 W:−1 D:4 C:−2 X:1 G:7 |

① GD ② DX
③ WD ④ BC

29 다음 중 합이 27이 되는 알파벳 쌍은?

| D:18 F:5 B:17 E:9 A:11 W:14 G:21 |

① BE ② ED
③ AD ④ EW

30 다음 중 어느 알파벳을 더해야 21이 나오는가?

| D:7 E:8 L:15 M:11 Q:6 S:9 T:12 |

① QS   ② LQ
③ DT   ④ EM

※ 다음 제시된 문자와 같은 것의 개수를 고르시오. [31~39]

31

| Θ |

θ	δ	π	ω	O	ρ	Ω	δ	η	φ	ψ	θ
φ	α	ψ	θ	φ	O	ζ	ω	θ	Θ	ζ	ρ
η	θ	α	δ	π	θ	O	Ω	α	δ	θ	Φ
O	Ω	Θ	ζ	Φ	δ	φ	O	ψ	α	Ω	δ
ρ	ζ	φ	π	θ	ω	π	ρ	ζ	ρ	η	Θ

① 1개   ② 2개
③ 3개   ④ 4개

32

| 080 |

080	003	686	020	800	020	868	800	030	090	008	686
668	020	086	030	003	008	090	020	800	868	086	668
003	800	020	686	080	086	800	030	868	090	686	090
800	686	003	868	008	030	020	090	800	086	008	800

① 1개   ② 2개
③ 3개   ④ 4개

33

통과											
당과	통쾌	탕과	통궤	당과	통궤	통쾌	통과	투과	당과	동과	당과
동과	통궤	당과	통과	탕과	투과	통궤	통쾌	통과	동과	통궤	동과
당과	통과	동과	탕과	통쾌	통과	투과	통쾌	투과	통과	탕과	당과
탕과	통과	동과	통궤	동과	통과	탕과	통쾌	통과	투과	통과	통궤

① 4개 ② 6개
③ 8개 ④ 10개

34

ホ											
ホ	ハ	エ	ウ	ホ	ヒ	ハ	ア	ケ	ハ	ア	ケ
エ	ホ	ウ	エ	ケ	ヒ	ケ	ア	ハ	ヒ	ア	エ
エ	ケ	ウ	ア	ウ	エ	ケ	ハ	ケ	ヒ	ハ	ア
ハ	ケ	ハ	ウ	ア	ホ	ケ	ヒ	ホ	ア	エ	ケ

① 4개 ② 5개
③ 6개 ④ 7개

35

0.58											
0.75	0.24	0.58	0.18	0.67	0.28	0.56	0.48	0.62	0.53	0.82	0.58
0.18	0.48	0.11	0.53	0.49	0.58	0.98	0.82	0.71	0.58	0.64	0.82
0.51	0.85	0.51	0.53	0.82	0.38	0.68	0.18	0.26	0.49	0.45	0.27
0.58	0.61	0.79	0.82	0.38	0.53	0.49	0.58	0.48	0.28	0.14	0.53

① 2개 ② 3개
③ 5개 ④ 6개

36

5248

2489	5892	8291	4980	2842	5021	5984	1298	8951	3983	9591	5428
5248	5147	1039	7906	9023	5832	5328	1023	8492	6839	7168	9692
7178	1983	9572	5928	4726	9401	5248	5248	4557	4895	1902	5791
4789	9109	7591	8914	9827	2790	9194	3562	8752	7524	6751	1248

① 1개 　　　　　　　　② 2개
③ 3개 　　　　　　　　④ 4개

37

5690

5190	5123	5918	2756	3829	5027	5321	4827	9301	5912	5690	5990
5417	5001	5890	1204	2940	9690	4920	5960	5690	4011	7207	7923
5690	5690	3479	1246	3272	5178	5698	5973	1268	6784	2561	8928
5228	7912	2546	5690	5680	1456	5690	5390	8257	9031	3683	1234

① 2개 　　　　　　　　② 3개
③ 5개 　　　　　　　　④ 6개

38

569

560	572	578	591	502	589	587	593	521	569	523	507
569	562	520	571	530	572	512	588	572	553	597	569
572	569	589	515	566	596	522	555	569	500	543	568
529	560	542	569	558	587	517	524	584	516	534	569

① 3개 　　　　　　　　② 5개
③ 7개 　　　　　　　　④ 8개

39

α											

α	ε	δ	γ	ε	β	δ	ε	δ	β	γ	δ
β	σ	β	σ	α	δ	ε	γ	γ	σ	β	ε
γ	ε	δ	α	β	σ	δ	σ	α	σ	α	σ
δ	σ	ε	γ	ε	γ	γ	δ	δ	γ	δ	

① 2개 ② 3개

③ 4개 ④ 5개

40

다음 제시된 기본문장과 다른 문장을 고르면?

[문 장] 이는 자연생태계(自然生態系)의 연관구조(聯關構造)를 분열(分裂)과 대립(對立), 투쟁(鬪爭)과 지배(支配)의 이분법적(二分法的) 관점(觀點)에서 해석(解釋)한 것이라고 볼 수 있다.	① 이는 자연생태계(自然生態系)의 연관구조(聯關構造)를 분열(分裂)과 대립(對立), 투쟁(鬪爭)과 지배(支配)의 이분법적(二分法的) 관점(觀點)에서 해석(解釋)한 것이라고 볼 수 있다.
② 이는 자연생태계(自然生態系)의 연관구조(聯關構造)를 분열(分裂)과 대립(對立), 투쟁(鬪爭)과 지배(技配)의 이분법적(二分法的) 관점(觀點)에서 해석(解釋)한 것이라고 볼 수 있다.	③ 이는 자연생태계(自然生態系)의 연관구조(聯關構造)를 분열(分裂)과 대립(對立), 투쟁(鬪爭)과 지배(支配)의 이분법적(二分法的) 관점(觀點)에서 해석(解釋)한 것이라고 볼 수 있다.

※ 다음 제시된 명제를 참이라 할 때 옳은 것을 고르시오. [1~3]

01

> 빨간 구슬의 무게는 파란 구슬과 노란 구슬의 무게의 합과 같다.

① 빨간 구슬이 파란 구슬보다 가볍다.
② 노란 구슬이 파란 구슬보다 무겁다.
③ 파란 구슬이 가장 크다.
④ 파란 구슬과 빨간 구슬을 합치면 노란 구슬보다 무겁다.

02

> 감자꽃은 유채꽃보다 늦게 피고 일찍 진다.

① 유채꽃이 피기 전이라면 감자꽃도 피지 않았다.
② 감자꽃과 유채꽃은 동시에 피어있을 수 없다.
③ 감자꽃은 유채꽃보다 오랫동안 피어있다.
④ 유채꽃은 감자꽃보다 일찍 진다.

03

> 털이 흰 토끼는 당근을 먹는다.

① 어떤 토끼는 털이 갈색이다.
② 모든 토끼는 당근을 먹는다.
③ 당근을 먹지 않는다면 흰 토끼가 아니다.
④ 당근을 먹지 않는 토끼는 없다.

04 다음 글을 읽고 바르게 추론한 것은?

> - A, B, C, D, E는 기숙사 501~505호 중 각 방당 한 명씩 살고 있다.
> - B는 C의 바로 왼쪽 방에 산다.
> - D는 가장 높은 숫자의 방에 산다.
> - A는 501호에 산다.

① B는 504호에 산다.

② C는 502호에 산다.

③ C가 504호에 살면, B는 503호에 산다.

④ B는 E보다 작은 숫자의 방에 산다.

05 다음 명제들이 모두 참이라면 도서관에 가는 사람은 누구인가?

> - 승우가 도서관에 가지 않으면 민우가 도서관에 간다.
> - 민우가 도서관에 가면 견우도 도서관에 간다.
> - 연우가 도서관에 가지 않으면 정우는 도서관에 간다.
> - 정우가 도서관에 가면 승우는 도서관에 가지 않는다.
> - 연우는 도서관에 가지 않았다.

① 정우, 민우, 견우

② 정우, 승우, 연우

③ 정우, 승우, 견우

④ 정우, 민우, 연우

06 다음 명제들이 모두 참일 때 한영이에 대한 설명으로 옳은 것은?

> - 축구를 좋아하는 사람은 골프를 좋아하지 않는다.
> - 야구를 좋아하는 사람은 골프를 좋아한다.
> - 야구를 좋아하지 않는 사람은 농구를 좋아한다.
> - 야구를 좋아하는 사람은 다정하다.
> - 농구를 좋아하지 않는 사람은 친절하다.
> - 한영이는 축구를 좋아한다.

① 골프를 좋아한다.

② 농구를 좋아한다.

③ 다정하다.

④ 친절하다.

07 기말고사를 치르고 난 후 A, B, C, D, E 5명의 친구가 다음과 같이 성적에 대해 이야기를 나누었다고 가정할 때, 다음 중 올바른 결론은?(단, 이 중 1명의 진술은 거짓이다)

> A : E는 1등이고, D는 C보다 성적이 높다.
> B : B는 E보다 성적이 낮고, C는 A보다 성적이 높다.
> C : A는 B보다 성적이 낮다.
> D : B는 C보다 성적이 높다.
> E : B는 D보다, A는 C보다 성적이 높다.

① B가 1등이다.　　　　　　　　② A가 1등이다.
③ E가 1등이다.　　　　　　　　④ B는 3등이다.

08 다음은 기현이가 체결한 A부터 G까지 7개 계약의 체결 순서에 관한 정보이다. 기현이가 5번째로 체결한 계약은?

> • B와의 계약은 F와의 계약에 선행한다.
> • G와의 계약은 D와의 계약보다 먼저 이루어졌는데, E와의 계약, F와의 계약보다는 나중에 이루어졌다.
> • B와의 계약은 가장 먼저 맺어진 계약이 아니다.
> • D와의 계약은 A와의 계약보다 먼저 이루어졌다.
> • C와의 계약은 G와의 계약보다 나중에 이루어졌다.
> • A와의 계약과 D와의 계약의 체결시간은 인접하지 않는다.

① A　　　　　　　　　　　　　② B
③ C　　　　　　　　　　　　　④ D

09 A, B, C, D, E 다섯 명을 포함한 여덟 명이 달리기 경기를 하였다. 그에 대한 정보가 다음과 같을 때, 항상 참인 것은?

> • A와 D는 연속으로 들어왔으나, C와 D는 연속으로 들어오지 않았다.
> • A와 B 사이에 3명이 있다.
> • B는 일등도, 꼴찌도 아니다.
> • E는 4등 또는 5등이고, D는 7등이다.
> • 5명을 제외한 3명 중에 꼴찌는 없다.

① C가 3등이다.
② A가 C보다 늦게 들어왔다.
③ E가 C보다 일찍 들어왔다.
④ B가 E보다 늦게 들어왔다.

10 남학생 A, B, C, D와 여학생 W, X, Y, Z가 있다. 어떤 시험을 본 뒤, 이 8명의 득점을 알아보았더니, 남녀 모두 1명씩 짝을 이루어 동점을 받았다. 다음을 모두 만족할 때, 옳은 것은?

- 여학생 X는 남학생 B 또는 C와 동점이다.
- 여학생 Y는 남학생 A 또는 B와 동점이다.
- 여학생 Z는 남학생 A 또는 C와 동점이다.
- 남학생 B는 여학생 W 또는 Y와 동점이다.

① 여학생 W는 남학생 C와 동점이다.
② 여학생 X와 남학생 B가 동점이다.
③ 여학생 Z와 남학생 C는 동점이다.
④ 남학생 D와 여학생 W는 동점이다.

※ 다음 글의 빈칸에 들어갈 알맞은 것을 고르시오. [11~18]

11

갑은 수학시험에서 을보다 15점이 낮다.
병의 점수는 갑의 점수보다 5점이 높다.
그러므로 _____

① 갑의 점수가 가장 높다.
② 갑의 점수가 병의 점수보다 높다.
③ 을의 점수가 병의 점수보다 낮다.
④ 갑의 점수가 가장 낮다.

12

> 만수는 어제 복실이네 집에 갔다.
> 영록이는 그제 만수네 집에 갔다.
> 복실이와 만수는 같은 마을에 산다.
> 그러므로 _____

① 영록이와 만수는 같은 마을에 산다.
② 영록이는 복실이가 사는 마을에 간 적이 있다.
③ 영록이는 만수보다 영희네 집에 먼저 갔다.
④ 만수는 영록이가 사는 마을에 간 적이 있다.

13

> 제주도로 신혼여행을 가면 몰디브로 여름휴가를 간다.
> _____
> 그러므로 여름에 몰디브로 휴가를 가지 않으면 겨울에 세부를 간다.

① 제주도로 신혼여행을 가지 않으면 겨울에 세부를 간다.
② 몰디브로 여름휴가를 가지 않으면 제주도로 신혼여행을 간다.
③ 겨울에 세부를 가면 몰디브로 여름휴가를 간다.
④ 겨울에 세부를 가지 않으면 제주도로 신혼여행을 가지 않는다.

14

> 비가 내리면 검은색 옷을 입는다.
> _____
> 그러므로 검은색 옷을 입지 않으면 흰색 모자를 쓰지 않는다.

① 검은색 옷을 입으면 비가 내린다.
② 비가 내리면 흰색 모자를 쓴다.
③ 비가 내리지 않으면 흰색 모자를 쓰지 않는다.
④ 흰색 모자를 쓰면 비가 내리지 않는다.

15

딸기 맛 사탕은 빨간색이다.
딸기 맛을 제외한 모든 사탕들은 동그랗다.
그러므로 _____

① 동그랗지 않은 사탕은 딸기 맛이 아니다.
② 빨간색 사탕은 동그랗다.
③ 빨간색이 아닌 사탕은 모두 동그랗다.
④ 딸기 맛 사탕은 동그랗다.

16

새끼 양이 검은 양이면 더위를 많이 탄다.
어미 양이 검은 양이면 새끼 양도 검은 양이다.
그러므로 _____

① 새끼 양이 검은 양이 아니면 어미 양은 검은 양이다.
② 어미 양이 더위를 많이 타면 새끼 양도 더위를 많이 탄다.
③ 새끼 양이 검은 양이면 어미 양은 더위를 많이 탄다.
④ 어미 양이 검은 양이면 새끼 양은 더위를 많이 탄다.

17

겨울에 눈이 오면 여름에 비가 온다.

_____
그러므로 여름에 비가 오지 않으면 가을에 서리가 내린다.

① 겨울에 눈이 오지 않으면 가을에 서리가 내린다.
② 여름에 비가 오지 않으면 겨울에 눈이 온다.
③ 가을에 서리가 내리면 여름에 비가 온다.
④ 가을에 서리가 내리지 않으면 겨울에 눈이 오지 않는다.

18

바람이 불면 별이 회색이다.
_____
그러므로 별이 회색이 아니면 사과가 떨어지지 않는다.

① 별이 회색이면 바람이 분다.
② 바람이 불면 사과가 떨어진다.
③ 바람이 불지 않으면 사과가 떨어지지 않는다.
④ 사과가 떨어지면 바람이 불지 않는다.

19 제시문 A를 읽고, 제시문 B가 참인지 거짓인지 혹은 알 수 없는지 고르면?

[제시문 A]
A : 아! 정말, 이 강아지 귀엽다. 요크셔테리어 아닌가?
B : 맞아, 강아지에 대해서 잘 아네.
A : 우와, 그런데 머리털을 보라색으로 브리치해서 더욱 앙증맞네.
B : 그렇지? 다음 번에는 연두색으로 분위기를 바꿔 볼까 봐.
A : 참, 그런데 아파트에서 강아지 키워도 돼?
B : 응, 이 강아지는 짖지 않아서 괜찮아.

[제시문 B]
짖지 않는 강아지는 아파트에서 키울 수 있다.

① 참   ② 거짓   ③ 알 수 없음

20 A~D의 4명은 각각 1명의 자녀를 두고 있는 아버지이다. 4명의 자녀 중 2명은 아들이고, 2명은 딸인 것이 알려져 있다. 아들을 가진 아버지인 2명은 사실대로 말하고 있다면 제시문 B가 참인지 거짓인지 혹은 알 수 없는지 고르면?

[제시문 A]
A : B와 C의 자녀는 아들이다.
B : C의 자녀는 딸이다.
C : D의 자녀는 딸이다.
D : A와 C의 자녀는 딸이다.

[제시문 B]
B의 자녀는 딸이다.

① 참　　　　　　② 거짓　　　　　　③ 알 수 없음

※ 다음 제시문을 읽고 각 문제가 항상 참이면 ①, 거짓이면 ②, 알 수 없으면 ③을 고르시오. [21~23]

• 혜빈이는 홀수 일에 출근을 하고, 동준이는 짝수 일에 출근을 한다.
• 이 회사에서는 월요일부터 일요일까지를 일주일로 치고 일주일마다 주급을 준다.
• 출근한 날짜에 따라서 돈을 받는다.

---

21 이번 달의 1일이 월요일이라면 셋째 주에는 동준이가 돈을 더 많이 벌었을 것이다.

① 참　　　　　　② 거짓　　　　　　③ 알 수 없음

---

22 이번 달이 30일까지 있다면 혜빈이와 동준이가 한 달 동안 번 돈은 같을 것이다.

① 참　　　　　　② 거짓　　　　　　③ 알 수 없음

---

23 1년 동안 혜빈이와 동준이가 번 돈은 같을 것이다.

① 참　　　　　　② 거짓　　　　　　③ 알 수 없음

- 지현이와 혜교는 3명의 남자아이들에게 초콜릿을 주었다.
- 지현이와 혜교는 초콜릿을 3개씩 가지고 있었고, 모든 초콜릿을 남자 아이들에게 주었다.
- 자신의 초콜릿 3개를 모두 한 명에게 준 여자아이는 없었다.
- 초콜릿을 가장 많이 받은 남자아이는 1명으로, 3개를 받았다.
- 지현이는 남자아이 1에게 초콜릿을 2개, 남자아이 2에게 초콜릿 1개를 주었다.

24 초콜릿을 하나도 받지 못한 남자아이는 없을 것이다.

① 참   ② 거짓   ③ 알 수 없음

25 혜교는 3명의 남자아이들에게 초콜릿을 각각 1개씩 주는 것이 가능하다.

① 참   ② 거짓   ③ 알 수 없음

26 남자아이 3이 초콜릿을 가장 적게 받았다면 남자아이 1은 초콜릿을 가장 많이 받았을 것이다.

① 참   ② 거짓   ③ 알 수 없음

※ 다음 제시문을 읽고 각 문제가 항상 참이면 ①, 거짓이면 ②, 알 수 없으면 ③을 고르시오. [27~28]

- 현수는 사탕을 4개 먹었다.
- 지연이는 사탕을 6개 먹었다.
- 민아는 현수보다 사탕을 많이 먹었다.
- 정원이는 지연이보다 사탕을 많이 먹었다.
- 혜원이는 현수보다 사탕을 많이 먹었고, 지연이보다 사탕을 적게 먹었다.

27 혜원이는 사탕을 5개 먹었다.

① 참   ② 거짓   ③ 알 수 없음

28 정원이는 민아보다 사탕을 많이 먹었다.

① 참   ② 거짓   ③ 알 수 없음

※ 다음 제시문을 읽고 각 문제가 항상 참이면 ①, 거짓이면 ②, 알 수 없으면 ③을 고르시오. [29~30]

- A, B, C, D, E가 지역축제 대기표를 받았다.
- A는 B보다 앞선 번호이다.
- B는 E보다 앞선 번호이다.
- C와 D는 이웃한 번호이고, C가 D보다 앞선 번호이다.

29 A가 세 번째 순서일 때, D가 첫 번째 순서이다.

① 참   ② 거짓   ③ 알 수 없음

30 E가 세 번째 순서일 때, D는 마지막 순서이다.

① 참   ② 거짓   ③ 알 수 없음

*상황판단능력은 정답이 따로 없으니, 참고하시기 바랍니다.

01 H 사원은 최근에 다른 F 부서로 이동하게 되었다. 그러나 새로운 F 부서는 이전의 S 부서와 달리 업무 분위기가 지나치게 경직되어 있다. 가령 F 부서에서 회의를 진행할 때면 U 부장의 입김이 너무 세서 사원들은 아이디어를 내기조차 어려운 상황이며 대리들도 사원과 다를 바 없이 U 부장의 비위를 맞추기에만 혈안이다. 이런 상황에서 당신이 H 사원이라면 어떻게 할 것인가?

① 다른 대리들처럼 U 부장의 비위를 맞추기 위해 열심히 아부한다.
② 기존에 일했던 S 부서로 이동해 달라고 요청한다.
③ U 부장과 친한 기존 S 부서의 E 부장을 찾아가 조심스레 건의해 달라고 요청한다.
④ F 부서의 다른 사원들과 합세하여 U 부장을 찾아가 건의해본다.

02 A 사원은 운동에 흥미가 없는데, 계속해서 같은 운동을 취미로 삼을 것을 강요하는 B부장 때문에 고민이다. 당신이 A 사원이라면 어떻게 하겠는가?

① 관계 유지 및 개선을 위해 요구를 받아들여 운동을 취미로 삼는다.
② 주말 등 별도의 시간을 투자하여 해당 운동에서 두각을 드러낼 수 있도록 한다.
③ B 부장에게 개개인의 특성을 고려하지 않은 업무 외의 일방적인 요구는 옳지 않다고 딱 잘라 말한다.
④ 비슷한 생각을 지닌 동료들과 B 부장에 대한 반대 여론을 만든다.

03 A 대리는 최근 무능력한 상사 B 과장 때문에 하루하루가 스트레스다. 업무를 같이 진행할 때 어떻게, 무엇을 진행해야 하는지 잘 모르는 것은 기본이고, A 대리가 한 일을 마치 B 과장 본인이 한 것처럼 가로채기 때문이다. 게다가 상사라는 이유 하나로 본인의 기분에 따라 A 대리를 시도 때도 없이 불러 압박을 주고 윽박지르는 통에 좋아하던 일까지 싫어질 정도로 스트레스를 받는다. 이런 상황에서 당신이 A 대리라면 어떻게 하겠는가?

① B 과장의 상사인 J 차장을 찾아가 면담을 신청한다.
② 그냥 바로 회사의 임원을 찾아가서 적절한 조치를 요청한다.
③ 회사의 친한 동기들에게 B 과장의 험담을 한다.
④ 이런 상황에서 회사를 계속 다니는 것은 비전이 없으므로 B 과장의 실체를 익명 게시판에 다 밝힌 후 퇴사한다.

04 B 사원은 토요일에 좋아하는 가수의 내한 콘서트를 가기로 되어있다. 1년 동안 기다렸던 공연인 만큼 B 사원은 큰 기대를 하고 있다. 그런데 바로 전날인 오늘 갑작스러운 업무가 생겨 D 팀장으로부터 주말 출근을 지시받았다. 이 상황에서 당신이 B 사원이라면 어떻게 하겠는가?

① 다른 사원에게 자신의 상황을 설명한 후 대신 출근을 해달라고 부탁한다.
② D 팀장에게 찾아가 갑작스러운 주말 근무는 부당하다고 말한다.
③ 자신의 불만을 표정과 행동으로 여과 없이 드러낸다.
④ 아쉽지만 업무가 우선이니 콘서트를 취소한다.

05 얼마 전부터 K 팀장이 업무수행 시 기존의 시스템이 아닌 새로운 시스템을 활용할 것을 지시했다. 그런데 A 사원이 보기에는 새로운 시스템은 다루기가 너무 어려울 뿐만 아니라 기존의 시스템에 전혀 문제가 없어 보인다. 이 상황에서 당신이 A 사원이라면 어떻게 하겠는가?

① 새로운 시스템으로 바꿀 필요가 없다고 생각하기 때문에 K 팀장의 지시와 상관없이 기존의 시스템을 활용한다.
② K 팀장에게 본인의 생각을 말한 후 기존의 시스템을 활용한다.
③ 새로운 시스템이 비효율적이라는 생각이 들더라도, K 팀장은 상사이기 때문에 지시에 무조건 순응해야 한다.
④ 어려운 부분에 대해서는 K 팀장에게 질문하고, 새로운 시스템에 익숙해지도록 노력한다.

06 경력직으로 새로 입사한 A 팀장의 업무 방식에 B 사원과 팀원들은 불만이 많다. B 사원은 아무리 경력직이라도 지금 회사의 스타일에 적응하고 업무를 진행해야 한다고 생각한다. 그런데 A 팀장은 B 사원과 팀원들의 말을 들으려고 하지도 않을뿐더러, 회사의 업무 방식, 스타일을 알려줘도 오히려 본인의 경력이 더 많은데, 왜 본인을 가르쳐 들려고 하냐며 되받아친다. 이런 상황에서 당신이 B 사원이라면 어떻게 하겠는가?

① B 사원 본인이 생각하는 바를 똑 부러지게 A 팀장에게 말한다.
② 팀원들과 함께 A 팀장을 험담한다.
③ A 팀장의 상사인 D 과장에게 팀을 이동해달라고 건의한다.
④ 회식 자리와 같은 비공식적 자리에서 넌지시 본인과 팀원들이 가지고 있는 불만을 이야기해본다.

07 C 사원은 새벽부터 몸이 좋지 않았다. 그러나 C 사원은 오늘 진행되는 중요한 프로젝트 회의의 발표 담당이다. 자신이 빠지면 팀에 피해가 된다는 것을 알지만, 금방 쓰러질 것 같이 몸 상태가 너무 좋지 않다. 이 상황에서 당신이 C 사원이라면 어떻게 하겠는가?

① 그래도 내 건강이 우선이기 때문에 상사에게 상황을 설명하고 결근을 한다.
② 일단 오전의 프로젝트 회의는 참여해서 마친 후 오후에 휴가를 낸다.
③ 결근하면 다른 팀원에게 피해를 줄 수 있으므로 아프더라도 참고 일을 한다.
④ 같은 팀의 팀원에게 전화로 상황을 설명한 후 자신의 발표를 대신 부탁한다.

08 D 대리는 전날 회식의 과음으로 인해 늦잠을 잤다. 8시까지 출근인데 눈을 떠 시계를 보니 이미 9시 30분이었다. 깜짝 놀라 일어나기는 했지만 어떻게 해야 할지 막막했다. 이 상황에서 당신이 D 대리라면 어떻게 하겠는가?

① 전날 회식이었기 때문에 자신의 사정을 이해해 줄 것으로 생각하고, 느긋하게 점심시간 이후로 출근한다.
② 지각보다는 아파서 결근하는 것이 낫다고 생각하여 상사에게 전화해 몸이 좋지 않아 결근한다고 말한다.
③ 늦게 출근하면 분명 혼날 것이기 때문에 그냥 무단으로 결근한다.
④ 상사에게 바로 전화하여 상황을 설명하고, 서둘러서 출근한다.

09 E 사원은 F 팀장이 매번 개인 물품을 회사로 보내 택배로 받는 것을 발견했다. E 사원은 한두 번도 아니고 매번 공용 물품이 아닌 개인 물품을 회사로 보내는 것은 옳지 않다고 생각한다. 이 상황에서 당신이 E 사원이라면 어떻게 하겠는가?

① F 팀장에게 찾아가 팀장으로서 행동에 모범을 보일 것을 조목조목 따진다.
② F 팀장의 상사를 찾아가 F 팀장의 잘못된 행동을 말한다.
③ 어차피 자기 일이 아니므로 모른 척한다.
④ F 팀장에게 자신이 생각하는 문제점을 공손하게 이야기한다.

10　A 사원은 얼마 전 입사하여 회사 생활에 전반적으로 만족감을 느끼고 있다. 업무 수행에 있어 아직은 서툴지만 모르는 것을 물어가며 열심히 하고 있다. 하지만 D 부장이 A 사원이 업무에 실수할 때마다 왠지 모르게 비꼬면서 혼내는 느낌이다. 이런 상황에서 당신이 A 사원이라면 어떻게 하겠는가?

① 어차피 자신이 실수한 부분이기 때문에 속상하더라도 참는다.
② D 부장에게 혼을 내더라도 비꼬지는 말 것을 주장한다.
③ D 부장의 상사를 찾아가 적절한 조치를 요청한다.
④ 다른 팀원들에게 D 부장의 언행으로 인해 겪는 스트레스를 호소한다.

11　C 사원은 최근 다른 부서로 이동하게 되었다. 그런데 인수인계를 하는 과정에서 몇 가지 업무를 제대로 전달받지 못했다. 하지만 상사는 C 사원이 당연히 모든 업무를 다 알고 있으리라 생각하고 업무를 지시한다. 상사가 지시한 업무를 하겠다고 대답은 했지만, 막상 하려니 어떻게 해야 하는지 당황스러운 상황이다. 이 상황에서 당신이 C 사원이라면 어떻게 하겠는가?

① 팀 공유 폴더의 지난 업무 파일들을 참고하여 업무를 수행한다.
② 상사에게 현재 상황을 솔직하게 이야기하고 모르는 부분에 대해 다시 설명을 듣는다.
③ 옆에 앉은 다른 팀원에게 자신의 업무를 대신 해달라고 부탁한다.
④ 자신이 할 수 있는 데까지 방법을 찾다가 그래도 안 되겠으면 다시 설명을 듣는다.

12　D 사원은 최근 업무를 수행하는 데 있어 스트레스를 받고 있다. E 팀장이 업무를 제대로 설명해 주지 않은 채 업무를 지시하기 때문이다. 이 상황에서 당신이 D 사원이라면 어떻게 하겠는가?

① E 팀장에게 자신이 어려움을 겪고 있는 부분을 솔직하게 이야기해 본다.
② 업무를 배분받을 때마다 자신의 불만을 표정으로 여과 없이 드러낸다.
③ 같은 팀의 사원에게 자신의 불만을 이야기하고 어려움을 상담한다.
④ 업무를 배분받을 때 우선은 알겠다고 한 뒤, 팀 공유 폴더의 기준을 따라 업무를 수행한다.

13 최근 A 대리의 팀은 원활한 업무 수행을 위해 메신저를 설치했다. 하지만 A 대리는 E 사원이 자신 몰래 메신저를 개인 용도로 사용하는 것을 발견했다. 몇 번 주의를 시켰지만, E 사원의 행동이 쉽게 고쳐지지 않는 상황이다. 이 상황에서 당신이 A 대리라면 어떻게 하겠는가?

① E 사원을 개인적으로 불러 마지막으로 한 번 더 주의를 시킨다.
② 팀원들이 다 같이 있는 공개적인 자리에서 E 사원을 혼낸다.
③ 팀 회의를 할 때 개인적인 용도로 메신저를 사용하는 것에 대한 행동의 옳고 그름을 회의 안건으로 상정한다.
④ 어차피 또 말을 하더라도 듣지 않으리라 판단하고 자신의 말을 듣지 않았으니 다른 방법으로 E 사원을 당황하게 한다.

14 A 사원의 같은 팀인 C 주임과 D 팀장은 유독 업무 수행에 있어 마찰이 심한 편이다. 신입사원인 A 사원은 C 주임, D 팀장 모두와 불편한 관계가 되고 싶지 않은데 업무를 할 때마다 괜히 눈치가 보이는 상황이다. 이 상황에서 당신이 A 사원이라면 어떻게 하겠는가?

① 다른 부서의 선배에게 현재 팀의 상황을 말하고, 조언을 구한다.
② 인사과에 다른 부서로 옮겨달라고 요청한다.
③ C 주임과 D 팀장 두 사람의 의견이 부딪힐 때는 모른 척한다.
④ 중간에서 두 사람을 조율하기 위해 자신이 할 수 있는 방법을 총동원해본다.

15 D 대리는 평소 깔끔하기로 회사에서 유명하다. 하지만 자신의 물품이나 책상 정리는 누구보다 깔끔하게 하면서, 공동구역을 엉망으로 사용하는 모습에 E 대리는 화가 난 상황이다. 이 상황에서 당신이 E 대리라면 어떻게 하겠는가?

① D 대리가 자리를 비운 사이 D 대리의 자리를 어질러 놓는다.
② D 대리에게 개인 구역처럼 공동구역도 깔끔하게 사용하라고 딱 잘라 말한다.
③ D 대리가 스스로 청소를 할 때까지 노골적으로 눈치를 준다.
④ 공개적인 자리에서 D 대리에게 공동구역 청소를 제대로 할 것을 요구한다.

16 평소에 B 사원은 남들보다 업무를 빨리 끝내는 편이다. 하지만 은근슬쩍 야근을 압박하는 팀 분위기 때문에 B 사원은 매번 정시에 퇴근하는 것이 눈치가 보인다. B 사원으로선 주어진 업무가 다 끝났는데 눈치를 보며 회사에 남아 있는 것이 시간을 허비하는 느낌이다. 이 상황에서 당신이 B 사원이라면 어떻게 하겠는가?

① 상사에게 현재 상황의 비효율성을 이야기하며 불만을 호소한다.
② 회사 익명 게시판에 야근을 강요하는 분위기에 대한 불만의 글을 올린다.
③ 인사과에 찾아가서 상황을 설명한 후 부서 이동을 요구한다.
④ 사원인 자신이 할 수 있는 일이 없으니 비효율적이지만 참고 야근을 한다.

17 G 사원은 평소 직장 동료들에게 인사를 잘한다. 그런데 옆 팀의 H 사원은 인사를 잘 하지 않을 뿐만 아니라, 본인의 기분에 따라 상대를 대하는 태도가 달라진다. G 사원은 서로 간의 인사는 직장 생활에서의 기본예절이라고 생각하기 때문에, F 사원의 행동이 잘못됐다고 생각한다. 이 상황에서 당신이 G 사원이라면 어떻게 하겠는가?

① F 사원을 개인적으로 불러, 인사의 중요성에 관해 이야기한다.
② F 사원의 행동의 잘못된 점에 대해 다른 동료들과 함께 험담한다.
③ 공개적인 장소에서 F 사원을 겨냥한 말을 은근슬쩍 한다.
④ F 사원의 행동이 잘못됐다고 생각하지만, 본인이 직접 깨달을 때까지 티를 내지 않는다.

18 C 사원은 최근 상사인 H 팀장 때문에 스트레스를 받고 있다. H 팀장이 업무 시간에 개인 심부름을 시키기 때문이다. 이 상황에서 당신이 C 사원이라면 어떻게 하겠는가?

① 같은 팀의 D 사원에게 이러한 상황을 토로한다.
② H 팀장에게 업무 시간에 개인 심부름은 옳지 않다고 딱 잘라 말한다.
③ 스트레스는 받지만 H 팀장이 상사이기 때문에 그냥 참는다.
④ H 팀장의 상사인 J 과장에게 이러한 상황을 말하고, 조언을 듣는다.

19 A 대리는 최근 들어 회사 생활에 회의감을 느끼고 있다. 업무도 예전만큼 재미가 없고, 동료들과의 관계도 서먹하다. 이러던 중에 평소 가고 싶던 회사의 경력직 공고가 났고 현 회사에 불만이 많았던 A 대리는 이직을 준비하려고 한다. 이 상황에서 당신이 A 대리라면 어떻게 하겠는가?

① 다른 회사의 이직 준비가 끝남과 동시에 현재 회사에 사직서를 제출한다.
② 자신이 곧 퇴사할 것을 같은 팀 사원에게만 넌지시 언급한다.
③ 적어도 한 달 전에 퇴사 의사를 밝힌 후, 이직을 준비한다.
④ 이직이 확실하게 정해진 것이 아니므로, 상황이 정해질 때까지는 아무에게도 알리지 않는다.

20 B 대리는 나이는 어리지만, 직급이 높은 A 팀장과의 호칭 문제로 많은 스트레스를 받고 있다. 이 상황에서 당신이 B 대리라면 어떻게 하겠는가?

① A 팀장에게 개인적으로 찾아가 회사는 공적인 자리인 만큼 예의를 갖출 것을 요구한다.
② 직급이 높다 하더라도 자신보다 나이가 어리기 때문에 똑같이 반말한다.
③ 상사인 C 과장을 찾아가 현재 상황을 설명하고, 조언을 구한다.
④ 자신과 똑같은 불만을 느낀 팀원을 찾아 같이 A 팀장을 험담한다.

21 F 사원은 점심시간마다 자신과 점심을 먹으며 상사의 험담을 하는 E 사원 때문에 많은 스트레스를 받고 있다. 입사 때부터 E 사원과 항상 같이 점심을 먹어왔기 때문에 점심 식사도 거절하기 어려운 상황이다. 이 상황에서 당신이 F 사원이라면 어떻게 하겠는가?

① E 사원에게 계속해서 험담하면 같이 식사를 하지 않을 것이라고 딱 잘라 말한다.
② E 사원이 험담하는 당사자에게 찾아가, E 사원이 험담하고 다님을 밝힌다.
③ 스트레스를 받지만 괜한 불화를 만들기 싫으므로 참는다.
④ 회식 자리와 같은 공개적인 자리에서 E 사원에게 험담하지 않을 것을 부탁한다.

22 I 팀장은 휴가를 가기 전 H 사원에게 자신이 자리를 비우는 일주일 동안 해야 할 일을 전달했다. H 사원은 다 할 수 있겠다고 말은 했지만, 막상 보니 주어진 시간에 비해 일의 양이 많아 일주일 동안 해야 할 할당량을 끝내지 못했다. 이 상황에서 당신이 H 사원이라면 어떻게 하겠는가?

① I 팀장이 업무 진행 상황을 묻기 전까지는 모른 척하고 계속 일을 한다.
② 일단은 업무가 완전히 진행되지 않았더라도, 중간 상황까지 I 팀장에게 보고한다.
③ I 팀장에게 일주일 동안 왜 일을 다 하지 못했는지에 대한 변명을 한다.
④ I 팀장이 물어보기 전 남은 업무를 옆 팀원에게 부탁하여 빨리 마무리 짓는다.

23 입사한 지 얼마 되지 않은 J 사원은 최근 회사생활에 어려움을 겪고 있다. H 팀장의 과도한 친절이 부담스럽기 때문이다. 처음에는 친해지기 위함이라 생각했는데 최근 들어 친해지려는 것 이상으로 자신의 사생활에 너무 많은 관심을 가지는 것 같은 느낌이다. 이 상황에서 당신이 J 사원이라면 어떻게 하겠는가?

① 같은 팀의 K 사원에게 자신의 고민을 상담하고 함께 해결방안을 찾아본다.
② H 팀장에게 자신의 감정과 상황에 대한 생각을 공손하게 이야기한다.
③ 괜히 이야기를 꺼냈다가 회사 생활이 어려울 수 있다는 걱정에 싫더라도 그냥 참는다.
④ H 팀장의 상사인 F 과장에게 찾아가 상황을 설명하고, 불편함을 호소한다.

24 A 사원의 팀은 매주 팀 회의를 한다. 팀 회의에서 새로운 프로젝트에 대한 서로의 아이디어를 공유하기도 하고 건의사항을 안건으로 다루기도 한다. 하지만 A 사원은 최근 들어 팀 회의에 참석하기가 싫어졌다. D 부장이 회의 시작 전 A 사원을 불러 A 사원의 아이디어를 들은 후, 회의할 때 은근슬쩍 자신의 아이디어로 가로채기 때문이다. 이 상황에서 당신이 A 사원이라면 어떻게 하겠는가?

① 공개적인 자리에서 왜 자신의 아이디어를 가로채는지 조목조목 따진다.
② 자신의 아이디어를 가로챘음에 화가 나지만, 상사이므로 어쩔 수 없이 참는다.
③ D 부장에게 개인적인 면담을 신청한 후, 자신의 감정을 솔직하게 이야기한다.
④ 프로젝트에 필요한 모든 보고서 및 문서에 자신의 아이디어임을 표시한다.

25 A 대리는 누구보다 열심히 프로젝트 발표를 준비해왔다. 그러나 발표 당일 상사인 T 팀장은 이번에 새로 입사한 U 사원에게 발표하라고 지시하였다. 발표를 준비해온 사람은 A 대리이지만, U 사원이 얼굴도 예쁘고 말도 잘하기 때문에 U 사원이 하는 발표가 훨씬 더 설득력이 있을 거라는 이유에서이다. 이런 상황에서 당신이 A 대리라면 어떻게 할 것인가?

① U 사원을 찾아가 발표를 못 하겠다고 하라고 강요한다.
② T 팀장에게 개인적으로 찾아가 발표를 잘 할 수 있다고 설득한다.
③ U 사원의 발표 도중에 끼어들어 준비했던 발표를 마치도록 한다.
④ 외모 때문에 자신의 능력을 인정받지 못했으므로 성형 수술을 한다.

26 S 대리는 최근 들어 회사 생활에 어려움을 느끼고 있다. S 대리가 속한 팀의 팀장인 R이 팀원들을 지나치게 편애하기 때문이다. 이에 따라 팀별로 회의를 진행할 때마다 S 대리가 아무리 좋은 아이디어를 내더라도 R 팀장은 듣는 둥 마는 둥 하지만 R 팀장이 아끼는 O 대리가 내는 아이디어라면 R 팀장은 칭찬부터 하고 본다. R 팀장의 편애로 인해 팀 성과 또한 형편없는 상황이다. 이런 상황에서 당신이 S 대리라면 어떻게 할 것인가?

① R 팀장의 부당함을 인사과에 신고하도록 한다.
② O 대리를 찾아가 절대 아이디어를 내지 못하도록 한다.
③ 팀 회의 자리에서 R 팀장의 태도를 시정할 것을 요구한다.
④ O 대리에게 R 팀장의 태도 시정을 건의해 달라고 요청한다.

27 S는 최근에 새로운 부서 R의 팀장으로 이동하였다. 그러나 R 부서의 사원들은 새롭게 부임한 팀장 S보다 부서 실무에 능통한 T 대리에게 의존하는 상황이다. 게다가 S는 우연한 기회에 R 부서의 직원들이 자신이 내린 지시보다 T 대리가 내린 지시를 참고하여 업무를 수행하고 있음을 알게 되었다. 이런 상황에서 당신이 S라면 어떻게 할 것인가?

① 개인적으로 T 대리에게 주의하라고 경고한 뒤에, T 대리의 도움을 받아 팀장의 역할을 다한다.
② T 대리만 빼놓고 단체 회식을 해서 친목을 다진다.
③ 회의 시간에 R 부서 내 사원들을 대상으로 훈계한다.
④ 자신만 없으면 잘 돌아가는 부서이므로 다른 부서로 옮기도록 한다.

28 A 팀장이 속한 팀은 높은 업무 성과를 자랑한다. 그러나 문제가 있다면 팀에 속한 B 사원과 C 대리가 지나치게 자주 다툰다는 점이다. A 팀장이 생각하기에는 업무를 처리할 때마다 B 사원과 C 대리 사이에 다툼이 발생하니, 팀 내 분위기가 자주 냉각되어 업무 효율이 떨어지는 것 같다. 당신이 A 팀장이라면 이런 상황에서 어떻게 하겠는가?

① B 사원과 C 대리 중 한 명을 다른 부서로 이동 조치한다.
② B 사원과 C 대리를 불러 화해를 유도한다.
③ B 사원과 C 대리를 불러 반복적인 갈등은 징계를 받을 수 있다고 경고한다.
④ 팀원들을 모두 불러 놓고 이와 같은 상황에 대해 전체에게 경고한다.

29 W 사원은 팀에서 아이디어 뱅크로 불릴 정도로 팀 업무와 직결된 수많은 아이디어를 제안하는 편이다. 그러나 상사인 B 팀장은 C 부장에게 팀 업무를 보고하는 과정에 있어 W 사원을 포함한 다른 사원들이 낸 아이디어를 자신이 낸 아이디어처럼 보고하는 경향이 있다. 이런 일이 반복되자 B 팀장을 제외한 팀 내의 사원들은 불만이 쌓인 상황이다. 이런 상황에서 당신이 W 사원이라면 어떻게 하겠는가?

① 다른 사원들과 따로 자리를 만들어 B 팀장의 욕을 한다.
② B 팀장이 보는 앞에서 C 부장에게 B 팀장에 대해 이야기한다.
③ 다른 사원들과 이야기한 뒤에 B 팀장에게 조심스레 이야기를 꺼내본다.
④ 회식 자리를 빌어 C 부장에게 B 팀장에 대해 속상한 점을 고백한다.

30 팀장 K의 팀은 유난히 회의가 많은 편이다. 게다가 지나치게 길어지는 회의로 인해 어떤 날은 맡은 업무를 끝내기 곤란할 정도이다. 그러나 매일같이 회의가 길어지는 이유는 다름 아닌 농담과 잡담 때문이다. K가 생각하기에는 평소에 사원들끼리 주고받는 농담과 잡담들만 줄인다면 업무에 방해받지 않을 정도로 회의 시간을 줄일 수 있을 것 같다. 이런 상황에서 당신이 K라면 어떻게 할 것인가?

① 온라인 메신저를 통해 회의를 대신할 것을 제안한다.
② 매일 회의를 진행하는 것이 아니라 특정 요일에만 회의를 진행하자고 제안한다.
③ 사무실의 책상 배치를 변경하여 항상 이야기하면서 업무를 처리하도록 한다.
④ 상벌점제를 도입하여 회의 시간에 농담하는 경우 벌점을 매기도록 한다.

01 미국 양적완화의 방법 중 하나인 오퍼레이션 트위스트(Operation Twist)를 시행할 때의 결과가 아닌 것은?

① 단기금리가 하락한다.
② 기업의 투자를 촉진시킨다.
③ 내수가 활성화된다.
④ 가계가 주택 매입에 적극성을 띤다.

02 환율이 상승할 때 나타나는 현상이 아닌 것은?

① 물가안정
② 수출증가
③ 수입감소
④ 주가상승

03 경기상황이 디플레이션일 때 나타나는 현상으로 옳은 것은?

① 통화량 감소, 물가하락, 경기침체
② 통화량 증가, 물가상승, 경기상승
③ 통화량 감소, 물가하락, 경기상승
④ 통화량 증가, 물가하락, 경기침체

04 다음 중 경기가 회복되는 국면에서 일시적인 어려움을 겪는 상황을 나타내는 것은?

① 스크루플레이션
② 소프트패치
③ 러프패치
④ 그린슈트

05 담보나 신용이 없어 제도권 금융을 이용하기 어려운 저소득층을 위한 소액대출 사업인 마이크로 크레디트를 우리말로 표현한 것은?

① 담보금융

② 저소금융

③ 미소금융

④ 작은금융

06 단기투자에 관한 설명 중 틀린 것은?

① 헤지펀드는 주가의 장·단기 실적을 두루 고려해 장·단기 모두에 투자하는 식으로 포트폴리오를 구성, 위험은 분산시키고 수익률은 극대화한다.

② 헤지펀드는 원래 조세회피 지역에 위장거점을 설치하고 자금을 운영하는 투자신탁으로 자금은 투자 위험을 회피하기 위해 펀드로 사용된다.

③ 스폿펀드는 3개월, 6개월 등 일정 기간 내에 정해 놓은 목표수익률이 달성되면 조기 상환되는 상품이다.

④ 뮤추얼펀드가 소수의 고액투자자를 대상으로 하는 반면, 헤지펀드는 다수의 소액투자자를 대상으로 공개모집한다.

07 주식 및 사채에 대한 설명으로 옳지 않은 것은?

① 보합은 주가가 아주 조금 상승했거나 하락했을 때 사용하는 용어로 상승했을 때는 강보합, 하락했을 때는 약보합이라고 한다.

② 불마켓은 경기가 상승하면서 주가가 장기적으로 오르는 시기를 말한다.

③ 액면은 채권 1장마다 권면에 표시되어 있는 1만 원, 10만 원, 100만 원 등의 금액을 지칭하며, 권면 금액 또는 원금이라고도 한다.

④ 발행이율은 액면에 대한 1개월당 이자의 월 이율을 의미한다.

08 선물시장이 급변할 경우 현물시장에 들어오는 프로그램 매매주문의 처리를 5분 동안 보류, 현물시장의 타격을 최소화하는 프로그램 매매호가 관리 제도를 무엇이라고 하는가?

① 코스피
② 트레이딩칼라
③ 사이드카
④ 서킷브레이커

09 지주회사에 대한 설명으로 옳지 않은 것은?

① 카르텔형 복합기업의 대표적인 형태이다.
② 한 회사가 타사의 주식 전부 또는 일부를 보유함으로써 다수기업을 지배하려는 목적으로 이루어지는 기업집중형태이다.
③ 자사의 주식 또는 사채를 매각하여 타 회사의 주식을 취득하는 증권대위의 방식에 의한다.
④ 콘체른형 복합기업의 전형적인 기업집중형태이다.

10 삼한시대에 천군이 지배하는 곳으로 국법이 미치지 못하는 신성 지역을 무엇이라 하는가?

① 우가
② 책화
③ 삼로
④ 소도

11 다음과 같은 업적을 남긴 신라의 왕은?

- 관료전 지급, 녹읍 폐지
- 진골 귀족 세력의 반란 진압
- 9주 5소경 체제의 지방 행정 조직 완비

① 무열왕
② 문무왕
③ 신문왕
④ 법흥왕

12 약 390만 년 전 나타난 최초의 인류는?

① 자바인

② 베이징인

③ 크로마뇽인

④ 오스트랄로피테쿠스 아파렌시스

13 다음 지도의 (가) 문명에 대한 설명으로 옳지 않은 것은?

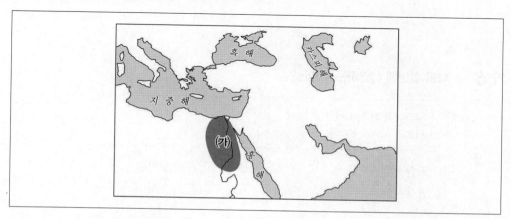

① 여러 명의 신을 섬겼다.

② 그림 문자를 사용하였다.

③ 피라미드, 미라, 사자의 서 등을 제작하였다.

④ 쐐기모양의 문자를 점토판에 새겨 사용하였다.

14 조선시대 이순신 장군은 임진왜란 때 일본군을 물리치는 데 큰 공을 세운 명장이다. 다음 중 이순신 장군이 참전하지 않은 전투는?

① 행주대첩

② 옥포대첩

③ 명량대첩

④ 노량해전

15 다음 조항이 포함된 조약에 대한 설명으로 옳지 않은 것은?

- 제1관 조선국은 자주국이며, 일본국과 평등한 권리를 가진다.
- 제4관 조선국은 부산 이외 두 곳의 항구를 개항하고 일본인이 왕래 통상함을 허가한다.
- 제10관 일본국 인민이 조선국이 지정한 각 항구에서 죄를 범할 경우 일본국 관원이 재판한다.

① 일본에게 최혜국 대우를 인정하였다.
② 외국과 맺은 최초의 근대적 조약이다.
③ 원산과 인천을 개항하는 계기가 되었다.
④ 치외법권을 인정한 불평등한 조약이다.

16 다음 설명에 해당하는 서원은?

- 우리나라 최초의 서원이다.
- 최초의 사액서원이다.

① 도산서원　　　　　　　② 무성서원
③ 병산서원　　　　　　　④ 소수서원

17 유교를 배움에 있어 가장 기본적이며 대표적인 명서인 「경전(經典)」을 「사서오경(四書五經)」이라 한다. 다음 중 「사서오경」 중 「오경」에 포함되지 않는 명서는?

① 춘추　　　　　　　　　② 예기
③ 시경　　　　　　　　　④ 중용

76　AI면접은 win 시대로 www.sdedu.co.kr/winsidaero

18 「한서지리지」에 다음의 법 조항을 만든 나라로 소개되는 국가는?

> • 사람을 죽인 자는 즉시 사형에 처한다.
> • 남에게 상처를 입힌 자는 곡물로써 배상한다.
> • 남의 재산을 훔친 사람은 노비로 삼고, 용서받으려면 한 사람당 50만 전을 내야 한다.

① 고구려　　　　　　　② 고조선
③ 발해　　　　　　　　④ 신라

19 다음 기사를 읽고 밑줄 친 '40대 여성'이 중독된 기계에서 사용되는 전자기파는?

> 미국에서 '태닝 중독' 40대 여성이 다섯 살배기 딸을 태닝 베드(인공 태닝기)에 들어가게 한 혐의로 체포돼 아동학대죄로 기소될 처지에 놓였다. 신문에 따르면 ○○(44)의 딸 ○○가 다니는 초등학교의 간호사는 지난달 ○○가 화상을 입은 것을 발견하고 그 이유를 물어봤다. ○○는 '엄마가 태닝 베드에 들어가게 했다.'며 '엄마와 함께 태닝을 했는데 뜨겁고 아팠다.'고 말한 것으로 알려졌다. 이에 학교 간호사는 뉴저지주 법률을 위반한 정황이라고 판단해 즉시 경찰에 신고했다. 뉴저지주 법은 피부암 발생 등을 이유로 14세 이하 청소년의 태닝 베드 사용을 금지하고 있다.

① 적외선　　　　　　　② 자외선
③ X선　　　　　　　　④ 가시광선

20 다음 중 엑셀의 데이터 입력 및 편집에 관한 설명으로 옳지 않은 것은?

① 한 셀에 여러 줄의 데이터를 입력하려면 Alt＋Enter를 이용한다.
② 음수는 숫자 앞에 '－' 기호를 붙이거나 괄호( )로 묶는다.
③ 셀에 날짜 데이터를 입력한 뒤 채우기 핸들을 아래로 드래그하면 1일 단위로 증가하여 나타낼 수 있다.
④ 시간 데이터는 세미콜론(;)을 이용하여 시, 분, 초를 구분한다.

21 다음 중 Windows 7에 설치된 프린터의 [인쇄 관리자] 창에서 할 수 있는 작업으로 옳지 않은 것은?

① 인쇄 중인 문서도 강제로 종료시킬 수 있다.
② 인쇄 중인 문서를 일시 중지하고 다른 프린터로 출력하도록 할 수 있다.
③ 현재 사용 중인 프린터를 기본 프린터로 설정할 수 있다.
④ 현재 사용 중인 프린터를 공유하도록 설정할 수 있다.

22 다음 중 Windows 7에서 [휴지통]에 관한 설명으로 가장 적절하지 않은 것은?

① 네트워크 드라이브에서 삭제한 파일은 [휴지통]에 들어가지 않는다.
② [휴지통] 공간이 부족하면 [휴지통]에 최근에 들어온 순서대로 파일이나 폴더가 차례로 지워진다.
③ 각 디스크 드라이브마다 [휴지통]의 크기를 다르게 설정할 수 있다.
④ [휴지통]에서 항목을 삭제하면 컴퓨터에서 거의 영구적으로 제거된다.

23 다음 중 '고문이나 불법 도청 등 위법한 방법으로 수집한 자료는 증거로 쓸 수 없다.'는 뜻의 법률 용어는?

① 독수독과   ② 배상명령
③ 작량감경   ④ 기소

24 다음 중 헌법재판소에서 권한쟁의심판의 판결이 가능한 정족수는?

① 재판관 5인 이상 출석, 출석 2/3의 찬성
② 재판관 6인 이상 출석, 출석 1/2의 찬성
③ 재판관 7인 이상 출석, 전원 찬성
④ 재판관 7인 이상 출석, 출석 과반수의 찬성

25 특별 의결정족수로 옳은 것은?

① 법률안의 재의결은 재적의원 과반수의 출석과 출석의원 과반수의 찬성이 있어야 한다.
② 국무총리·국무위원 해임건의는 재적의원 과반수 출석과 3분의 2 이상의 찬성이 있어야 한다.
③ 헌법개정안 발의는 재적의원 3분의 2 이상의 찬성이 있어야 한다.
④ 계엄령해제는 재적의원 과반수의 찬성이 있어야 한다.

26 채용 당시에는 비조합원이라도 일단 채용이 허락된 이후 일정한 견습 기간이 지나 정식 종업원이 되면 반드시 조합에 가입해야 하는 조합원 가입제도의 형태는?

① 클로즈드 숍
② 오픈 숍
③ 유니언 숍
④ 에이젼시 숍

27 노동조합의 운영제도에 있어서 숍제도가 양적인 파워를 확보하는 수단이라면, 질적인 확보수단은 다음 중 어느 것인가?

① 단체교섭제도
② 체크오프제도
③ 단결권제도
④ 경영참가제도

28 다음 내용이 지칭하는 사람을 고르면?

> • 이스라엘에서는 히틀러가 평소 숭배했다는 이유로 한때 '이 사람'의 곡을 금지했다고 한다.
> • 대표곡인 오페라 〈로엔그린〉의 제3막에서 나오는 혼례의 합창은 우리나라에서는 결혼행진곡으로 널리 알려져 있다.
> • 당시 작곡가로서는 드물게 매우 혁명적이고 미래지향적인 성격으로 유명하였다.

① 브람스
② 바그너
③ 슈만
④ 로시니

29 매년 아카데미 시상식 하루 전날 그 해의 최악의 영화를 선정하는 행사를 열어 작품상, 감독상, 남우 · 여우주연상, 남우 · 여우조연상, 각본상, 속편상, 커플상, 만회상 등을 선정해 트로피를 전달하는 영화상은?

① 그래미상　　　　　　　　　　② 오스카상
③ 에미상　　　　　　　　　　　④ 골든 라즈베리상

30 다음 내용과 관련 있는 사람은?

> • 한국의 화가(1916~1956)이며, 호는 대향(大鄕)이다.
> • 야수파의 영향을 받아 향토적이고 개성적인 그림을 남겼으며 우리나라에 서구 근대화의 화풍을 도입하는 데 공헌하였다.
> • 생활고로 담뱃갑 은종이에 그림을 많이 그렸는데, 예리한 송곳으로 그린 선화(線畵)는 표현의 영역을 넓혔다는 평가를 받는다.
> • 작품에 〈소〉, 〈흰소〉, 〈게〉 등이 있다.

① 김환기　　　　　　　　　　　② 백남준
③ 천경자　　　　　　　　　　　④ 이중섭

31 폼 작성기에서 작성된 컨트롤을 클릭한 후 방향키를 이용하여 이동시킬 때 사용되는 기능키(Function Key)는?

① Alt　　　　　　　　　　　　② Alt＋Shift
③ Ctrl　　　　　　　　　　　　④ Shift

32 다음 중 워드프로세서에서 Shift 키에 대한 설명으로 옳지 않은 것은?

① 문단을 강제로 분리할 때 사용한다.
② 한글 입력 시 위쪽의 글자를 입력할 때 사용한다.
③ 영어 입력 시 대/소문자를 전환하여 입력할 때 사용한다.
④ 다른 키와 조합하여 특수한 기능을 수행한다.

33 한글 Windows 7에서 열려진 창을 닫거나 프로그램을 종료할 때 사용하는 바로가기 키는?

① F5
② Alt+F4
③ Alt+Tab
④ F2

34 승무원을 부르는 방법으로 옳지 않은 것은?

① 좌석에 붙어있는 호출 버튼을 누른다.
② 승무원의 명찰을 보고 이름을 부른다.
③ 가볍게 손을 들어 승무원의 주의를 끈다.
④ 친근하게 반말을 사용한다.

35 항공기 이용 시에 짐을 관리하는 방법으로 옳지 않은 것은?

① 이착륙 시에는 무릎 위에 직접 안고 있는다.
② 머리 위 선반에 짐을 넣을 때에는 다른 승객들과 부딪히지 않도록 주의한다.
③ 착륙 후에는 항공기가 완전히 멈추고 승무원의 지시에 따라 선반에서 짐을 내린다.
④ 부피가 큰 짐은 미리 수하물로 부친다.

36 기내에서 지정된 좌석을 바꾸고 싶을 때 하는 행동으로 올바른 것은?

① 다른 좌석 승객에게 양해를 구하고 좌석을 바꾼다.
② 일단 지정된 좌석에 앉은 후 승무원에게 이야기한다.
③ 비어있는 좌석이라면 자유롭게 앉아도 무방하다.
④ 지정된 좌석은 무슨 일이 있어도 바꿀 수 없다.

37 다음 중 절에 대한 예절로 옳지 않은 것은?

① 맞절을 해야 되는 경우에는 평절로 한다.
② 제자 혹은 자녀의 친구일지라도 성년이라면 답배를 한다.
③ 웃어른은 답배 시 평절을 한다.
④ 또래 사이에 하는 절은 평절로 한다.

38 다음 빈칸에 들어갈 알맞은 말을 고르면?

> The girl _____ going to the movies with her boyfriend this Saturday.

① will
② she always was
③ she is
④ is

39 다음 글을 쓴 목적으로 알맞은 것은?

> Mrs. Brown, our English teacher, has just told us that you were in the hospital for an operation. I hope that you are feeling better now and that you will soon be completely recovered. We are all looking forward to your quick return. Please get well soon.

① 축하
② 위로
③ 요청
④ 항의

40 다음 글에서 표현된 사람의 직업은?

> This man is someone who performs dangerous acts in movies and television, often as a carrier. He may be used when an actor's age precludes a great amount of physical activity or when an actor is contractually prohibited from performing risky acts.

① conductor
② host
③ acrobat
④ stunt man

합격을 위한 최고의 선택!
2019 대기업 인적성검사 합격 대표도서

GSAT 삼성 3급

LG그룹

SKCT SK그룹

CAT · CJAT CJ그룹

KT그룹

금호아시아나그룹

GS그룹

HMAT 현대자동차그룹
통합편

ESAT 이랜드그룹 통합편

아모레퍼시픽
통합편

PAT 포스코그룹

DCAT 두산그룹 인문계

DCAT 두산그룹 이공계

LSIT 코오롱그룹

효성그룹

L-TAB 롯데그룹

현대백화점그룹

기출이 답이다
SKCT SK그룹

기출이 답이다
GSAT 삼성 3급

GSAT 삼성3급
봉투모의고사

※ YES 24 국내도서 해당분야 월별, 주별 BEST 기준 및 네이버 책 누적판매량

이 시대의 모든 합격 시대에듀

2019 하반기 채용대비

『최신기출문제+유형분석+모의고사』로 완벽대비!

금호
아시아나그룹

직무적성검사 및 한자시험

기출유형
분석 → 유형
익히기 → 조각
모의고사 → 최종정리
모의고사

종합편

정답 및 해설

편저 | SD적성검사연구소

(주)시대고시기획

시대북 통합서비스 앱 안내

연간 1,500여 종의 수험서와 실용서를 출간하는 시대고시기획, 시대교육, 시대인에서
출간 도서 구매 고객에 대하여 도서와 관련한 "실시간 푸시 알림" 앱 서비스를 개시합니다.

이제 시험정보와 함께 도서와 관련한 다양한 서비스를
스마트폰에서 실시간으로 받을 수 있습니다.

⑦ 사용방법 안내

1. 메인 및 설정화면

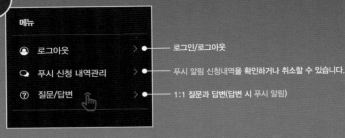

메뉴
- 🔘 로그아웃 ＞ ──── 로그인/로그아웃
- 💬 푸시 신청 내역관리 ＞ ──── 푸시 알림 신청내역을 확인하거나 취소할 수 있습니다.
- ⑦ 질문/답변 ＞ ──── 1:1 질문과 답변(답변 시 푸시 알림)

2. 도서별 세부 서비스 신청화면

메인의 "도서명으로 찾기" 또는 "ISBN으로 찾기"로 도서를 검색, 선택하면
원하는 서비스를 신청할 수 있습니다.

| 제공 서비스 |

- 최신 이슈&상식 : 최신 이슈와 상식(주 1회)
- 뉴스로 배우는 필수 한자성어 : 시사 뉴스로 배우기 쉬운 한자성어(주 1회)
- 정오표 : 수험서 관련 정오 자료 업로드 시
- MP3 파일 : 어학 및 강의 관련 MP3 파일 업로드 시
- 시험일정 : 수험서 관련 시험 일정이 공고되고 게시될 때
- 기출문제 : 수험서 관련 기출문제가 게시될 때
- 도서업데이트 : 도서 부가 자료가 파일로 제공되어 게시될 때
- 개정법령 : 수험서 관련 법령이 개정되어 게시될 때
- 동영상강의 : 도서와 관련한 동영상강의 제공, 변경 정보가 발생한 경우

* 향후 서비스 자동 알림 신청 : 추가된 서비스에 대한 알림을 자동으로
발송해 드립니다.

* 질문과 답변 서비스 : 도서와 동영상강의 등에 대한 1:1 고객상담

⑦ 앱 설치방법 　▶ Google Play　■ Available on the App Store

← 시대에듀로 검색 🎤

🎧 [고객센터]

1:1문의 http://www.sdedu.co.kr/cs

대표전화 1600-3600

본 앱 및 제공 서비스는 사전 예고 없이 수정, 변경되거나 제외될 수 있고, 푸시 알림 발송의 경우 기기변경이나 앱 권한 설정,
네트워크 및 서비스 상황에 따라 지연, 누락될 수 있으므로 참고하여 주시기 바랍니다.

금호아시아나 그룹 _{종합편}

종합편

정답 한눈에 보기

CHAPTER 07 직무상식능력

01 경제 · 경영   p.148

01	02								
②	①								

02 역 사   p.150

01	02								
①	①								

03 과학 · IT   p.152

01	02								
①	④								

04 사회 · 문화   p.154

01	02								
④	④								

05 예 절   p.156

01	02								
②	③								

06 영 어   p.158

01	02								
②	①								

07 조각모의고사   p.159

01	02	03	04	05	06	07	08	09	10
②	①	②	①	③	③	①	④	①	②
11	12	13	14	15	16	17	18	19	20
④	③	④	③	②	①	①	④	④	②
21	22	23	24	25	26	27	28	29	30
②	④	④	③	④	①	②	③	④	④
31	32	33	34	35	36	37	38	39	40
④	④	③	②	②	③	②	③	③	①

• PART 3 한자시험 •

01 유형 익히기   p.191

01	02	03	04	05	06	07	08	09	10
②	①	③	②	②	③	③	④	④	②
11	12	13	14	15	16	17	18	19	20
③	④	③	②	④	③	②	②	④	①
21	22	23	24						
③	②	①	①						

02 조각모의고사   p.199

01	02	03	04	05	06	07	08	09	10
④	②	③	④	③	④	①	④	③	④
11	12	13	14	15	16	17	18	19	20
②	②	④	④	②	①	②	③	①	①
21	22	23	24	25	26	27	28	29	30
④	①	②	③	③	③	③	④	②	④
31	32	33	34	35	36	37	38	39	40
④	③	①	③	③	④	④	①	①	③
41	42	43	44	45	46	47	48	49	50
③	④	④	④	④	④	④	③	②	④

• 최종정리 모의고사 •

01 언어능력   p.003

01	02	03	04	05	06	07	08	09	10
③	④	②	③	④	②	③	②	③	②
11	12	13	14	15	16	17	18	19	20
②	③	④	④	④	③	②	③	③	④
21	22	23	24	25	26	27	28	29	30
④	③	②	④	①	③	①	④	①	③
31	32	33	34	35	36	37	38	39	40
③	①	②	④	②	④	④	④	①	②

02 수리능력   p.020

01	02	03	04	05	06	07	08	09	10
②	③	②	①	③	②	④	②	④	①
11	12	13	14	15	16	17	18	19	20
②	③	①	②	③	①	④	②	③	①
21	22	23	24	25	26	27	28	29	30
③	②	②	③	④	④	④	③	③	④

03 추리능력   p.032

01	02	03	04	05	06	07	08	09	10
④	②	②	③	④	③	③	②	④	①
11	12	13	14	15	16	17	18	19	20
④	③	②	①	③	④	④	②	③	③
21	22	23	24	25	26	27	28	29	30
②	④	①	③	④	②	④	①	②	④
31	32	33	34	35	36	37	38	39	40
②	①	③	②	②	④	①	②	③	③

04 사무지각능력   p.041

01	02	03	04	05	06	07	08	09	10
①	②	③	③	②	①	②	③	③	④
11	12	13	14	15	16	17	18	19	20
②	③	①	②	①	②	②	①	①	②
21	22	23	24	25	26	27	28	29	30
④	②	②	①	②	①	①	②	②	②
31	32	33	34	35	36	37	38	39	40
③	②	④	②	④	③	④	③	④	②

05 분석판단능력   p.052

01	02	03	04	05	06	07	08	09	10
④	①	③	③	①	②	③	④	②	④
11	12	13	14	15	16	17	18	19	20
④	②	①	③	③	④	①	③	①	②
21	22	23	24	25	26	27	28	29	30
②	①	②	①	①	③	①	③	②	①

07 직무상식능력   p.072

01	02	03	04	05	06	07	08	09	10
①	①	①	②	③	④	④	③	①	④
11	12	13	14	15	16	17	18	19	20
③	④	④	①	①	④	④	②	②	④
21	22	23	24	25	26	27	28	29	30
②	②	①	④	④	③	②	②	④	④
31	32	33	34	35	36	37	38	39	40
③	①	②	④	①	②	③	④	②	④

정답 및 해설

I Wish you the best of luck!

(주)시대고시기획
(주)시대교육

www. **sidaegosi**.com

시험정보 · 자료실 · 이벤트
합격을 위한 최고의 선택

시대에듀

www. **sdedu**.co.kr

자격증 · 공무원 · 취업까지
BEST 온라인 강의 제공

1 어 휘

문제 p.008

01	02	03	04	05	06	07	08	09	10	11	12	13	14	15					
①	③	④	①	②	②	②	②	②	④	④	①	④	①	④	④				

01
정답 ①

'도야'는 '훌륭한 사람이 되도록 몸과 마음을 닦아 기름을 비유적으로 이르는 말'이라는 뜻으로, 유의어는 ①이다.
• 수련 : 인격, 기술, 학문 따위를 닦아서 단련함

오답확인

② 어떤 처지나 상태에 부닥침
③ '풀을 바른다.'는 뜻으로, '명확하게 결말을 내지 않고 일시적으로 감추거나 흐지부지 덮어 버림'을 비유적으로 이르는 말
④ '물을 건너 찾아다닌다.'는 뜻으로, '많은 책을 널리 읽거나 여기저기 찾아다니며 경험함'을 이르는 말

02
정답 ③

'토로'는 '마음에 있는 것을 죄다 드러내서 말함'이라는 뜻으로 반의어는 ③이다.
• 은폐 : 덮어 감추거나 가리어 숨김

오답확인

① 공경하면서 두려워 함
② 사물이 서로 어울리지 아니하고 마주침
④ 어떤 사물을 특징지어 두드러지게 함

03
정답 ④

부분과 전체 관계로 뿌리는 나무의 한 부분이다.

오답확인

①·②·③ 상하 관계로 왼쪽의 낱말은 하위어, 오른쪽의 낱말은 상위어이다.

04
정답 ①

제시문의 '놀다'는 '어떤 일을 하다가 중간에 일정한 동안을 쉬다.'를 뜻한다.

오답확인

② 고정되어 있던 것이 헐거워져서 이리저리 움직이다.
③ 태아가 꿈틀거리다.
④ 놀이나 재미있는 일을 하면서 즐겁게 지내다.

05
정답 ②

종심(從心)은 70세를 달리 이르는 말이다.

오답확인

① 환갑(還甲)이라고도 하며, 육십갑자의 '갑(甲)'으로 되돌아온다.'는 뜻으로, 61세를 이르는 말
③ 88세를 이르는 말
④ '百'에서 '一'을 빼면 99가 되고 '白'자가 되는 데서 유래한 말로, 99세를 이르는 말

06
정답 ②

'접'은 채소나 과일 따위 100개를 묶어 세는 단위이다.

오답확인

① 북어 20마리
③ 바늘 24개
④ 고등어를 크고 작은 2마리로 묶어 놓은 단위

07
정답 ②

누나의 남편을 '매형(妹兄)'이라고 하며, 여동생의 남편은 '매제(妹弟)'라고 한다.

08 정답 ②

'곡우'는 청명과 입하 사이에 들며, 봄비가 내려서 온갖 곡식이 윤택해진다고 한다. 양력으로는 4월 21~22일경이다.

오답확인
① 하지와 대서 사이에 들며, 이때부터 본격적인 무더위가 시작된다. 7월 7~8일경이다.
③ 입추와 백로 사이에 들며, 태양이 황경 150도에 달한 시각으로 8월 23일경이다.
④ 처서와 추분 사이에 들며, 9월 8일경이다.

09 정답 ④

• 이모 : 어머니의 여자형제를 이르거나 부르는 말
• 외삼촌 : 어머니의 남자형제를 이르는 말

오답확인
• 고모 : 아버지의 여자형제를 이르거나 부르는 말
• 삼촌 : 아버지의 결혼하지 않은 남자형제를 이르거나 부르는 말

10 정답 ④

'백로(白露)'는 가을에 속하는 절기로, 처서(處暑)와 추분(秋分) 사이에 들며, 9월 8일경이다. 겨울에 속하는 절기로는 '입동(立冬), 동지(冬至), 소한(小寒), 대한(大寒)' 등이 있다.

오답확인
① 2월 19~20일경
② 6월 6~7일경
③ 10월 23일경

11 정답 ①

'깐깐오월'은 하지(夏至)가 지나고 나면 해가 길어져서 일하기 지루한 음력 5월을 이르는 말이다.

오답확인
② 말이나 사리의 앞뒤 관계가 빈틈없이 딱 들어맞다.
③ 다른 사람으로 하여금 자기에게 가까이할 수 있도록 속을 터주다.
④ 능청스러운 수단을 써서 남의 환심을 사다.

12 정답 ④

④는 일이 안되려면 하는 모든 일이 잘 안 풀리고 뜻밖의 큰 불행도 생긴다는 말로 불운을 나타내고, 나머지 ① · ② · ③은 천성을 나타낸다.

오답확인
① 제 본성은 그대로 지님을 비유적으로 이르는 말
② 본바탕이 좋지 아니한 것은 어떻게 하여도 그 본질이 좋아지지 아니함을 비유적으로 이르는 말
③ 배우거나 익히지 않아도 타고난 천성은 저절로 드러남을 비유적으로 이르는 말

13 정답 ①

• 효시(嚆矢) : 어떤 사물이나 현상이 시작되어 나온 맨 처음을 비유적으로 이르는 말. 전쟁을 시작할 때 우는 살을 먼저 쏘았다는 데에서 유래

14 정답 ④

제시문은 '일을 하려면 먼저 그 일의 목적지에 가야 한다.'는 뜻으로, 일이 성공하려면 조건이 갖추어져야 한다는 ④가 적절하다.

15 정답 ④

• 군불에 밥 짓기 : 어떠한 일에 덧붙여서 일을 쉽게 함

오답확인
① 대추나무에 연 걸리듯 하다 : 여기저기에 빚을 많이 진 것을 뜻함
② 말 타면 종 두고 싶다 : 사람의 욕심이란 한이 없음을 뜻함
③ 바늘 도둑이 소도둑 된다 : 작은 나쁜 짓도 자꾸 하게 되면 큰 죄를 저지르게 됨을 뜻함

01	02	03	04	05	06	07	08	09								
④	④	①	③	①	②	①	②	④								

01

정답 ④

(나)는 '다원주의적 문화 정체성'에 관해 긍정적으로 평가하며 반드시 필요한 것이라고 하였으므로 영어 공용화 국가를 긍정적 측면에서 설명하는 (다)의 뒤에 오는 것이 자연스럽다. 그리고 (마)는 영어 공용화 국가의 예시에 해당하므로 (나)의 뒤에 이어져야 하며, (가)의 '이'는 싱가포르인들의 다양한 민족어 수용정책을 뜻하므로 (마) 다음에 배치해야 한다. 또한 (라)는 영어 공용화 국가와 대비되는 단일 민족 단일 모국어 국가의 예로 한국을 들며 또 다른 화제를 제시하고 있으므로 가장 마지막에 배치되어야 한다. 따라서 (다) － (나) － (마) － (가) － (라) 순이다.

02

정답 ④

(라)는 (가)의 설명을 뒷받침해주는 문장이므로 (가) － (라) 순으로 이어져야 하고, (다)는 언어에 있어 은유가 본질적이라는 (가)와 (나)의 주장에 반론을 펼치면서 다시 부연설명을 하고 있으므로, (가)와 (라)의 뒤에 이어지는 것이 적절하다. (마)는 언어 자체에 뿌리박혀 있는 은유에 관한 예시이고, (나)는 언어뿐 아니라 철학에도 스며들어 있는 은유의 예시에 해당하므로 (마) － (나) 순으로 이어지는 것이 자연스럽다. 따라서 (가) － (라) － (다) － (마) － (나) 순으로 배치하는 것이 적절하다.

03

정답 ①

빈칸의 앞부분에서는 위기 상황을 제시하고 있고, 뒷부분에서는 인류의 각성을 촉구하는 내용을 다루고 있다. 앞뒤의 내용을 논리적으로 연결시키기 위해서는 각성의 당위성을 이끌어내는 데 필요한 전제가 들어가야 하므로 빈칸에는 ①이 가장 적절하다.

04

정답 ③

앞뒤 문맥의 의미에 따라 추론하면 기업주의 이익 추구에 따른 병폐가 소비자에게 간접적으로 전해진다는 뜻이다. 따라서 빈칸에 들어갈 말로 가장 적절한 것은 기업주의 선택에 관해 비판적인 ③이다.

05

정답 ①

빈칸의 다음 문장에서 '외래어가 넘쳐나는 것은 고도성장과 결코 무관하지 않다.'라는 설명은 '사회의 성장과 외래어의 증가는 관계가 있다.'는 것과 일맥상통하므로 빈칸에는 이를 포함하는 일반적 진술인 ①이 와야 한다.

06

정답 ②

제시문은 단순히 지방문화 축제의 특성을 설명하는 것이 아니라 지역문화 축제의 장점을 인식함으로써 지방자치 단체가 지역민들의 삶의 질을 높이고, 지역의 발전을 위해 각 지역에 적합한 지방문화축제의 개발을 촉구하고 있다.

07

정답 ①

(가)와 (나)는 서로 다른 영역을 탐구 대상으로 하며 독립적으로 존재하지만 큰 테두리에서 보면 상호 보완적으로 작용하고 있다. 법과 관습도 서로 다른 양상으로 작용하지만 '바람직한 행동의 추구'라는 보다 포괄적인 측면에서는 상호 보완적으로 작용한다.

08

정답 ②

뿌리 주변에서 멀리 떨어진 곳은 황량하다는 점에서 '사막'에 대응되고, 뿌리 주변은 안락한 서식 환경을 제공한다는 점에서 '오아시스'에 대응된다. 그리하여 근권미생물에게 뿌리 주변은 '사막의 오아시스'와 같다는 것을 알 수 있다.

09

정답 ④

마지막 단락에서 '그리고 병원균이나 곤충, 선충에 기생하는 종들을 사용한 생물 농약은 유해 병원균이나 해충을 직접 공격하기도 한다.'라고 설명했다.

01	02	03	04	05	06	07	08	09	10	11	12	13	14	15	16	17	18	19	20
④	①	③	②	①	④	③	④	③	②	④	①	②	②	①	②	①	④	②	③
21	22	23	24	25	26	27	28	29	30	31	32	33	34	35	36	37	38	39	40
②	④	③	①	④	④	①	①	②	②	①	③	②	②	③	③	①	③	④	③

01   정답 ④

'비등(比等)'은 '비교하여 볼 때 서로 비슷함'이라는 뜻으로, 유의어는 ④이다.
• 상당 : 일정한 액수나 수치 따위에 해당함

오답확인

① 과거에까지 거슬러 올라가서 미치게 함
② 어떤 곳을 향하여 세차게 달려듦
③ 어떤 행위나 권리의 행사를 자유로이 하지 못하도록 강압적으로 얽어매거나 제한함

02   정답 ①

'아성(牙城)'은 '아주 중요한 근거지를 비유적으로 이르는 말'로, 유의어는 ①이다.
• 근거 : 근본이 되는 거점 또는 어떤 일이나 의논, 의견에 그 근본이 됨

오답확인

② 망설여 일을 결행하지 아니함
③ 남의 권리나 인격을 짓밟음
④ 까마득함

03   정답 ③

'미쁘다'는 '믿음성이 있다.'라는 뜻으로 유의어는 ③ 미덥다이다.

오답확인

① 애쓴 보람 없이 헛일로 되다.
② 젖거나 서려 있는 모습이 가지런하고 차분하다.
④ 1. 무디어진 연장의 날을 불에 달구어 두드려서 날카롭게 만들다.
　 2. 마음이나 의지를 가다듬고 단련하여 강하게 하다.

04   정답 ②

'맞히다'는 '맞다'의 사동사로, 과거형으로 쓰면 '맞혔다'로 쓰는 것이 옳은 표현이다.

05   정답 ①

북어를 세는 단위는 '쾌'로, 한 쾌는 북어 20마리를 뜻한다. 오징어를 셀 때는 '축'이라는 단위를 쓰며, 한 축은 오징어 20마리를 뜻한다.

06   정답 ④

• 사금파리 : 사기그릇의 깨어진 작은 조각

오답확인

① 1. 때를 가리지 아니하고 군음식을 자꾸 먹음. 또는 그런 입버릇
　 2. 맛이나 재미, 심심풀이로 먹는 음식
② 1. 가늘고 약한 물건이나 사람
　 2. 간사한 사람이나 물건
③ 1. 맨 처음으로 물건을 파는 일. 또는 거기서 얻은 소득
　 2. 맨 처음으로 부딪는 일

07   정답 ③

빈칸에 들어갈 알맞은 말은 ③ 개밥바라기이다.

오답확인

① 모르는 사이에 조금씩 조금씩
② '은하수'의 제주 방언
④ 뱃사람들의 은어로 '남풍(南風)'을 이르는 말

08   정답 ④

다문화정책의 두 가지 핵심을 밝히고 있는 (다)가 가장 처음에 온 뒤 (다)의 내용을 뒷받침하기 위해 프랑스를 사례로 든 (가)를 두 번째에 배치하는 것이 자연스럽다. 그 다음으로는 이민자에 대한 지원 촉구 및 다문화정책의 개선 등에 관한 내용이 이어지는 것이 글의 흐름상 적절하므로, 이민자에 대한 배려의 필요성을 주장하는 (라), 다문화정책의 패러다임 전환을 주장하는 (나) 순으로 연결되어야 한다. 따라서 (다) ─ (가) ─ (라) ─ (나)의 순서로 배열해야 한다.

09 정답 ③

제시문은 행동주의 학자들이 생각하는 언어 습득 이론과 그 원인을 설명하고, 이를 비판하는 입장인 촘스키의 언어 습득 이론을 설명하는 내용의 글이다. 따라서 (라) 행동주의 학자들의 언어 습득 이론 − (가) 행동주의 학자들이 주장한 언어 습득의 원인 − (다) 행동주의 학자들의 입장에 대한 비판적 관점 − (마) 언어학자 촘스키의 언어 습득 이론 − (나) 촘스키 이론의 의의 순으로 배열해야 한다.

10 정답 ②

제시된 단락에서 담배가 약초가 아님을 밝히고 있으므로 바로 다음에 이어질 단락으로는 담배의 유해성에 관해 설명한 (라)가 오는 것이 적절하며, 담배의 유해성을 뒷받침해줄 수 있는 건강보험공단의 연구결과인 (가)가 두 번째로 이어져야 한다. 또한 (다)의 '이와 같은 담배의 유해성'은 앞서 언급한 (라)와 (가)의 내용을 가리키는 것이므로 (다)가 세 번째 순서에 배치되어야 하며, (다)에서 설명한 담배회사와의 소송에 관한 내용이 (나)에서 이어지고 있으므로 가장 마지막에 배치되는 것이 자연스럽다.

11 정답 ④

'눈이 나오다'는 '몹시 놀라다.'라는 뜻의 관용구로, '눈이 나올 정도로 많은 음식을 차려 놓았다.'라고 사용될 수 있다.

12 정답 ①

'발이 맞다'는 '여러 사람이 걸을 때에 같은 쪽의 발이 동시에 떨어지다.' 또는 '여러 사람의 말이나 행동이 같은 방향으로 일치하다.'라는 뜻의 관용구이다.

오답확인
② '발을 빼다'는 '어떤 일에서 관계를 완전히 끊고 물러나다.'라는 뜻으로, '발을 씻다'라고 사용하기도 한다.
③ '발이 넓다'는 '사귀어 아는 사람이 많아 활동하는 범위가 넓다.'라는 뜻의 관용구이다.
④ '발을 구르다'는 '매우 안타까워하거나 다급해하다.'라는 뜻의 관용구이다.

13 정답 ②

• 밝습니다 → 밝으십니다 : 높여야 할 대상의 신체 부분에도 '−(으)시'를 결합하여 높임을 나타내야 한다.

오답확인
① 어미 '−(으)시'를 결합하여 말씀을 간접적으로 높인다.
③ 상대높임법의 '해라체(아주 낮춤)'를 사용한 높임법이다.
④ 객체를 높이기 위해 '모시다'라는 서술어를 사용한다.

14 정답 ②

'개발'은 '토지나 천연자원 따위를 유용하게 만든다.'는 뜻으로 쓰이고, '계발'은 '슬기나 재능, 사상 따위를 일깨워 준다.'는 뜻으로 쓰인다. 따라서 ② 개발, 계발이 알맞다.

15 정답 ①

제시문은 거친 붓질과 강렬한 색감의 작품, 스스로 귀를 자를 정도로 광기에 사로잡혔던 화가 빈센트 반 고흐에 대한 글이다. '자화상을 들여다보는 순간 우리 내면은 장렬하게 폭파돼 버린다.'와 '천재적인 예술가가 자신을 묶어 가두는 세상으로부터 탈주하여 스스로의 세계를 만들어가는 한 편의 드라마'라는 대목에서 괄호 안에 들어갈 단어는 '광기'라는 것을 유추할 수 있다.

16 정답 ②

첫 번째는 풍자, 세 번째는 손님, 네 번째는 임명의 의미이다. 따라서 빈칸에 들어갈 단어는 자로 시작해서 손으로 끝나는 단어 자손의 의미인 ②가 적절하다.

오답확인
① 시계, ③ 자식, ④ 명품

17 정답 ①

부사 '다시'는 여러 가지 의미로 사용되는데, 제시문의 '다시'는 '이전 상태로 또'의 뜻으로 쓰였다. 이와 유사하게 쓰인 문장은 ①이다.

오답확인
② 방법이나 방향을 고쳐서 새로이
③ 하던 것을 되풀이해서
④ 하다가 그친 것을 계속하여

18

정답 ④

제시문의 '누르다'는 '마음대로 행동하지 못하도록 힘이나 규제를 가하는 것'을 의미하며, 이와 같은 의미는 ④이다.

오답확인
① 경기나 경선 따위에서 상대를 제압하여 이기다.
② 자신의 감정이나 생각을 밖으로 드러내지 않고 참다.
③ 같은 장소에 계속 머물다.

19

정답 ②

제시문의 '청사진'은 '미래에 대한 희망적인 계획이나 구상'을 의미하며, 이와 같은 의미는 ②이다.

20

정답 ③

제시된 단어는 유의어이다. ③은 유의 관계이고, ①, ②, ④는 반의 관계이다.

21

정답 ②

제시된 단어는 반의어이다. ②는 반의 관계이고, ①, ③, ④는 유의 관계이다.

22

정답 ④

제시된 단어는 유의어이다. ①, ②, ③은 유의 관계이고, ④는 반의 관계이다.

23

정답 ③

제시된 단어는 반의어이다. ①, ②, ④는 반의 관계이고, ③은 유의 관계이다.

24

정답 ①

기술이 내적인 발전 경로를 가지고 있다는 통념을 비판하기 위해 다양한 사례 연구를 논거를 인용하고 있다. 따라서 인용하고 있는 연구 결과를 반박할 수 있는 자료가 있다면 글쓴이의 주장은 설득력을 잃게 된다.

25

정답 ④

초기의 독서는 낭독이 보편적이었고, 12세기 무렵 책자형 책이 두루마리 책을 대체하면서 묵독이 가능하게 되었다. 따라서 책자형 책의 출현으로 묵독의 확산이 가능해졌다고 할 수 있다.

26

정답 ④

채색화에서는 다양한 색상을 사용하기 때문에 수묵화에서보다 준법이 그다지 중시되지 않았다. 따라서 ④ 채색화에서 사용되지 않은 준법은 무엇인가에 대한 답변 내용은 제시된 글에서 찾을 수 없다.

27

정답 ①

'휴리스틱'의 개념 설명을 시작으로 휴리스틱을 이용하는 방법인 '이용가능성 휴리스틱'에 대한 설명과 휴리스틱의 문제점인 '바이어스(Bias)'의 개념을 연이어서 설명하며 '휴리스틱'에 대한 정보의 폭을 넓혀가며 설명하고 있다.

28

정답 ①

• 부쳤다 → 붙였다 : '맞닿아 떨어지지 아니하다.'라는 뜻으로, '붙다'의 사동사 형인 '붙이다'가 되어야 한다.

29

정답 ②

• 벌이다 : 가게를 차리다

오답확인
① 벌려 → 벌여 : 여러 가지 물건을 늘어놓다.
③ 받쳐서 → 받혀서 : '머리나 뿔 따위로 세차게 부딪치다.'의 피동사 형
④ 받히고 → 받치고 : 물건의 밑이나 옆 따위에 물체를 대다.

30

정답 ②

• 틀리다 → 다르다 : '같지 않다.'라는 뜻을 나타내므로 '다르다'를 써야 한다.
• 다르다 : 비교가 되는 두 대상이 서로 같지 아니하다.
• 틀리다 : 셈이나 사실 따위가 그르게 되거나 어긋나다.

31

- 썩히니 → 썩이니 : '걱정이나 근심으로 몹시 괴로운 상태가 되게 한다.'는 뜻을 나타내므로 '썩이다'를 써야 한다.

'썩이다'와 '썩히다'는 둘 다 동사 '썩다'의 사동사이지만 의미가 다르다.

- 썩이다 : 걱정이나 근심으로 몹시 괴로운 상태가 되게 한다.
- 썩히다 : 1. 유기물을 부패하게 하다.
  2. 물건이나 사람 또는 사람의 재능 따위가 쓰여야 할 곳에 제대로 쓰이지 못하고 내버려진 상태에 있게 하다.
  3. 본인의 의사와 관계없이 어떤 곳에 얽매여 있게 한다.

32
정답 ③

빈칸 뒤에 '철학은 이처럼 단편적인 사실들이 서로 어떤 관계에 있는가를 주목하는 겁니다.'라는 말을 통해 '단편적인 사실'이 '나무'를 의미한다는 것과, '나무' 사이의 관계를 주목하는 것이 '철학'이라는 것을 알 수 있다.

33
정답 ②

중심내용은 '분노'에 대한 것으로, 사람의 경우와 동물의 경우를 나누어 분노가 어떻게 공격과 복수의 행동을 유발하는지에 대해 서술하고 있다.

오답확인
① 분노로 인한 공격과 복수 행동만 서술할 뿐 공격에 대한 원인은 언급하고 있지 않다.
③ 탈리오 법칙에 대한 언급은 했으나, 이에 대한 실제 사례 등 구체적인 설명은 없다.
④ 동물과 인간이 가지는 분노에 대한 감정 차이보다는, '분노했을 때의 행동'에 대한 공통점에 주안점을 두고 서술하였다.

34
정답 ②

제시문은 원래의 어휘가 가진 의미와는 관계없이 이를 받아들이는 사람들의 태도에 따라 어휘의 위상이 결정되는 상황을 제시한 글이다. 이는 언중들의 사회적 가치가 언어에 반영된다는 것을 의미한다.

35
정답 ③

첫 단락에서 비체계적 위험과 체계적 위험을 나누어 살핀 후 비체계적 위험 아래에서의 투자 전략과 체계적 위험 아래에서의 투자 전략을 제시하고 있다. 글의 중간부터는 베타 계수의 활용을 중심으로 내용이 전개되고 있다.

36
정답 ③

오답확인
① '세종이 만든 28자는 세계에서 가장 훌륭한 알파벳'이라고 평가한 사람은 미국의 다이아몬드(J. Diamond) 교수이다.
② 한글이 표음문자인 것은 맞지만, 기본적으로 24개의 문자를 익혀야지 학습할 수 있다.
④ 문자와 모양의 의미를 외워야 하는 것은 문자 하나하나가 의미를 나타내는 표의문자인 '한자'에 해당한다

37
정답 ①

- 웬만한 : 허용되는 범위에서 크게 벗어나지 아니한 상태에 있다.

오답확인
④ '어지간하다'의 전라도, 경상도 사투리

38
정답 ③

- 돌파 : 일정한 기준이나 기록 따위를 지나서 넘어섬

오답확인
① 이미 있던 것을 고쳐 새롭게 함
② 경신과 같은 말
④ 세찬 기세로 거침없이 곧장 나아감

39
정답 ④

- 조장 : 바람직하지 않은 일을 더 심해지도록 부추김

40
정답 ③

'기름을 끼얹다.'를 강조하는 말로, '감정이나 행동을 부추겨 정도를 심하게 만듦'을 뜻한다.

PART 1 정답 및 해설 **9**

1 기초수리

문제 p.044

01	02	03	04	05	06	07	08												
④	④	④	③	③	①	③	②												

01

정답 ④

$$\frac{5}{6}\times\frac{3}{4}-\frac{7}{16}=\frac{3}{16}=\left(\frac{1}{4}-\frac{2}{9}\right)\times\frac{9}{4}+\frac{1}{8}$$

오답확인

① $\dfrac{8}{3}-\dfrac{4}{7}\times\dfrac{2}{5}=\dfrac{256}{105}$

② $\dfrac{4}{5}\times\dfrac{2}{3}-\left(\dfrac{3}{7}-\dfrac{1}{6}\right)=\dfrac{19}{70}$

③ $\dfrac{5}{6}\div\dfrac{5}{12}-\dfrac{3}{5}=\dfrac{7}{5}$

02

정답 ④

$(79+79+79+79)\times25=79\times4\times25=79\times100=7,900$

03

정답 ④

$98+12-74=36$

04

정답 ③

$A=108\times(10^3+1)=108\times1,001=108,108$
$B=468\times231=108,108$
$\therefore\ A=B$

05

정답 ③

6할 2푼 5리는 0.625이므로 62.5%이다.

06

정답 ①

1크로나는 0.12달러이므로 120크로나는 120×0.12=14.4달러이다.

07

정답 ③

정육각형 한 변의 길이에 1,500그루의 나무가 심어져 있다. 따라서 정육각형 한 변의 길의 길이는 1,500×10m=15km이고, 전체 길의 길이는 15×6=90km이다.

08

정답 ②

큰 정사각형의 한 변의 길이는 40과 16의 최소공배수인 80이므로 가로에는 2개, 세로에는 5개를 둘 수 있다. 따라서 돗자리는 최소 10개가 필요하다.

2 응용수리

문제 p.049

01	02	03	04	05	06	07	08	09	10	11	12								
③	④	③	①	②	④	①	②	③	③	②	③								

01

정답 ③

시간$=\dfrac{거리}{속력}=\dfrac{2}{4}=\dfrac{1}{2}$이므로 민석이는 30분 만에 회사에 도착한다.

02

정답 ④

x년 후에 현우와 조카의 나이는 각각 $(30+x)$세, $(5+x)$세이므로,
$30+x=2(5+x)$
$30+x=10+2x$
$\therefore x=20$

03

정답 ③

할인가는 $2,000\times\left(1-\dfrac{10}{100}\right)=2,000\times0.9=1,800$이므로, $1,800-300=1,500$원이 연필세트의 원가이다.

04

정답 ①

$ax+2>0$
$ax>-2$
$\therefore x<-\dfrac{2}{a}(\because a<0)$

05

예리와 조이가 하루에 할 수 있는 양은 각각 $\frac{1}{4}$, $\frac{1}{6}$이다.

조이가 x일 동안 한다고 하면, $\frac{1}{4} \times 2 + \frac{1}{6} \times x = 1$

$\frac{1}{2} + \frac{x}{6} = 1$

$\frac{x}{6} = \frac{1}{2}$

$\therefore x = 3$

06

정답 ④

200명이 10% 증가하였으므로 $\left(1 + \frac{10}{100}\right) \times 200 = 1.1 \times 200 = 220$명이다.

07

정답 ①

일주일은 7일이므로, $30 \div 7 = 4 \cdots 2$이다. 따라서 나머지가 2이므로 월요일에서 이틀 후인 수요일이다.

08

정답 ②

ⅰ) 친가를 거친 후, 외가를 가는 경우
　　3가지(승용차, 버스, 기차)×2가지(버스, 기차)=6가지
ⅱ) 외가를 거친 후, 친가를 가는 경우
　　3가지(비행기, 기차, 버스)×2가지(버스, 기차)=6가지
∴ 친가와 외가를 가는 방법의 경우의 수 : 6+6=12가지

09

정답 ③

ⅰ) 서로 다른 8개의 컵 중 4개를 선택하는 방법의 수
　　$_8C_4 = \frac{8!}{4! \times 4!} = 70$
ⅱ) 4개의 컵을 식탁 위에 원형으로 놓는 방법의 수
　　$(4-1)! = 3! = 6$
∴ 서로 다른 8개의 컵 중에서 4개만 원형으로 놓는 방법의 수 : 70×6=420가지

10

정답 ③

ⅰ) 다섯 사람이 일렬로 줄을 서는 경우의 수
　　$5! = 5 \times 4 \times 3 \times 2 \times 1 = 120$
ⅱ) 현호, 진수가 양 끝에 서는 경우의 수
　　$2 \times$(민우, 용재, 경섭이가 일렬로 줄을 서는 경우)$= 2 \times 3! = 12$
∴ 양 끝에 현호와 진수가 서는 확률 : $\frac{12}{120} = \frac{1}{10}$

12 AI면접은 win 시대로 www.sdedu.co.kr/winsidaero

11

정답 ②

ⅰ) 내일 비가 오면 이길 확률

$$\frac{2}{5} \times \frac{1}{3} = \frac{2}{15}$$

ⅱ) 내일 비가 오지 않으면 이길 확률

$$\frac{3}{5} \times \frac{1}{4} = \frac{3}{20}$$

∴ 이길 확률 : $\frac{2}{15} + \frac{3}{20} = \frac{17}{60}$

12

정답 ③

(좋아하는 색이 다를 확률)=1−(좋아하는 색이 같을 확률)

ⅰ) 두 명 모두 빨간색을 좋아할 확률

$$\frac{2}{10} \times \frac{1}{9} = \frac{2}{90}$$

ⅱ) 두 명 모두 노란색을 좋아할 확률

$$\frac{5}{10} \times \frac{4}{9} = \frac{20}{90}$$

ⅲ) 두 명 모두 하늘색을 좋아할 확률

$$\frac{3}{10} \times \frac{2}{9} = \frac{6}{90}$$

∴ 좋아하는 색이 다를 확률 : $1 - \left(\frac{2}{90} + \frac{20}{90} + \frac{6}{90} \right) = 1 - \frac{14}{45} = \frac{31}{45}$

3 자료해석

문제 p.054

01	02	03	04																
④	④	②	②																

01

정답 ④

트럭·버스의 비율은 미국 약 20%, 캐나다 약 20%, 호주 약 20%이며, 유럽 국가들은 모두 10% 전후이다. 따라서 승용차가 차지하는 비율은 높다.

오답확인

① 자동차 보유 대수에서 승용차가 차지하는 비율이 가장 높은 것은 트럭·버스의 비율이 가장 낮다는 것이다. 프랑스의 총수는 독일과 거의 같지만, 트럭·버스의 보유 대수는 독일의 거의 2배가 되고 있다. 따라서 프랑스의 트럭·버스의 비율은 독일보다 높다. 따라서 승용차의 비율은 독일이 프랑스보다 높다.

② 호주의 트럭·버스의 비율이 10% 미만인지를 판단하면 된다. 총수는 5,577천 대로 그 10%는 557.7천 대이다. 따라서 트럭·버스의 수 1,071천 대는 10% 이상이기 때문에 승용차의 비율은 90% 미만이 된다.

③ 프랑스의 승용차와 트럭·버스의 보유 대수 비율은 15,100 : 2,334로 3 : 1이 아니다.

02

정답 ④

㉠ 자료를 통해 2차 구매 시 1차와 동일한 제품을 구매하는 사람들의 수가 다른 어떤 제품을 구매하는 사람들의 수보다 많다는 것을 알 수 있다.
㉢ 1차에서 C를 구매한 사람들은 전체 구매자들(541명) 중 약 37.7%(204명)로 가장 높았고, 2차에서 C를 구매한 사람들은 전체 구매자들 중 약 42.7%(231명)로 가장 높았다.

오답확인

㉡ 1차에서 A를 구매한 뒤 2차에서 C를 구매한 사람들은 44명, 반대로 1차에서 C를 구매한 뒤 2차에서 A를 구매한 사람들은 17명이므로 전자의 경우가 더 많다.

03

정답 ②

경증 환자 중 남자 환자의 비율은 $\frac{31}{50}$이고, 중증 환자 중 남자 환자의 비율은 $\frac{34}{50}$가 되므로 경증 환자 비율이 더 낮다.

04

정답 ②

자료의 분포는 B가 더 고르지 못하므로 표준편차는 B가 더 크다.

오답확인

① 사계절의 판매량을 각각 더해보면 된다. A의 경우 200이고, B의 경우 200이 약간 넘는다.
③ 봄 판매량의 합은 80으로 가장 적다.
④ 시간이 지남에 따라 둘의 차는 점차 감소한다.

---

4 조각모의고사

문제 p.057

01	02	03	04	05	06	07	08	09	10	11	12	13	14	15	16	17	18	19	20
④	③	①	②	④	②	④	④	④	②	①	①	④	③	④	①	①	③	④	②
21	22	23	24	25	26	27	28	29	30										
①	④	②	①	①	④	①	②	④	②										

01

정답 ④

$1,462+1,305\times24=1,462+31,320=32,782$

02

정답 ③

$(14+4\times3)\div2=(14+12)\div2=26\div2=13$

03

정답 ①

$\frac{2}{3}\div5+\frac{2}{5}\times2=\frac{2}{3}\times\frac{1}{5}+\frac{4}{5}=\frac{2}{15}+\frac{12}{15}=\frac{14}{15}$

04

$12 \times 8 - 4 \div 2 = 96 - 2 = 94$

05

석영이가 산을 올라갈 때 걸린 시간을 x시간이라 하면, 내려갈 때 걸린 시간은 $(6-x)$시간이다.
$2x = 4(6-x)$
$\therefore x = 4$
따라서 석영이는 총 $2 \times 4 + 4 \times 2 = 16$km를 걸었다.

06

동생이 출발한 뒤 만나게 될 때까지 걸리는 시간을 x분이라 하면
$80 \times 5 + 80x = 100x$
$\therefore x = 20$

07

유진이의 나이를 x세라 하면, 어머니의 나이는 $(x+25)$세이다.
$6x = x + 25$
$\therefore x = 5$
따라서 유진이의 나이는 5세, 어머니의 나이는 30세이다.

08

수강 정정이 끝난 후 남학생은 36명, 여학생은 24명이다.
수강 정정을 한 남학생의 수를 x명이라 하면
$(36-x) : 24 = 5 : 4$
$120 = 4(36-x)$
$\therefore x = 6$

09

2015년 7,434명$(=18,000 \times 0.413)$에서 2017년 7,657명$(=19,000 \times 0.403)$으로 223명 증가하였다.

10

2015년 약 2.5%$\left(\fallingdotseq \dfrac{567}{22,267} \times 0.40 \right)$에서 2017년 약 3.3%$\left(\fallingdotseq \dfrac{790}{23,690} \times 100 \right)$로 약 0.8%p 증가하였다.

11

$2 - 4 + 6 \div 3 = 0$

12

정답 ①

A＝5,616÷312＋308＝18＋308＝326
B＝28.62÷0.09＝318
∴ A＞B

13

정답 ④

(1◎6)＋(4◎2)＝1(1－6)＋62＋4(4－2)＋22＝－5＋62＋8＋22＝87

14

정답 ③

2, 5, 13으로 모두 나누어지는 수에 1을 더하면, 세 수 중 어느 것으로 나누어도 1이 남는다. 따라서 2, 5, 13의 공배수에 1을 더하면 된다. 세 수의 최소공배수는 130이므로 문제의 조건을 만족하는 가장 작은 세 자리 자연수는 131이다.

15

정답 ④

오답확인
ⓒ 방송에서 착공 후 가장 많이 보도된 분야는 '공정'이다.

16

정답 ①

2003년에 우리나라 20세 이상 인구 중 담배를 피우지 않는 인구비율은 70.8%로, 1999년의 64.9%에 비해 5.9%p 증가하였다.

17

정답 ①

2003년에 담배를 피우지 않는 사람 중 담배를 끊은(금연) 사람은 20.7%로, 1999년의 15.2%에 비해 5.5%p 증가하였다.

18

정답 ③

남자 합격자 수는 1,003명, 여자 합격자 수는 237명이고, 1,003÷237＝4.…이므로, 남자합격자 수는 여자 합격자 수의 5배 미만이다.

오답확인
① A＝933, B＝585, C＝792
② A＝512＋89＝601, B＝353＋17＝370, C＝138＋131＝269
④ 경쟁률＝$\frac{지원자 수}{모집정원}$이므로, B 집단의 경쟁률은 $\frac{585}{370}＝\frac{117}{74}$이다.

19

정답 ④

㉠ 1,000원에서 10% 인하 후 가격 : 1,000×0.9＝900원
　　900원에서 10% 인상 후 가격 : 900×1.1＝990원
㉡ 2,000원에서 60% 인하 후 가격 : 2000×0.4＝800원

800원에서 30% 인상 후 가격 : 800×1.3=1,040원
따라서 ㉠, ㉡, ㉢의 가격이 다 다르다.

20

정답 ②

• 1월 통화량 : 3시간 30분=2시간+60분+30분
• 2월 통화량 : 2시간 20분=2시간+20분
기본요금을 x라 할 때,
• 1월 요금 : $x+60a+30×2a=21,600$
• 2월 요금 : $x+20a=13,600$
두 식을 연립하면
∴ $a=80$

21

정답 ①

전체 일의 양을 1이라 하면 A와 B가 하루에 하는 일의 양은 각각 $\frac{1}{10}$, $\frac{1}{8}$이다. B가 일한 기간을 x일이라 하면 $\frac{1}{10}×4+\frac{1}{8}×x=1$이다. 따라서 $x=4.80$이므로 집을 완성시키는 데 소요된 기간은 5일이다.

22

정답 ④

A가 5회전을 하게 되면 총 이동거리는 반지름 14cm에 대해 5회전한 거리만큼 움직이게 되는데, C의 경우는 A의 반지름의 절반이고 맞물린 A와 총 이동거리는 같아야 하므로 회전수는 2배가 되어야 한다. 따라서 10회전하게 된다.

23

정답 ②

오답확인
㉡ 독립에 찬성하는 사람의 비율은 무조건 찬성의 비율(27.4%)과 조건부 찬성의 비율(46.0%)의 합이다. 즉, 73.4%이다.

24

정답 ①

• 경제성장률이 세 번째로 높은 분기는 (2009년 4/4분기)이고 가장 낮은 분기는 (2009년 1/4분기)이다.
• 전 분기 대비 경제성장률 증가율이 가장 높은 분기는 (2009년 4/4분기)이다.
• 국내총생산은 2010년 2/4분기에 가장 많았으며, 그 다음으로 (2009년 4/4분기)에 많았다.

25

정답 ①

1998년 70대 이상의 남자는 절반에 못 미치는 48.8%이다.

26

정답 ④

2010년 가입자당 월평균 수신료가 가장 높은 방송사는 티브로드로 8,339원이며, 가장 낮은 방송사는 씨엠비의 4,552원이므로 그 차이는 3,787원이다.

27

추가해야 할 소금의 양을 xg이라 하면

$\frac{12}{100} \times 100 + x = \frac{20}{100} \times (100 + x)$

$1,200 + 100x = 2,000 + 20x$

$\therefore x = 10$

28

5% 소금물의 양을 xg이라 하면, 10% 소금물의 양은 $(600-x)$g이므로

$\frac{5}{100} \times x + \frac{10}{100} \times (600-x) = \frac{7}{100} \times 600$

$\therefore x = 360$

29

i) A만 문제를 풀 확률

$\frac{1}{4} \times \frac{2}{3} \times \frac{1}{2} = \frac{1}{12}$

ii) B만 문제를 풀 확률

$\frac{3}{4} \times \frac{1}{3} \times \frac{1}{2} = \frac{1}{8}$

iii) C만 문제를 풀 확률

$\frac{3}{4} \times \frac{2}{3} \times \frac{1}{2} = \frac{1}{4}$

$\therefore$ 한 사람만 문제를 풀 확률 : $\frac{1}{12} + \frac{1}{8} + \frac{1}{4} = \frac{11}{24}$

30

(1~3의 숫자가 적힌 카드 중 하나 이상을 뽑을 확률)

=1−(1~3의 숫자가 적힌 카드를 하나도 못 뽑을 확률)

=1−(3번 모두 4~10의 숫자가 적힌 카드를 뽑을 확률)

$= 1 - \left(\frac{7}{10} \times \frac{6}{9} \times \frac{5}{8} \right) = \frac{17}{24}$

1 수 · 문자추리

문제 p.073

01	02	03	04																
②	④	③	④																

01

정답 ②

앞의 항에 ×3을 하는 수열이다.

02

정답 ④

앞의 항에 +11을 하는 수열이다.

03

정답 ③

홀수 항은 2씩 더하고, 짝수 항은 2씩 곱하는 수열이다.

H	ㄷ	(J)	ㅂ	ㄴ	ㅌ
8	3	10	6	12	12

04

정답 ④

홀수 항은 2씩 빼고, 짝수 항은 4씩 더하는 수열이다.

ㅜ	ㄷ	(ㅗ)	ㅅ	ㅓ	ㅋ
7	3	5	7	3	11

01	02	03	04																
①	③	①	③																

01

정답 ①

제시문은 반의 관계이다. '강건체'는 강직하고 크고 거세며 남성적인 힘이 있는 문체이고, '우유체'는 문장을 부드럽고 우아하고 순하게 표현하는 문체이다. '개가'는 결혼하였던 여자가 남편과 사별하거나 이혼하여 다른 남자와 결혼함을 이르는 말로 '수절'의 반의어이다.

02

정답 ③

'미켈란젤로'와 '레오나르도 다빈치'는 동시대에 살았던 경쟁자 관계이다. '살리에르'의 경쟁자는 '모차르트'라고 할 수 있다.

03

정답 ①

제시문은 구성 요소에 대한 내용이다. 연극의 3요소는 배우, 관객, 희곡으로 '희곡'은 '연극'의 구성 요소가 된다. 희곡의 3요소는 해설, 지문, 대사로 '해설'은 '희곡'의 구성 요소가 된다.

04

정답 ③

'카메라'는 '사진'을 찍기 위해 필요하고, '손전등'은 '빛'을 비추기 위해 필요하다.

3 조각모의고사

01	02	03	04	05	06	07	08	09	10	11	12	13	14	15	16	17	18	19	20
④	③	②	③	②	①	④	③	②	①	④	①	③	④	④	③	④	④	①	④
21	22	23	24	25	26	27	28	29	30	31	32	33	34	35	36	37	38	39	40
④	④	②	④	③	①	①	④	②	④	④	②	③	②	②	④	③	①	③	①

01
정답 ④

앞의 항에 -32, -16, -8, -4, -2, -1을 더하는 수열이다.

02
정답 ③

앞의 항에 1^2, 2^2, 3^2, 4^2, 5^2, …을 더하는 수열이다.

03
정답 ②

분자는 앞의 분자에 3씩 곱하고, 분모는 앞의 분모에 4, 8, 12, 16, …을 더하는 수열이다.

04
정답 ③

(앞의 항)$\times \dfrac{2}{3} =$ (뒤의 항)

05
정답 ②

홀수 항은 5씩 곱하는 수열이고, 짝수 항은 4, 16, 64, 256, …씩 더하는 수열이다.

06
정답 ①

홀수 항은 $\times 2 + 0.2$, $\times 2 + 0.4$, $\times 2 + 0.6$, …인 수열이고, 짝수 항은 $\times 3 - 0.1$인 수열이다.

07
정답 ④

홀수 항은 $\times 3 - 1$인 수열이고, 짝수 항은 $\dfrac{5}{6}$씩 더하는 수열이다.

08
정답 ③

$\times (-10)$, $+100$이 반복되는 수열이다.

09

$\times\frac{3}{4}$, -1이 반복되는 수열이다.

10

(뒤의 항)$-$(앞의 항)$=$(다음 항)

11

$\underline{A\,B\,C} \rightarrow A+B^2=C$

12

$\underline{A\,B\,C} \rightarrow A\times B-1=C$

13

$\underline{A\,B\,C} \rightarrow A^B=C$

14

앞의 항에 3, 5, 7, 9, …을 더하는 수열이다.

15

(앞의 항)$\times 2+1=$(뒤의 항)

16

홀수 항은 2씩 더하고, 짝수 항은 2씩 곱하는 수열이다.

E	ㄹ	(G)	ㅇ	I	ㄴ
5	4	7	8	9	16(2)

17

앞의 항에서 5씩 빼는 수열이다.

Z	(U)	P	K	F	A
26	21	16	11	6	1

18 정답 ④

홀수 항은 3씩 빼고, 짝수 항은 3씩 더하는 수열이다.

ㅋ	ㄹ	(ㅇ)	ㅅ	ㅁ	ㅊ
11	4	8	7	5	10

19 정답 ①

1, 2, 2, 3, 3, 3, 4, 4, 4, 4, …로 이루어진 수열이다.

A	ㄴ	B	三	ㄷ	C	iv	四	(ㄹ)	D
1	2	2	3	3	3	4	4	4	4

20 정답 ④

앞의 항에 −5, −4, −3, −2, −1, …을 더하는 수열이다.

S	ㅎ	+	G	ㅁ	(四)
19	14	10	7	5	4

21 정답 ④

홀수 항은 2씩 더하고, 짝수 항은 4씩 곱하는 수열이다.

c	A	(e)	D	g	P
3	1	5	4	7	16

22 정답 ④

앞의 항에서 2씩 빼는 수열이다.

ㅍ	ㅋ	ㅈ	ㅅ	ㅁ	(ㄷ)
13	11	9	7	5	3

23 정답 ②

(위의 문자)×3−1＝(아래의 문자)
따라서 ㅁ을 숫자로 변환하면 5이고, 5×3−1＝14를 알파벳으로 변환하면 n이다.

24 정답 ④

수소(H)는 물(H_2O)의 구성요소 중 하나이며, 탄소(C)는 이산화탄소(CO_2)의 구성요소 중 하나이다.

25　　　　　　　　　　　　　　　　　　　　　　　　　　　　　　　　정답 ③

쓰레기는 오염을 발생시키고, 병균은 병을 발생시킨다.

26　　　　　　　　　　　　　　　　　　　　　　　　　　　　　　　　정답 ①

라벨은 대표적인 인상주의 음악가이고, 슈베르트는 대표적인 낭만주의 음악가이다.

27　　　　　　　　　　　　　　　　　　　　　　　　　　　　　　　　정답 ①

마부위침(磨斧爲針)과 절차탁마(切磋琢磨)는 어려운 일도 아주 열심히 노력하는 모습을 가리키는 말로 비슷한 뜻을 가지고 있다. 해현경장(解弦更張)과 유사한 말은 심기일전(心機一轉)으로, 느슨한 것을 긴장하도록 다듬고 개혁하는 것을 말한다.

오답확인
② '달아난 양을 찾다가 여러 갈래 길에 이르러 길을 잃었다.'는 뜻으로, 학문의 길이 많아 진리를 찾기 어렵다는 말
③ '분발하여 먹는 것까지 잊는다.'는 뜻으로, 힘써 학문에 전념한다는 말
④ '짙은 안개가 5리나 끼어 있는 속에 있다.'는 뜻으로, 무슨 일에 대하여 방향이나 상황을 알 길이 없음을 이르는 말

28　　　　　　　　　　　　　　　　　　　　　　　　　　　　　　　　정답 ④

'아포리즘'은 깊은 진리를 간결하게 표현한 말로 '경구'와 같은 의미를 가지며, '수전노'는 돈을 모을 줄만 알아 한번 손에 들어간 것은 도무지 쓰지 않는 사람을 낮잡아 이르는 말로 '구두쇠'와 같은 의미를 가진다.

29　　　　　　　　　　　　　　　　　　　　　　　　　　　　　　　　정답 ②

'참하다'는 '성질이 찬찬하고 얌전하다.'는 뜻으로 '얌전하다'는 말과 같은 의미를 가지며, '아결하다'는 '단아하며 깨끗하다.'는 뜻으로 '고결하다'는 말과 같은 의미를 가진다.

30　　　　　　　　　　　　　　　　　　　　　　　　　　　　　　　　정답 ④

'지우개'의 원료는 '고무'이고, '옷'의 원료는 '직물'이다.

31　　　　　　　　　　　　　　　　　　　　　　　　　　　　　　　　정답 ④

'근시'에는 '오목' 렌즈가 필요하고, '원시'에는 '볼록' 렌즈가 필요하다.

32　　　　　　　　　　　　　　　　　　　　　　　　　　　　　　　　정답 ②

'자동차'가 다니는 길은 '차도'이고, '사람'이 다니는 길은 '인도'이다.

33　　　　　　　　　　　　　　　　　　　　　　　　　　　　　　　　정답 ③

'배'는 '조타'하는 것이고, '자동차'는 '운전'하는 것이다.

34

정답 ②

'사격'을 하기 위해서는 '총'이 필요하고, '농사'를 짓기 위해서는 '쟁기'가 필요하다.

35

정답 ②

'미술'은 '감상'하는 것이고, '드라마'는 '시청'하는 것이다.

36

정답 ④

'경찰'은 '수사'를 하고, '목사'는 '설교'를 한다.

37

정답 ③

'독서등'은 '공부'를 할 때 필요하고, '전조등'은 '운전'을 할 때 필요하다.

38

정답 ①

'기자'는 '취재'를 하고, '작가'는 '집필'을 한다.

39

정답 ③

'체중계'는 '몸무게'를 측정하고, '온도계'는 '온도'를 측정한다.

40

정답 ①

'한옥'은 '건물'의 하위어이고, '김치'는 '음식'의 하위어이다.

1		좌·우 비교															문제 p.091		
01	02	03	04																
④	③	②	①																

01
정답 ④

⑨ⓟ①ⓧⓡⓔ③⑨ − ⓢⓟ①ⓧⓥⓔ⑥①

02
정답 ③

둘 다 좌우 문자열이 같음

03
정답 ②

반입금지물품 − 반입금지물품

04
정답 ①

防<u>北</u>神放放頌防珍防快神新快快神快珍珍新快神<u>慎</u>珍珍防北放放快防神放

2		문자 조합															문제 p.093		
01	02																		
③	②																		

01
정답 ③

OX＝3＋8＝11

오답확인

① 8
② 13
④ 15

02

$ZF = 2 + 13 = 15$

오답확인

① 16

③ · ④ 5

정답 ②

---

3 문자 찾기

문제 p.095

01	02																
①	②																

01

정답 ①

멕소	엑소	엑초	액초	액초	액조	액초	엑초	액조	멕소	엑초	엑소
엑조	액소	액소	엠소	엑조	액조	멕소	엑소	액소	액초	엑조	엑조
엑소	엑초	엑조	멕소	엑소	액소	엠소	엑조	액초	엠소	엑초	엠소
엑조	엠소	엑소	엑초	엠소	액초	엑소	액소	멕소	액조	엑초	액소

02

정답 ②

ON	EN	AN	UP	AN	ON	AN	OP	UP	AT	ON	IT
EN	ON	AT	OP	UP	OP	AN	AT	IT	UP	AN	UP
ON	EN	ON	EN	OP	AN	ON	AT	ON	IT	UP	EN
ON	EN	AN	UP	OP	EN	AT	IT	ON	OP	ON	IT

4 조각모의고사

01	02	03	04	05	06	07	08	09	10	11	12	13	14	15	16	17	18	19	20
④	②	③	②	③	①	②	①	①	②	②	①	①	①	②	②	②	②	①	③
21	22	23	24	25	26	27	28	29	30	31	32	33	34	35	36	37	38	39	40
③	①	③	①	③	③	②	④	③	①	②	④	②	①	③	④	②	④	②	③

01 　　　　　　　　　　　　　　　　　　　　　　　　　　정답 ④

<u>재</u>차<u>부본</u>안<u>가</u>수<u>지</u> − <u>재</u>지<u>부본</u>아<u>가</u>스<u>지</u>

02 　　　　　　　　　　　　　　　　　　　　　　　　　　정답 ②

◇<u>▣</u>◎<u>◐◑</u>♥○▷ − ☆<u>▣</u>◉<u>◐</u>●♥●◁

03 　　　　　　　　　　　　　　　　　　　　　　　　　　정답 ③

6<u>9</u>8<u>79</u>3<u>2</u>0 − 6<u>9</u>0<u>78</u>2<u>4</u>0

04 　　　　　　　　　　　　　　　　　　　　　　　　　　정답 ②

64<u>523</u>585 − 53<u>523</u>696

05 　　　　　　　　　　　　　　　　　　　　　　　　　　정답 ③

3̲2̲1̲6̲8̲4̲5̲3̲ − 8̲2̲7̲6̲9̲4̲6̲3̲

06 　　　　　　　　　　　　　　　　　　　　　　　　　　정답 ①

限政悅<u>米</u>末姓謁一 − 限政悅<u>未</u>末姓謁一

07 　　　　　　　　　　　　　　　　　　　　　　　　　　정답 ②

viii ix <u>vii</u> <u>iii</u> i <u>iv</u> xii iii − viii ix <u>xii</u> <u>ii</u> i <u>v</u> xii iii

08 　　　　　　　　　　　　　　　　　　　　　　　　　　정답 ①

舡<u>央</u>商勝應翁盈 − 舡<u>英</u>商勝應翁盈

09

정답 ①

65794322 – 65974322

10

정답 ②

38469512 – 38496572

11

정답 ②

agehdjeghew – agehdfeghew

12

정답 ①

∨⊆∋⊃∪∩∧⊇∈ – ∨⊆∪⊃∪∩∧⊇∈

13

정답 ①

좌우 문자열 같음

14

정답 ①

좌우 문자열 같음

15

정답 ②

잉몸잉줌골좀엉곰뱅범 – 잉몸잉줌골줌엉곰뱅범

16

정답 ②

くうきおよめない – くうきおよぬない

17

정답 ②

故敎口水盡籠山 – 故絞口水盡籠山

18

정답 ②

오답확인

① ①37④3⑧69①3②8
③ ①3⑦④3⑨69①3②8
④ ①3⑦④3⑧69①3②3

19

정답 ①

오답확인

② 01－920589－49828

③ 01－920569－59828

④ 01－920569－49823

20

정답 ③

오답확인

① DecapduLeiz(1988)

② DedabauLeiz(1986)

④ DecebadLaiz(1988)

21

정답 ③

決定過程의 透明姓과 公正性

22

정답 ①

ナピパコアウヨバ － ナピパコアウヨパ

23

정답 ③

알로줄제탈독장블 － 알로줄제탈독정블

24

정답 ①

サナヌプクグクゾキゾノホへヌナピサクゾレ リラプリリルスゾゼテトゾゾノペハア

25

정답 ③

→↓＼←←─∧↑↑↓↗／／↓／←↓＼←→↓∨→／←／↓／←↓

26

정답 ③

BY＝23＋(－8)＝15

오답확인

① －3

② －1

④ 14

27

정답 ②

$AZ = 7 + 8 = 15$

오답확인

① -13

③ 8

④ -15

28

정답 ④

$WA = 14 \times 2 = 28$

오답확인

① 56

② 21

③ 36

29

정답 ③

$AE = 3 + 7 = 10$

오답확인

① 11

② 9

④ 12

30

정답 ①

$CG = 16 + 8 = 24$

오답확인

② 25

③ 23

④ 27

31

정답 ②

신내	실래	실네	신네	<u>실내</u>	실나	신내	실레	신래	살내
신네	실나	신너	신례	실네	싯내	실나	신라	<u>실내</u>	설네
실나	실너	신나	실네	싯나	신래	실라	<u>실내</u>	신라	<u>실내</u>

32

신효	심호	<u>신호</u>	심호	실호	<u>신호</u>	신효	산호	선효	<u>신호</u>
<u>신효</u>.	진호	심효	짐호	신효	실호	심호	실후	선휴	신후
신후	실효	진후	<u>신호</u>	실호	식후	심후	신후	<u>신호</u>	식후

33

재음	<u>처음</u>	체응	처응	재흠	저음	점음	정음	처읍	저응
자움	무음	처읍	<u>처음</u>	자흥	<u>처음</u>	모음	장음	제읍	저읍
재움	차음	<u>처음</u>	자읍	처응	체응	자음	차음	자음	처을

34

<u>FX</u>	PB	FP	FD	FO	FP	PX	<u>FX</u>	FO	FP
FB	PX	<u>FX</u>	FB	PB	PX	PB	FD	PB	FB
FP	FB	FP	FD	PX	<u>FX</u>	FB	FP	PX	<u>FX</u>

35

Q	E	F	B	H	E	Q	D	A	Z	C	V
N	R	<u>W</u>	F	U	R	T	<u>W</u>	C	B	D	S
X	A	H	K	L	O	<u>W</u>	P	S	X	C	V
M	Z	Q	P	I	A	Z	K	<u>W</u>	F	Y	L

36

D	g	V	d	J	L	<u>S</u>	c	N	o	P	<u>S</u>
w	X	W	H	Q	l	y	e	B	U	j	N
Q	<u>S</u>	X	q	D	t	v	C	Z	w	i	L
<u>S</u>	o	a	B	m	U	H	L	r	a	O	p

37

P	B	F	O	R	A	<u>D</u>	Q	F	B	X	B
O	N	Q	R	B	I	P	B	S	O	A	Q
F	R	I	<u>D</u>	Q	O	R	X	P	Q	S	S
A	E	F	A	P	X	S	F	I	R	O	<u>D</u>

38

정답 ④

J	K	I	<u>H</u>	T	F	E	I	F	K	T	J
T	F	I	<u>E</u>	K	T	K	<u>H</u>	E	J	I	K
I	T	F	J	E	F	I	T	<u>H</u>	I	E	T
K	J	E	T	F	<u>H</u>	J	K	T	<u>H</u>	F	<u>H</u>

39

정답 ②

tag	taG	tAg	Teg	tag	Teg	tAg	tag	Teg	Taq	tag	taG
Taq	Teg	tag	Taq	taG	tag	<u>Tag</u>	taG	Taq	taG	Teg	tAg
tAg	<u>Tag</u>	taG	tag	tAg	Teg	Taq	taG	tAg	<u>Tag</u>	tag	Taq
tag	Teg	Teg	Taq	tag	Teg	tAg	tag	Teg	Teg	taG	tag

40

정답 ③

<u>기</u>술한 — <u>저</u>술한

문제 p.111

1 명제추리

01	02	03	04	05	06															
③	③	②	④	③	③															

01
정답 ③

'스카프가 파란색이 아니면 손수건은 분홍색이다.'의 대우는 '손수건이 분홍색이 아니면 스카프는 파란색이다.'이다. 명제의 대우는 항상 참이므로 ③이 옳다.

02
정답 ③

제시된 명제가 참이라면 '어제 비가 내렸지만 눈은 내리지 않았다.', '어제 비도 눈도 내리지 않았다.', '어제 눈은 내렸지만 비는 내리지 않았다.' 세 가지 경우가 모두 가능하지만 이 중 무엇이 참인지는 알 수 없다.

03
정답 ②

짧은 순으로 나열해 보면, '하루살이<인생<예술' 순이다.

04
정답 ④

철수와 민종이의 몸무게와 하늘이와 숙희의 몸무게의 비교는 불가능하다. 따라서 네 사람의 몸무게가 같은지는 알 수 없다.

오답확인

①·②·③ 주어진 조건만으로는 알 수 없다.

05
정답 ③

산을 정복하고자 하는 사람 → 도전정신과 끈기 → 공부를 잘함
공부를 잘하는 사람 중 산을 정복하고자 하는 사람은 일부일 수도 있으므로 알 수 없다.

06
정답 ③

뉴스에서 내일 비가 온다고 했기 때문에 소풍은 가지 않지만, 주어진 명제를 통해서 학교에 가는지는 알 수 없다.

01	02	03	04															
③	①	③	④															

01

정답 ③

셋째가 화요일과 수요일에 당번을 서면 화요일에 첫째와 같이 서게 되고, 수요일과 목요일에 당번을 서면 목요일에 둘째와 같이 서게 된다. 따라서 어떤 경우에서든지 셋째는 이틀 중 하루는 형들과 같이 서게 된다.

오답확인

① · ② 셋째가 화요일과 수요일에 당번을 설지, 수요일과 목요일에 당번을 설지 알 수 없다.

④ 셋째가 화요일과 수요일에 당번을 서면 화요일에 첫째와 같이 서게 된다.

02

정답 ①

세 형제는 1박 2일로 당번을 서고, 첫째는 월요일부터 당번을 선다. 따라서 첫째는 월요일과 화요일에 당번을 서게 된다.

03

정답 ③

주어진 내용만으로는 알 수 없다.

오답확인

① 영수가 최소 4개의 동전을 가지고 있을 때 정민이와 민희의 동전의 개수

　ⅰ) 정민 5개, 민희 7개 (×)

　ⅱ) 정민 6개, 민희 6개 (×)

　ⅲ) 정민 7개, 민희 5개 (○)

　∴ 정민이는 최소 7개의 동전을 가지고 있다.

② 영수가 가지고 있는 동전

　ⅰ) 500원, 100원, 10원, 10원 (4개)

　ⅱ) 500원, 50원, 50원, 10원, 10원 (5개)

　∴ 영수는 최소 4개의 동전을 가지고 있다.

④ 정민이가 갖는 동전의 개수는 최소 7개이므로 두 번째와 세 번째 조건에 의해 영수는 6개 이상의 동전을 가질 수 없다. 따라서 영수는 ②에 의해 500원짜리 동전을 가지고 있음을 알 수 있다.

04

정답 ④

정민이가 9개의 동전을 가지고 있다면, 영수는 최소 4개를 가지고 있으므로 민희가 가지고 있는 동전의 개수는 3개가 된다. 따라서 민희가 가지고 있는 동전의 개수가 가장 적다.

오답확인

① 정민이가 모든 종류의 동전을 가지고 있다면 $500+100+50+10+10+10+10=690$원이므로 최소 690원을 가지고 있다.

② 주어진 내용만으로는 알 수 없다.

③ $500+100+50+50=700$원이 되므로 민희가 가지고 있는 동전의 개수는 3개가 아닐 수도 있다.

01	02	03	04	05	06	07	08	09	10	11	12	13	14	15	16	17	18	19	20
①	②	②	④	③	④	④	③	①	①	①	③	③	①	④	③	③	①	③	①

21	22	23	24	25	26	27	28	29	30										
②	②	③	①	③	②	②	③	①	③										

01

정답 ①

서울은 강원도보다 눈이 늦게 오므로 강원도가 눈이 오기 전이라면 서울에도 눈이 오지 않았다.

02

정답 ②

지인이는 아들이 없고 자녀가 세 명이므로 지인이는 딸이 세 명 있다.

오답확인

③ · ④ 자녀가 쌍둥이 · 세쌍둥이인지의 여부는 알 수 없다.

03

정답 ②

현진이는 막내이므로 남동생이 없다.

오답확인

④ 현진이가 남자인지 알 수 없으므로 형이 있다고 할 수 없다.

04

정답 ④

명제의 대우는 항상 참이므로, 주어진 명제의 대우인 '아이가 울음을 그치지 않았다면 우는 아이에게 곶감을 주지 않은 것이다.'도 참이다. 따라서 어떤 아이가 계속해서 울고 있다면 아무도 그 아이에게 곶감을 주지 않은 것이므로 ④가 옳다.

05

정답 ③

중국어 회화 레슨을 받으면 중국어 면접에서 높은 점수를 받을 수 있지만, 못 받을 수도 있다.

06

정답 ④

명제들이 모두 참이라면 상어>코끼리>악어>사슴, 토끼가 성립한다. 사슴과 토끼 중 어느 동물이 더 큰지 알 수 없기 때문에 사슴보다 큰 동물이 몇 마리인지 알 수 없다.

07

정답 ④

'커피를 좋아한다.'를 A, '홍차를 좋아한다.'를 B, '탄산수를 좋아한다.'를 C, '우유를 좋아한다.'를 D, '녹차를 좋아한다.'를 E라고 하면 A → ~B → ~E → C와 ~C → D가 성립한다. 따라서 탄산수를 좋아하지 않는 사람은 홍차를 좋아한다.

08

네 번째 조건에 의해 D가 5번에 서 있고 두 번째, 세 번째 조건에 의해 A는 4번에, B는 1번에 서 있다는 것을 알 수 있다. 첫 번째 조건에서 A와 C는 이웃해 있다고 했으므로 C는 3번에 서 있다. 남은 자리인 2번은 E의 자리가 된다. 이를 정리하면 다음과 같다.

구 분	1	2	3	4	5
A	×	×	×	○	×
B	○	×	×	×	×
C	×	×	○	×	×
D	×	×	×	×	○
E	×	○	×	×	×

09

정답 ①

규민이와 민환이의 말이 서로 반대되고 있으므로, 둘 중 한 사람은 착한 사람(진실)이고 다른 한 사람은 나쁜 사람(거짓)이다.

ⅰ) 규민이가 착한 사람이고 민환이가 나쁜 사람인 경우, 수연이의 말은 거짓이므로 수연이는 나쁜 사람이 되고, 따라서 경화와 윤수의 말도 거짓이 되므로 경화와 윤수도 나쁜 사람이 된다. 이 경우 나쁜 사람이 4명이 되므로 모순이 된다. 따라서 규민이는 나쁜 사람이고, 민환이는 착한 사람이다.

ⅱ) ⅰ)에 따라 규민이는 나쁜 사람, 민환이는 착한 사람이다. 수연이의 말을 대우로 바꾸면 '민환이가 나쁜 사람이면 규민이도 나쁜 사람이다.'이므로 수연이의 말은 거짓이고, 수연이는 나쁜 사람이 된다. 또한, 윤수와 경화의 말은 모두 참이므로 윤수와 경화는 착한 사람이다.

10

정답 ①

각각의 조건을 수식으로 비교해 보면, 다음과 같다.
A>B, D>C, F>E>A, E>B>D
∴ F>E>A>B>D>C

11

정답 ①

주어진 〈조건〉을 표로 만들면 다음과 같다.

김 부장/이 과장	박 차장	이 과장/김 부장
이 사원/김 사원	유 대리	김 사원/이 사원

〈조건〉에 의해, 각각 1행과 2행의 2열에 앉는 사람은 양 옆과 모두 한 직급씩 차이가 나야 하므로 중간에 끼어 있는 직급이거나, 양옆보다 모두 높거나 낮아야 한다. 또한 1행 1열의 계급은 2행 1열의 계급보다 높아야 하므로, 1행의 직급 구성과 2행의 직급 구성을 유추할 수 있다. 따라서 상위의 세 직급이 1행에 앉고, 하위 세 직급이 2행에 앉으며, 최하위 직급이 둘 있는 2행은 양옆에 최하위 계급을 배치하고, 차례대로 구성되어 있는 1행은 가운데 직급인 차장을 2열에 놓는다.

12

- 캡틴 아메리카<토르
- 아이언맨<캡틴 아메리카
- 헐크<캡틴 아메리카

따라서 아이언맨<헐크<캡틴 아메리카<토르 또는 헐크<아이언맨<캡틴 아메리카<토르이다.

오답확인

① · ② · ④ 아이언맨과 헐크의 힘의 강도는 주어진 조건만으로 알 수 없다.

13

A 팀장의 야근 시간은 B 과장의 야근 시간보다 60분 많다.
C 대리의 야근 시간은 B 과장의 야근 시간보다 30분 적다.
D 차장의 야근 시간은 B 과장의 야근 시간보다 20분 적다.
따라서 야근을 한 시간을 짧은 순서대로 나열하면 C 대리<D 차장<B 과장<A 팀장이다.

14

'훠궈를 먹는다.'를 A, '디저트로 마카롱을 먹는다.'를 B, '아메리카노를 마신다.'를 C라고 하면 전제는 A → B이다. A → C라는 결론을 얻기 위해서는 B → C 또는 ~C → ~B라는 명제가 필요하다.

15

'겨울이 온다. → 곰은 잔다. → 까치가 날아온다.'이므로 '겨울이 온다. → 까치가 날아온다.'임을 알 수 있다.

16

'일요일이다.'를 A, '미영이가 직장에 간다.'를 B, '미영이가 집에서 밥을 먹는다.'를 C라고 하면 A → ~B → C이므로 빈칸에는 A → C 혹은 그 대우인 ~C → ~A가 들어가야 한다.

17

'땅이 산성이다.'를 A, '빨간꽃이 핀다.'를 B, '하얀꽃이 핀다.'를 C라고 하면 ~C → A → B가 성립한다. 따라서 ~C → B인 ③이 옳다.

18

하은이에 대하여 '노란 재킷을 입는다.'를 A, '빨간 운동화를 신는다.'를 B, '파란 모자를 쓴다.'를 C라고 한다면 전제는 A → B이다. A → C라는 결론을 얻기 위해서는 B → C 또는 ~C → ~B라는 명제가 필요하다.

19

'화가이다.'를 A, '가로등을 좋아한다.'를 B, '낙엽을 좋아한다.'를 C라고 하면 전제는 A → B이다. A → C라는 결론을 얻기 위해서는 B → C 또는 ~C → ~B라는 명제가 필요하다.

20

정답 ①

비행기>자동차>오토바이>자전거

21

정답 ②

ⅰ) 김 대리의 말이 참일 때 김 대리는 호프집, 박 주임은 호프집, 이 과장은 극장이므로 이 경우 커피숍에 간 사람이 없어 모순이다.
ⅱ) 박 주임의 말이 참일 때 김 대리는 커피숍 또는 극장, 박 주임은 커피숍 또는 극장, 이 과장은 극장이므로 이 경우 호프집에 간 사람이 없어 모순이다.
ⅲ) 이 과장의 말이 참일 때 김 대리는 커피숍 또는 극장, 박 주임은 호프집, 이 과장은 커피숍 또는 호프집에 간다. 따라서 커피숍, 호프집, 극장에 간 사람은 차례로 이 과장, 박 주임, 김 대리이다.

22

정답 ②

제시문의 조건에 의해 다음 2가지 경우가 발생할 수 있다.

구 분	국 어	수 학	사 회	과 학
경우 1	x	$x+17$	$x+7$	$x+22$
경우 2	x	$x+3$	$x-7$	$x+8$

국어가 80점인 경우에 경우 1이 적용되면 과학은 102점으로 100점 만점이라는 조건에 어긋난다. 따라서 경우 2만 적용되어 과학은 88점이 된다.

23

정답 ③

경우 1에 따르면 국어가 70점일 때 사회는 77점이지만, 경우 2에서는 국어가 70점일 때 사회가 63점이다. 따라서 국어가 70점일 때 사회가 77점인지의 여부는 주어진 조건만으로 알 수 없다.

24

정답 ①

경우 1, 경우 2 모두 수학은 사회보다 10점 높으므로 참이다.

25

정답 ③

제시된 조건을 표로 나타내면 다음과 같다.

구 분	귤	사 과	수 박	딸 기	토마토
A	×	×	×	○	×
B	×			×	
C	×	×		×	
D				×	

B가 수박과 토마토 중 하나를 먹었다면 D에게 남은 선택지는 귤과 사과 두 개 이므로, 둘 중 어느 것을 먹었을지는 정확히 알 수 없다.

26

정답 ②

D가 귤을 먹었을 가능성도 있으므로 D가 먹은 과일이 수박과 토마토 중에 있다는 말은 거짓이다.

27

정답 ②

C가 토마토를 먹었다면 B가 선택할 수 있는 것은 사과와 수박 2개이고, D가 선택할 수 있는 것은 귤, 사과, 수박 3개이므로 둘이 사과를 먹었을 가능성은 같지 않다. B가 사과를 먹었을 확률이 더 크다고 할 수 있다.

28

정답 ③

지영<지수<재희, 지영<수영이므로 수영이와 지수 중 누가 더 큰 옷을 입는지는 주어진 조건만으로는 알 수 없다.

29

정답 ①

지수가 지영이보다 큰 옷을 입는다면 재희, 지수, 수영이는 S, L, XL, XXL 중 하나의 옷을 입을 것이고, 지영이는 XS, S 중 하나의 옷을 입으므로 진영이보다 작은 옷을 입는 것이 맞다.

30

정답 ③

조건에 따르면 재희<지영<수영인데, 재희가 S 사이즈의 옷을 입을 수도 있지만 재희가 L 사이즈의 옷을 입고 지영이가 XL, 수영이가 XXL 사이즈일 수도 있으므로 재희가 진영이보다 작은 옷을 입는지는 정확히 알 수 없다.

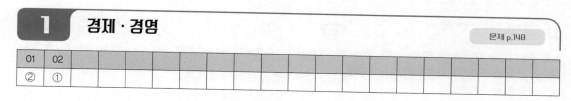

1 경제 · 경영

문제 p.148

01	02																	
②	①																	

01 정답 ②

환율의 하락은 평가절상으로 인한 원화가치의 상승을 의미한다.

02 정답 ①

레몬마켓

저급품만 유통되는 시장으로, 불량품이 넘쳐 나면서 소비자의 외면을 받게 된다.

오답확인

④ 피치마켓은 레몬마켓의 반대어로, 고품질의 상품이나 우량의 재화 · 서비스가 거래되는 시장을 의미한다.

2 역사

문제 p.150

01	02																	
①	①																	

01 정답 ①

주어진 사건들을 역사적 순서대로 나열하면, '십자군 전쟁(11~13C) — 백년전쟁(14~15C) — 30년 전쟁(17C) — 베스트팔렌 조약'이다. 베스트팔렌 조약은 30년 전쟁을 끝마치기 위해 체결된 조약이다.

02 정답 ①

흠흠신서

조선 정조 때에 정약용이 지은 책으로 형벌과 관련된 일을 맡은 벼슬아치들이 유의할 점에 관한 내용이다.

정답 및 해설

3 과학 · IT

01	02																	
①	④																	

01

정답 ①

실행 중인 여러 개의 작업 창에서 다른 프로그램 실행 창으로 전환할 때 Alt를 누른 상태에서 Tab을 계속 눌러 전환할 창을 선택한다.

02

정답 ④

녹색화학 실현을 위해서는 가능하다면 화학양론적 시약보다 선택적 촉매를 사용하는 것이 바람직하다.

4 사회 · 문화

01	02																	
④	④																	

01

정답 ④

베토벤은 나폴레옹을 공화제와 인민들의 영웅이라고 생각해 〈보나파르트〉라는 제목으로 나폴레옹에게 헌정할 예정이었던 교향곡 제3번을 작곡하였다. 하지만 그가 황제가 되었다는 소식을 듣고 실망하여 악보를 던지고 한탄하며 제목도 〈영웅〉으로 변경했다.

02

정답 ④

오답확인

① 점유라는 사실을 법률요건으로 하여 점유자에게 인정되는 물권(物權)의 일종이며, 대표적인 효력으로는 선의취득이 있다. 이는 타인의 동산을 공연하게 양수한 자가 무과실로 그 동산을 점유한 경우에는 양도인이 정당한 소유자가 아닐지라도 즉시 그 동산의 소유권을 취득하는 것이다.

② 민법상의 규정으로 채무가 이행되지 않을 때 목적물을 경매해 그 대금에서 저당채권자가 다른 채권자보다 우선 변제를 받을 목적으로 하는 담보물권을 말하며, 경매권과 우선변제권 등이 있다. 질권과는 달리 유치(留置)효력을 가지고 있지 않기 때문에 변제기까지 채무자가 목적물을 점유하게 된다.

③ 담보물권의 하나로 채권자가 그 채권의 담보로 채무자 또는 제3자(물상보증인)로부터 취득한 물건 또는 재산권을 채무변제가 있을 때까지 유치할 수 있고 변제가 없을 때에는 그 담보 목적물의 가액에서 우선 변제받을 수 있는 권리로 담보권자에게 목적물의 점유를 이전한다는 점이 저당권과의 차이라 할 수 있다.

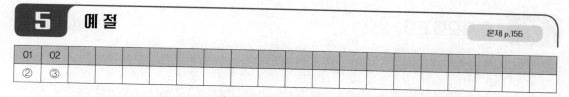

01	02																
②	③																

01　　　　　　　　　　　정답 ②

오답확인

① 생선의 머리는 왼쪽을 향하게 한다.

③ 포크와 나이프는 보통 3개씩 나오며 바깥쪽부터 안쪽으로 사용하면 된다.

④ 식사가 끝날 경우 포크는 안쪽, 나이프를 바깥으로 해 접시 오른쪽에 나란히 둔다. 식사 도중엔 중앙에 八자 형태(미국식)나 X자 형태(영국식)로 둔다.

02　　　　　　　　　　　정답 ③

명함을 건네는 관습은 동양의 관습 중 좋은 관습이라고 인정되고 있기 때문에 명함을 자신 있게 건네 주어도 된다. 다만, 영문 명함이 아니라면 자신의 이름, 전화번호 등을 외국인이 알아볼 수 있게 표기한다.

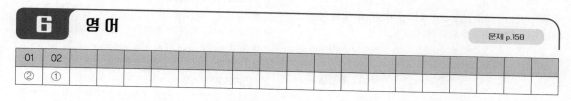

01	02																
②	①																

01　　　　　　　　　　　정답 ②

be all ears : 열심히 귀를 기울이다, 열심히 듣다

02　　　　　　　　　　　정답 ①

약 4천 년 전 에게해의 해변가에 트로이라 불리던 위대한 도시가 있었다. 이 위대한 도시의 성벽은 너무 높아 적들이 오르지 못했다.

정답 및 해설

01	02	03	04	05	06	07	08	09	10	11	12	13	14	15	16	17	18	19	20
②	①	②	①	③	③	①	④	①	②	④	③	④	③	②	①	①	④	④	②
21	22	23	24	25	26	27	28	29	30	31	32	33	34	35	36	37	38	39	40
②	④	④	③	④	①	②	③	④	④	④	④	④	②	④	②	③	②	③	①

01 정답 ②

공직선거에 있어서 후보의 기호선정 방식은 공직선거법 제150조 투표용지의 정당·후보자의 게재 순위 등에 따라 기호를 정하게 되며, 무소속 후보자 사이의 게재 순위는 공직선거법 제150조 제5항 제3호에 따라 관할 선거구 선거관리위원회에서 추첨하여 결정한다.

02 정답 ①

국정조사는 공개를 원칙으로 하고, 비공개를 요할 경우에는 위원회의 의결을 얻도록 하고 있다.

03 정답 ②

마타도어
흑백선전, 비밀선전이라고도 하며 투우사를 뜻하는 스페인어 'Matador(마타도르)'에서 유래하였다.
② 살라미(Salami)는 조금씩 얇게 썰어 먹는 이탈리아 소시지를 의미하며, 한 번에 목표를 관철시키는 것이 아니라 조금씩 순차적으로 목표를 성취해 나가는 방법인 '살라미 전술'과 관련있다.

04 정답 ①

먼로주의(Monroe Doctrine)
미국의 제5대 대통령 J. 먼로가 의회에 제출한 연례교서에서 밝힌 외교 방침으로, 유럽으로부터의 간섭을 받지 않기 위해 선언한 외교정책이다.

05 정답 ③

리디노미네이션(Redenomination)
한 나라에서 통용되는 통화의 액면을 동일한 비율의 낮은 숫자로 변경하는 것이다. 인플레이션의 기대심리를 억제시키고, 국민들의 거래 편의와 회계장부의 편리화 등의 장점을 갖고 있다.

06 정답 ③

제네릭 브랜드(Generic Brand)
노브랜드(No-Brand)와 같은 말로, 미국에서는 제네릭 브랜드(Generic Brand)라고 한다. 상표(브랜드)가 없는 상품으로, 광고비를 없애고 포장을 간소화함으로써 원가절감을 하는 것이 목적이다.

오답확인
① 오리지널 브랜드의 보급판으로, 특히 의류업에서 디자이너 브랜드의 보급판으로 개발한 브랜드의 상품 라인을 말한다.
② 다양한 제품 가운데 최상급, 최고급 대표 기종을 의미한다.
④ 소매업자가 독자적으로 기획해서 발주한 오리지널 제품에 붙인 스토어 브랜드 또는 의류업체 브랜드 중에서 그 판매가 일정한 지역으로만 한정된 브랜드를 일컫는다.

07 정답 ①

오답확인
② 국민경제에 부정적인 영향을 미칠 우려가 있을 경우에 일시적으로 일정 기간 동안 세율을 조정하여 부과하는 것을 말한다.
③ 국내 산업을 보호하고 물가를 안정시킬 목적으로 정부가 국회의 위임을 받아 일정한 범위 내에서 관세율을 가감할 수 있는 권한을 갖는 것을 말한다.
④ 국내의 산업을 보호하고 육성하기 위해 여러 산업의 제품과 동일한 외국의 수입품에 높은 관세를 부과하는 것을 말한다.

08 정답 ④

오답확인
① 증권사가 다양한 금융상품을 투자고객의 성향에 맞게 한 계좌에 담아 운용해주는 '종합자산관리계좌'를

말한다.
② 주택담보대출 자산을 담보로 발행되는 채권의 일종으로, 발행회사에 문제가 생기더라도 담보자산에서 우선적으로 변제받을 수 있어 안전성이 보장되어 있다.
③ 다수의 은행으로 구성된 차관단이 공통의 조건으로 차주에게 일정액을 융자하는 중장기 대출 방식을 말한다.

09
정답 ①

오답확인
② 일본의 소설가 '히가시노 게이고'의 작품이다.
③ 소설가 '권여선'의 작품으로, 소설가 김동인의 업적을 기리기 위하여 제정된 '동인문학상'의 2016년 수상작이다.
④ 소설가 '한강'의 작품으로, 소설가 이상을 기려 출판사 문학사상사에서 1977년에 제정된 '이상문학상'의 2005년 대상 수상작이다.

10
정답 ②

오답확인
① · ③ · ④는 일본의 소설 네트워크 서비스이다.

11
정답 ④

노블레스 오블리주가 지도자층의 책임감을 요구하는 것이라면, 리세스 오블리주는 부자들의 부의 독식을 부정적으로 보며 사회적 책임을 강조하는 것을 말한다.

오답확인
① 이웃이나 사회에 피해가 가더라도 자신에게 손해가 되지 않는 일에는 무관심한 현상
③ 실제로는 중하류층인 서민이 스스로 중류층이라고 생각하는 현상

12
정답 ③

우리나라 과자의 과대포장은 오래 전부터 문제가 되어 왔다. 소비자들이 이러한 과대포장을 비꼬아 붙인 이름이 '질소과자'이다.

13
정답 ④

엠바고(Embargo)에 대한 설명이며, 블랭킷 에어리어는

난시청지역을 말한다.

14
정답 ③

핫코너
3루수가 지키는 수비지역으로, 강한 타구가 많이 날아오는 곳이라는 의미를 지니고 있다.

15
정답 ②

빌보드 차트
미국에서 발간되는 주간지 '빌보드'에서 발간하는 음악 순위표로, 매주 가장 인기 있는 음악을 선정하여 발표한다. 싱글 앨범을 대상으로 하는 '빌보드 핫 100'과 앨범 판매량으로 순위를 매기는 '빌보드 200'이 가장 유명하며 가수 싸이는 한국 가수로는 최초로 '빌보드 핫 100'에 7주간 2위라는 기록을 달성했다.

16
정답 ①

한성순보
1883년에 창간되었던 우리나라 최초의 근대 신문이다. 1882년 박영효 일행이 일본에 머무르면서 대중 계몽을 위한 신문 발간의 필요성을 느낀 뒤 귀국하여 고종에게 신문 발간을 주장하였고, 이후 박문국이 설치되어 신문이 발간됐다. 10일에 한 번씩 발간하는 순보였으며 개화 문물, 국방정책 등을 소개하였다.

오답확인
② 1904년에 창간되어 국권피탈 때까지 발간되었던 일간신문
③ 1898년 대한제국 때에 발행되던 일간신문으로 한말의 대표적인 민족주의적 성격이 강했으며, 원명은 '뎨국신문'이다.
④ 1896년에 창간되었던 우리나라 최초의 민영 일간지로, 국문판과 영문판으로 구성되었다.

17
정답 ①

파이어니어 1호는 1958년부터 미국 국립항공우주국이 실시한 행성탐사계획으로 달 궤도 진입에 실패했지만 당시로서는 획기적인 거리인 지구로부터 11만km에 도달했다. 1959년 발사된 루나 1호(소련)가 최초로 달 궤도에 진입했다.

18 　정답 ④

SCC(Seller Created Contents) : 판매자 제작 콘텐츠

19 　정답 ④

④는 관성에 의한 현상으로서 물리적 현상이다.

오답확인

①·②·③은 화학적 현상이다.

20 　정답 ②

오답확인

① 컴퓨터 사용자의 정보를 빼가는 악성 프로그램
③ 발전소·공항·철도 등 기반 시설의 제어시스템을 감염시키는 바이러스
④ 신종 휴대폰 바이러스로 심미안 운용 체계를 사용하는 휴대폰의 애플리케이션 파일에 첨부되어 유포된다.

21 　정답 ②

시일야방성대곡

을사늑약의 부당함을 알리고 을사오적을 규탄하기 위해 장지연이 쓴 논설로, 황성신문에 게재되었다. 이 논설로 황성신문은 일제에 의해 발행이 정지되기도 했다.

22 　정답 ④

3·1운동 이후 일본은 무력과 강압만으로 우리 민족을 지배하기 어렵다고 판단해 통치 방식을 문화통치로 바꿨다.

23 　정답 ④

중세 서유럽의 대표적인 건축 양식은 고딕 양식이다.

24 　정답 ③

상업 혁명

신항로 개척 이후 나타난 유럽의 상업과 금융업 발달 등의 획기적인 경제 발전이다. 상업 혁명 이후 16~17세기의 유럽 대륙에는 방대한 금과 은이 신대륙으로부터 유입되어 물가를 급격하게 상승시키는 가격 혁명을 불러일으켰다.

25 　정답 ④

술은 술잔의 80% 정도를 채우는 것이 좋다.

26 　정답 ①

회사 대표전화라면 회사명을 말하고, 부서나 내선전화라면 자신의 소속과 이름을 밝힌다.

27 　정답 ②

결혼 선물은 마음이 담긴 것으로 준비하고, 전날 전달하는 것이 좋다.

28 　정답 ③

소반 채로 놓고 먹는다.

29 　정답 ④

일반적으로 부부는 별도로 배치하여 나란히 또는 마주보고 앉지 않도록 배치한다.

30 　정답 ④

SRAM은 DRAM보다 몇 배나 더 빠르긴 하지만 가격이 고가이기 때문에 소량만 사용한다.

오답확인

① 컴퓨터의 주기억장치로 이용된다.
② 크게 SRAM, DRAM으로 분류할 수 있다.
③ 'Random Access Memory'의 약어이다.

31 　정답 ④

[편집] － [시트 이동·복사]는 워크시트를 이동하거나 복사할 때 사용한다.

32 　정답 ④

시트 탭에서는 인쇄 영역, 인쇄 제목, 눈금선·메모 등의 인쇄 여부, 페이지 순서 등을 설정한다.

33
정답 ③

컨트롤의 위치를 이동시키려면 [Ctrl]을 누른 상태에서 방향키를 움직인다.

34
정답 ②

연속된 셀을 범위로 선택할 때는 [Shift]를 누른 채 클릭하고, 불연속적인 셀을 범위로 선택할 때는 [Ctrl]을 누른채 클릭하거나 드래그한다.

35
정답 ②

'코스모스'는 '꽃'에 포함되고, '금성'은 행성에 포함된다.

오답확인
① 지구, ③ 성운, ④ 우주

36
정답 ③

살인벌이 미국으로 들어오고 있다는 소식에 놀라며 'You can't be serious(말도 안돼)!'라는 내용이 들어가는 것이 적절하다.

> A : Barrie, 이것 좀 봐.
> B : 뭔데, Nova?
> A : 오늘 신문에 살인벌이 멕시코에서 미국으로 들어오고 있다고 기사가 났어.
> B : 진정해, Nova. 말도 안돼!
> A : 봐! 벌이 소를 공격하고 있는 사진이야.
> B : 음. 어디서 살인벌이 들어왔어?
> A : 농부들에 의해 멕시코에 남미 벌들이 소개되었어.
> B : 농부들은 왜 그랬는데?
> A : 그들은 새로운 벌이 더 많은 꿀을 만들 것이라 생각했어. 하지만 새로운 벌들은 토종벌을 공격하고 죽이고 말았지. 이건 인간이 자연을 간섭하는 또 다른 경우야.

오답확인
① 어떻게 알았니?
② 물어볼 것이 있니?
④ 신분증 양식이 있니?

37
정답 ②

비인칭 독립분사구문으로 ② considering ~(~을 고려하면)을 써야 한다.

> 그가 아직 젊다는 것을 고려하더라도, 그는 많은 양의 도서를 소장하고 있다.

38
정답 ③

convinced+목적어+that절 : ~에게 납득시키다

39
정답 ③

flu(독감)나 prescription(처방)을 통해 화자가 의사임을 알 수 있다.

> 좋아, 한번 보자. 내 생각엔 독감인 것 같구나. 처방전을 써줄게. 네 시간마다 한 티스푼씩 먹으럼. 그리고 다음 주에 연락해. 좋아지길 바랄게.

오답확인
① 영화 감독
② 교수
④ 배관공

40
정답 ①

Michelle이 자신의 어머니가 다른 사람들 앞에서 자신의 결혼에 대한 이야기를 꺼내는 것에 대해 대화를 통해 해결해나가는 내용이다. 문제가 되는 행동은 다른 사람들 앞에서 결혼 이야기를 꺼내는 것이다.

> Michelle은 그녀의 어머니가 결혼하라고 압력을 주는 방식을 좋아하지 않았다. 특히 다른 사람들 앞에서 하는 것을 싫어했다. 그것은 정말로 Michelle에게 상처를 주었고, 그래서 그녀는 마침내 어머니와의 사적인 대화를 통해 문제에 직면했다. 그녀는 어머니가 바라는 만큼 자신도 정말로 결혼하고 싶다고 말했다. 그러나 Michelle은 어머니가 다른 사람들 앞에서 이 화제를 꺼낼 때 자신은 결혼에 대해 더욱 부정적인 생각을 갖도록 만든다고 말했다. Michelle은 어머니에게 단둘이 상의한다면 기쁠 것이라고 말했다. 어머니는 딸이 진지하게 배우자를 찾고 있다는 것을 알게 되어서 안심했고 평지풍파를 일으키고 싶지 않았다. 그 이후 가끔 실수가 있었음에도 불구하고 모든 것이 나아졌다.

1 유형 익히기

문제 p.191

01	02	03	04	05	06	07	08	09	10	11	12	13	14	15	16	17	18	19	20
②	①	③	②	②	③	③	④	④	②	③	④	③	②	④	③	②	②	④	①
21	22	23	24																
③	②	①	①																

01 정답 ②

齷 악착할 악

02 정답 ①

灑 뿌릴 쇄

오답확인

② 疎 성길 소, ③ 縊 목맬 액, ④ 諧 화할 해

03 정답 ③

邈 멀 막

04 정답 ②

畢 마칠 필

오답확인

① 審 살필 심, ③ 憊 고단할 비, ④ 携 이끌 휴

05 정답 ②

殺 죽일 살, 빠를 쇄

• 쇄도(殺到) : 세차게 몰려듦

오답확인

① 살해(殺害) : 남의 생명을 해침

③ 살균(殺菌) : 세균 따위의 미생물을 죽임

④ 피살(被殺) : 죽임을 당함

06 정답 ③

• 안전(眼前) : 눈 앞

• 안전(安全) : 위험이 생기거나 사고가 날 염려가 없는 상태

오답확인

① 원인(原因) : 어떤 사물이나 상태를 변화시키거나 일으키게 하는 근본이 된 일이나 사건

② 공론(空論) : 헛된 이론

④ 안내(案內) : 어떤 내용을 소개하여 알려 줌

07 정답 ③

• 조도(早到) : 빠르게 도착함

• 조도(調度) : 사물을 정도에 맞게 처리함

오답확인

① 조경(造景) : 경치를 아름답게 꾸밈

② 조손(祖孫) : 할아버지와 손자를 아울러 이르는 말

④ 독도(讀圖) : 지도나 도면을 보고 그 내용을 해독함

08 정답 ④

• 적수(赤手) : 맨손

• 적수(敵手) : 힘이 비슷한 상대

오답확인

① 부수(部首) : 한자 자전(字典)에서 글자를 찾는 길잡이 역할을 하는 공통되는 글자의 한 부분

② 식수(食水) : 먹는 물

③ 원수(元首) : 한 나라에서 으뜸가는 권력을 지니면서 나라를 다스리는 사람

09

· 숭앙(崇仰) : 공경하여 우러러봄

오답확인

① 존경(尊敬) : 남의 인격, 사상, 행위 따위를 받들어 공경함

② 숭배(崇拜) : 우러러 공경함

③ 칭송(稱頌) : 칭찬하여 일컬음

10

정답 ②

· 경작(耕作) : 땅을 갈아서 농사를 지음

11

정답 ③

· 척박(瘠薄) : 땅이 기름지지 못하고 몹시 메마름

12

정답 ④

· 전시(戰時) : 전쟁이 벌어진 때

오답확인

① 전시(展示) : 여러 가지 물품을 한곳에 벌여 놓고 보임

② 군사(軍事) : 군대, 군비, 전쟁 따위와 같은 군에 관한 일

③ 단독(單獨) : 단 한 사람

13

정답 ③

· 고식(姑息) : 당장에는 탈이 없는 일시적 안정

14

정답 ②

· 천추(千秋) : 오랜 세월

15

정답 ④

· 집중(集中) : 한 가지 일에 모든 힘을 쏟아 부음

· 집계(集計) : 이미 된 계산들을 한데 모아서 계산함

· 집합(集合) : 사람들을 한곳으로 모으거나 모임

오답확인

① 貴 귀할 귀, ② 家 집 가, ③ 同 한가지 동

16

정답 ③

· 고찰(考察) : 어떤 것을 깊이 생각하고 연구함

· 명찰(明察) : 사물을 똑똑히 살핌

· 관찰(觀察) : 사물이나 현상을 주의하여 자세히 살펴봄

오답확인

① 究 연구할 구, ② 視 볼 시, ④ 製 지을 제

17

정답 ②

· 여담(餘談) : 이야기하는 과정에서 본 줄거리와 관계없이 흥미로 하는 딴 이야기

오답확인

① 장담(壯談) : 확신을 가지고 아주 자신 있게 하는 말

③ 대화(對話) : 마주 대하여 이야기를 주고받음

④ 연설(演說) : 여러 사람 앞에서 자기의 주의나 주장 또는 의견을 진술함

18

정답 ②

· 재고(再考) : 어떤 일이나 문제 따위에 대하여 다시 생각함

오답확인

① 집행(執行) : 실제로 시행함

③ 동조(同調) : 남의 주장에 자기의 의견을 일치시키거나 보조를 맞춤

④ 번역(飜譯) : 어떤 언어로 된 글을 다른 언어의 글로 옮김

19

정답 ④

· 부상(負傷) : 몸에 상처를 입음

오답확인

① 지각(遲刻) : 정해진 시각보다 늦게 출근하거나 등교함

② 결함(缺陷) : 부족하거나 완전하지 못하여 흠이 되는 부분

③ 분투(奮鬪) : 있는 힘을 다하여 싸우거나 노력함

20

정답 ①

등화가친(燈火可親) : '가을밤은 시원하고 상쾌하므로 등불을 가까이 하여 글 읽기에 좋음'을 이르는 말

21 　　　　　　　　　　　　　　　　정답 ③

- 박람강기(博覽强記) : '동서고금의 서적을 널리 읽고 그 내용을 잘 기억하고 있음'을 이르는 말

22 　　　　　　　　　　　　　　　　정답 ②

- 서리지탄(黍離之歎) : '나라가 멸망하여 궁궐터에 기장만이 자라 황폐해진 것을 보고 하는 탄식'이라는 뜻으로, '세월의 무상함에 대해 탄식함'을 이르는 말

23 　　　　　　　　　　　　　　　　정답 ①

- 호리천리(毫釐千里) : '티끌 하나의 차이가 천리의 차이'라는 뜻으로, '처음에는 조금의 차이지만 나중에는 대단한 차이가 생김'을 이르는 말

오답확인
② 대동소이(大同小異) : '크게 보면 같고 작은 차이만 있다.'는 뜻으로 '큰 차이 없이 거의 유사함'을 이르는 말

③ 혼비백산(魂飛魄散) : '혼백이 어지러이 흩어진다.'는 뜻으로, '몹시 놀라 넋을 잃음'을 이르는 말
④ 가렴주구(苛斂誅求) : '세금을 가혹하게 거두어들이고, 무리하게 재물을 빼앗음'을 이르는 말

24 　　　　　　　　　　　　　　　　정답 ①

- 백년하청(百年河淸) : '중국의 황허 강(黃河江)이 늘 흐려 맑을 때가 없다.'는 뜻으로, '아무리 오랜 시일이 지나도 어떤 일이 이루어지기 어려움'을 이르는 말

오답확인
② 불문곡직(不問曲直) : '옳고 그름을 따지지 아니함'을 이르는 말
③ 좌불안석(坐不安席) : '앉아도 자리가 편안하지 않다.'는 뜻으로, '마음이 불안하거나 걱정스러워서 한군데에 가만히 앉아 있지 못하고 안절부절못하는 모양'을 이르는 말
④ 안빈낙도(安貧樂道) : '가난한 생활을 하면서도 편안한 마음으로 도를 즐겨 지킴'을 이르는 말

2　조각모의고사
문제 p.199

01	02	03	04	05	06	07	08	09	10	11	12	13	14	15	16	17	18	19	20
④	②	③	④	③	④	①	④	③	④	②	③	④	②	①	②	③	①	①
21	22	23	24	25	26	27	28	29	30	31	32	33	34	35	36	37	38	39	40
④	①	②	③	③	③	③	④	②	④	④	③	③	④	③	④	④	①	①	③
41	42	43	44	45	46	47	48	49	50										
③	④	④	④	④	④	④	③	②	④										

01 　　　　　　　　　　　　　　　　정답 ④

推 밀 추

02 　　　　　　　　　　　　　　　　정답 ②

驀 말 탈 맥

03 　　　　　　　　　　　　　　　　정답 ③

조각(彫刻 새길 조, 새길 각)

04 　　　　　　　　　　　　　　　　정답 ④

賽 굿할 새

오답확인
① 纖 가늘 섬, ② 齎 가져올 재, ③ 聯 연이을 연

05 　　　　　　　　　　　　　　　　정답 ③

陛 섬돌 폐

오답확인
① 階 섬돌 계, ② 貰 세낼 세, ④ 齎 가져올 재

06 정답 ④

개미 의(蟻) − 정 의(誼)

오답확인

① 너 이(爾) − 미륵 미(彌)

② 의자 의(椅) − 윗누이 자(姉)

③ 다스릴 윤(尹) − 저 이(伊)

07 정답 ①

둘 치(置) − 곧을 직(直)

오답확인

② 적을 과(寡) − 자랑할 과(侉)

③ 비교할 교(較) − 바로잡을 교(矯)

④ 당나라 당(唐) − 무리 당(黨)

08 정답 ④

제시된 글자는 두터울 후(厚)이며 반의 관계인 한자는 얇을 박(薄)이다.

오답확인

① 피곤할 피(疲), ② 넓을 박(博), ③ 욕될 욕(辱)

09 정답 ③

• 挾 : 낄 협, 골짜기 협은 '峽'이다.

10 정답 ④

결재(決裁)는 결정할 권한이 있는 상관(上官)이 부하가 제출한 안건을 검토하여 허가하거나 승인함을 의미한다.

오답확인

① 현금(現金), ② 병원(病院), ③ 거래(去來)

11 정답 ②

집권(執權 잡을 집, 권세 권)

오답확인

① 집착(執着), ③ 참관(參觀), ④ 집중(執中)

12 정답 ②

누를 억(抑), 누를 압(押), 누를 압(壓)

13 정답 ④

남을 여(餘), 남을 잔(殘), 남을 잉(剩)

14 정답 ④

嫙 아름다울 선

오답확인

① 悛 고칠 전, ② 怡 기쁠 이, ③ 猾 교활할 활

15 정답 ②

畢 마칠 필

오답확인

① 審 살필 심, ③ 憊 고단할 비, ④ 携 이끌 휴

16 정답 ①

㑟 빛날 경

오답확인

② 美 아름다울 미, ③ 旻 하늘 민, ④ 唯 오직 유

17 정답 ②

• 역사(歷史) : 오랜 세월에 걸쳐 국가나 민족 등이 겪어 온 정치적 · 사회적 · 문화적 변천의 과정이나 중요한 사실

• 역사(力士) : 뛰어나게 힘이 센 사람

오답확인

① 역작(力作) : 온 힘을 기울여 만든 작품

③ 판사(判事) : 대법원을 제외한 각급 법원의 법관

④ 도사(道士) : 도를 갈고닦는 사람

18 정답 ③

• 시비(施肥) : 논밭에 거름을 주는 일

• 시비(詩碑) : 시를 새긴 비석

오답확인

① 시설(施設) : 도구, 기계, 장치 따위를 베풀어 설비함

② 대비(對備) : 앞으로 일어날지도 모르는 어떠한 일에 대응하기 위하여 미리 준비함

④ 시선(視線) : 눈이 가는 길

19 정답 ①

- 애정(愛情) : 사랑하는 마음
- 애정(哀情) : 불쌍하게 여기는 마음, 또는 구슬픈 심정

오답확인

② 품성(稟性) : 타고난 성품
③ 애인(愛人) : 남을 사랑함, 또는 열애의 상대자
④ 애심(愛心) : 사랑하는 마음

20 정답 ①

지음(知音)은 마음이 서로 통하는 친한 벗을 비유적으로 이르는 말로, 그만큼 가까운 친구(親舊)라는 말이다.

오답확인

② 가족(家族), ③ 친척(親戚), ④ 부부(夫婦)

21 정답 ④

- 전락(轉落) : 나쁜 상태나 타락한 상태에 빠짐

오답확인

① 전담(專擔) : 전문적으로 맡거나 혼자서 담당함
② 전파(傳播) : 전하여 널리 퍼뜨림
③ 전달(傳達) : 지시, 명령, 물품 따위를 다른 사람이나 기관에 전하여 이르게 함

22 정답 ①

- 경쟁률(競爭率) : 경쟁의 비율

오답확인

② 경쟁사(競爭社) : 서로 더 앞서려고 다투는 회사
③ 애사심(愛社心) : 몸담고 있는 회사를 아끼고 사랑하는 마음
④ 회사원(會社員) : 회사에서 근무하는 사람

23 정답 ②

- 원두(原豆) : 가공하기 전의 커피의 열매, 또는 커피콩을 말려서 볶은 것

오답확인

① 원인(原因) : 어떤 사물이나 상태를 변화시키거나 일으키게 하는 근본이 된 일이나 사건
③ 설빙(雪氷) : 얼음과 눈을 아울러 이르는 말
④ 화장(化粧) : 화장품을 바르거나 문질러 얼굴을 곱게 꾸밈

24 정답 ③

양호유환(養虎遺患) : 범을 길러 화근을 남긴다.

오답확인

① 皮(가죽 피), ② 名(이름 명), ④ 限(한할 한)

25 정답 ③

전자(電子), 전기(電氣), 전구(電球) 모두 번개 전(電)이 들어간다.

오답확인

① 효도 효(孝), ② 찔 증(蒸), ④ 구멍 공(孔)

26 정답 ③

완성(完成), 완결(完結) 모두 완결한 완(完)이 들어간다.

오답확인

① 희롱할 완(玩)
② 빨 완 · 수준기 관(浣)
④ 빙그레 웃을 완(莞)

27 정답 ③

정리(整理), 조정(調整), 정렬(整列) 모두 가지런할 정(整)이 들어간다.

오답확인

① 벼슬 관(官), ② 조사할 사(査), ④ 갈 행(行)

28 정답 ④

- 절도(節度) : 일이나 행동 따위를 정도에 알맞게 하는 규칙적인 한도

오답확인

① 절제(節制) : 정도에 넘지 아니하도록 알맞게 조절하여 제한함
② 상도(常道) : 항상 지켜야 할 도리
③ 정도(正쉜) : 바른 규칙 또는 규칙을 바로잡음

29 정답 ②

• 투척(投擲) : 물건 따위를 던짐

오답확인

① 낙하(落下) : 높은 데서 낮은 데로 떨어짐
③ 시범(示範) : 모범을 보임
④ 공격(攻擊) : 나아가 적을 침

30 정답 ④

• 관용(寬容) : 마음이 넓어 남의 말을 너그럽게 받아들이거나 용서함

31 정답 ④

• 成果(성과) : 일이 이루어진 결과

오답확인

① 勞力(노력) : 힘을 씀, 힘을 다함
② 原因(원인) : 어떤 일의 근본(根本)이 되는 까닭
③ 意見(의견) : 마음에 생각하는 점(點)

32 정답 ③

소외(疏外 소통할 소, 바깥 외)

오답확인

① 재단(財團 재물 재, 둥글 단), ② 시행(施行 베풀 시, 다닐 행), ④ 계층(階層 섬돌 계, 층 층)

33 정답 ①

• 고부(姑婦) : 시어머니와 며느리

34 정답 ③

• 연민(憐憫) : 불쌍하고 가련하게 여김

35 정답 ③

• 廣景 → 光景, 광경(光景) : 벌어진 일의 형편과 모양

오답확인

① 금일(今日) : 오늘
② 교통사고(交通事故) : 운행 중이던 자동차나 기차 따위가 사람을 치거나 다른 교통 기관과 충돌하는 따위

교통상의 사고
④ 방송(放送) : 라디오나 텔레비전을 통하여 널리 듣고 볼 수 있도록 음성이나 영상을 전파로 내보내는 일

36 정답 ④

• 偶 → 愚, 愚: 어리석을 우

오답확인

① 편의(便宜) : 형편이나 조건 따위가 편하고 좋음
② 효율(效率) : 들인 노력과 얻은 결과의 비율
③ 희생(犧牲) : 다른 사람이나 어떤 목적을 위하여 자신의 목숨, 재산, 명예, 이익 따위를 바치거나 버림

37 정답 ④

• 起楚 → 基礎, 기초(基礎) : 사물이나 일 따위의 기본이 되는 토대

오답확인

① 화려(華麗) : 어떤 일이나 생활 따위가 보통 사람들이 누리기 어려울 만큼 대단하거나 사치스러움
② 지표(指標) : 방향이나 목적, 기준 따위를 나타내는 표지
③ 현혹(眩惑) : 정신을 빼앗겨 하여야 할 바를 잊어버림

38 정답 ①

• 學敎 → 學校, 학교(學校) : 학생을 가르치는 교육 기관

오답확인

② 내일, ③ 상해, ④ 수학여행

39 정답 ①

• 설상가상(雪上加霜) : '눈 위에 또 서리가 내린다.'는 뜻으로, '어려운 일이 겹침' 또는 '환난이 거듭됨'을 비유하여 이르는 말

40 정답 ③

• 도탄지고(塗炭之苦) : '진흙이나 숯불에 떨어진 듯한 고통'이라는 뜻으로, '가혹한 정치로 인한 백성의 극심한 고통'을 이르는 말

41

정답 ③

• 유어출청(遊魚出聽) : '거문고 소리가 하도 묘하여 물고기마저 떠올라와 듣는다.'는 뜻으로, '재주가 뛰어남'을 칭찬하여 이르는 말

42

정답 ④

• 십시일반(十匙一飯) : '열 사람이 한 숟가락씩 보태면 한 사람이 먹을 분량이 된다.'는 뜻으로, 여러 사람이 힘을 합하면 한 사람을 돕기는 쉬움을 이르는 말

43

정답 ④

반려(伴侶 짝 반, 짝 려)는 '유의 관계'이다.

오답확인

① 가감(加減 더할 가, 덜 감)
② 경중(輕重 가벼울 경, 무거울 중)
③ 권근(倦勤 게으를 권, 부지런할 근)

44

정답 ④

탁구(卓球 높을 탁, 공 구)

오답확인

① 축구(蹴球 찰 축, 공 구)
② 야구(野球 들 야, 공 구)
③ 수영(水泳 물 수, 헤엄칠 영)

45

정답 ④

밑줄 친 한자를 바르게 읽으면 '유효(有效 있을 유, 본받을 효)'이다.

46

정답 ④

㉠ 소비자(消費者 ― 사라질 소, 쓸 비, 사람 자)
㉡ 의견(意見 ― 뜻 의, 볼 견)

47

정답 ④

결정(決定 ― 결단할 결, 정할 정)

48

정답 ③

신기술(新技術 새로울 신, 재주 기, 재주 술)

오답확인

① 신소재(新素材 새로울 신, 본디 소, 재목 재)
② 신세계(新世界 새로울 신, 인간 세, 지경 계)
④ 신예술(新藝術 새로울 신, 재주 예, 재주 술)

49

정답 ②

기술(技術 재주 기, 재주 술)

50

정답 ④

㉢ 革(가죽 혁), ㉣ 賣(팔 매)

○

1 언어능력

문제 p.003

01	02	03	04	05	06	07	08	09	10	11	12	13	14	15	16	17	18	19	20
③	④	②	④	④	②	③	②	③	②	②	③	④	④	④	③	②	③	③	④
21	22	23	24	25	26	27	28	29	30	31	32	33	34	35	36	37	38	39	40
④	③	②	④	①	③	①	④	①	③	③	①	②	④	②	④	④	④	①	②

01
정답 ③

'연유'는 '일의 까닭'이라는 뜻으로, 유의어는 ③이다.
• 까닭 : 일이 생기게 된 원인이나 조건

오답확인
① 여럿 가운데서 어떤 것을 뽑아 정함
② 일이 되어 가는 과정
④ 어수선한 사태를 거두어 바로잡음

02
정답 ④

'신랄하다'는 '사물의 분석이나 비평 따위가 매우 날카롭고 예리하다.'는 뜻으로, 유의어는 ④이다.
• 날카롭다 : 끝이 뾰족하거나 날이 서 있다.

오답확인
① 조건 따위가 복잡하거나 엄격하여 다루기에 순탄하지 않다.
② 야릇하고 짓궂다.
③ 성질이 까다롭고 괴팍하다.

03
정답 ②

'보조개'는 볼에 팬 우물이라는 뜻으로, 유의어는 ②이다.

오답확인
① '쌍꺼풀(겹으로 된 눈꺼풀)'의 방언(경남)
③ '할아버지'의 방언(제주)
④ 1. 빠르게 날아가는 결에 일어나는 바람
　 2. 바람이 일 정도로 날쌘 움직임이나 등등한 기세를 비유적으로 이르는 말

04
정답 ③

'승인'은 '어떤 사실을 마땅하다고 받아들임'이라는 뜻으로, 반의어는 ③이다.
• 거부 : 요구나 제의 따위를 받아들이지 않고 물리침

오답확인
① 어떠한 것을 받아들임
② 둘 이상의 대상을 각각 등급이나 수준 따위의 차이를 두어서 구별함
④ 서로의 교제를 끊음

05
정답 ④

'흥진비래(興盡悲來)'는 '즐거운 일이 다하면 슬픈 일이 닥쳐온다.'는 뜻으로, '세상일은 순환되는 것임'을 이르는 말이며 반의어는 ④이다.
• 고진감래 : '쓴 것이 다하면 단 것이 온다.'는 뜻으로, '고생 끝에 즐거움이 옴'을 이르는 말

오답확인
① '눈 위에 서리가 덮인다.'는 뜻으로, '난처한 일이나 불행한 일이 잇따라 일어남'을 이르는 말
② '뽕나무밭이 변하여 푸른 바다가 된다.'는 뜻으로, '세상일의 변천이 심함'을 비유적으로 이르는 말
③ '우레 소리에 맞춰 함께한다.'는 뜻으로, '줏대 없이 남의 의견에 따라 움직임'을 이르는 말

06 정답 ②

'존경하다'는 '남의 인격ㆍ사상ㆍ행위 따위를 받들어 공경하다.'는 뜻으로, 반의어는 ②이다.

• 얕보다 : 실제보다 낮추어 깔보다.

오답확인

① 남의 명령이나 의사를 그대로 따라서 좇다.

③ 칭찬하며 감탄하다.

④ 잘못하거나 죄를 지은 사람에게 벌을 주다.

07 정답 ③

'외연'은 '일정한 개념이 적용되는 사물의 전 범위'라는 뜻으로, 반의어는 ③이다.

• 함축 : 1. 겉으로 드러내지 아니하고 속에 간직함
　　　 2. 말이나 글이 많은 뜻을 담고 있음

오답확인

① 본론에 들어가기에 앞서 쓴 대강의 서론적인 해설

② 1. 글이나 문장
　 2. '편지'를 달리 이르는 말
　 3. 예전에 '글자'를 이르던 말

④ 1. 경치
　 2. 사람의 용모와 품격

08 정답 ②

• 억지로 미소를 지어서 웃고 있다. → 거짓으로 꾸미다.

• 부모님은 농사를 지어 우리를 대학까지 보냈다.
　　→ 논밭을 다루어 농사를 하다.

• 그는 혼자서 한숨을 짓고 무언가를 곰곰이 생각하고 있었다.
　　→ 어떤 표정이나 태도 따위를 얼굴이나 몸에 나타내다.

• 군인들이 대열도 짓지 않고 아무렇게나 몰려다닌다.
　　→ 한데 모여 줄이나 대열 따위를 이루다.

• 몸이 허한 것 같아서 보약을 지어 먹었다.
　　→ 여러 가지 재료를 섞어 약을 만든다.

09 정답 ③

우리말을 가꾸는 방법을 설명하고 있으므로 '길'의 의미는 ③과 같은 '수단'이나 '방법'이 된다.

오답확인

① 도중

② 일이나 생활, 행동 등의 방향이나 지침

④ 시간이나 공간을 거치는 과정

10 정답 ②

제시된 문장의 '미친다'는 '영향, 에너지 등이 어떠한 물체에 가하여지는 것'을 의미하므로 이와 같은 의미로 쓰인 것은 ②이다.

오답확인

①ㆍ③ㆍ④ '공간적 거리나 수준이 일정한 선에 닿는다.'는 뜻

11 정답 ②

제시문의 '뜨다'는 '착 달라붙지 않아 틈이 생기다.'라는 뜻으로, '버스가 자주 있지 않다.'는 의미이다. 따라서 이에 반대되는 단어는 '여러 차례로 거듭되는 간격이 매우 짧다.'는 뜻의 '잦다'가 쓰인 ②가 적절하다.

오답확인

① 액체가 속으로 스며들거나 점점 졸아들어 없어지다.

③ 거친 기운이 잠잠해지거나 가라앉다.

④ 뒤로 기울다.

12 정답 ③

• 몰강스럽다 : 인정이 없이 억세며 성질이 악착같고 모질다.

오답확인

① 예의를 지키지 않으며 삼가고 조심하는 것이 없다.

② 하는 짓이나 됨됨이가 매우 어리석고 미련하다.

④ 어려움 없이 쉽게 다루거나 대할 만하다.

13 정답 ④

제시문의 '맞는' 대신 '서로 응하거나 어울리는'을 뜻하는 '상응하는'으로 바꾸어 쓰는 것이 가장 자연스럽다.

오답확인

① 대답하거나 응하는

② 어떤 일이나 사태에 맞춰 태도나 행동을 취하는

③ 어떤 요구나 기대 따위에 좇아서 응하는

14 정답 ④

• 50세 － 지천명(知天命) : '하늘의 뜻을 안다.'는 의미로, 50세를 달리 이르는 말

• 이순(耳順) : '생각하는 것이 원만하여 어떤 말을 듣더라도 바로 이해가 된다.'는 뜻으로, 60세를 달리 이르는 말

15 　　　정답 ④

70세는 고희(古稀)라 하고, 산수(傘壽)는 80세이다.

16 　　　정답 ③

'쾌'는 오징어가 아니라, 북어에 쓸 수 있는 단위이다. 오징어 20마리는 한 축이다.

오답확인
① '꾸러미'는 달걀 10개를 묶어 세는 단위
② '사리'는 적당한 양의 국수를 사려 놓은 묶음
④ '제'는 탕약 20첩을 지칭하는 단위

17 　　　정답 ②

논과 밭의 넓이의 단위는 '마지기'이다.

오답확인
① 곡식이나 소금 따위를 담아 그 분량을 세는 단위
③ 놋쇠로 만든 여자의 밥그릇
④ 나물이나 양념 따위를 손가락 끝으로 집을 만한 분량을 세는 단위

18 　　　정답 ③

오답확인
① 제부 : 여동생의 남편을 호칭하는 말
② 생질녀 : 누이의 여자 조카를 지칭하는 말. 형의 딸은 '질녀'
④ 백부 : 아버지의 맏형. 둘째 형은 '중부'

19 　　　정답 ③

• 선친(先親), 선고(先考) : 남에게 돌아가신 자기 아버지를 이르는 말
• 선대인(先大人), 선고장(先考丈) : 돌아가신 남의 아버지를 이르는 말

20 　　　정답 ④

• 질문(質問) : 모르는 점을 물어 대답을 구함
• 의심(疑心) : 믿지 못하거나 알 수 없어 의아하게 여김
• 문의(問議) : 모르거나 궁금한 것을 일정한 상대에게 물음

21 　　　정답 ④

제시문에서 '해인사의 자락을 풍채가 수려한 위인이 칼을 잡고 설교하는 것 같다.'고 묘사한 것과 '거룩하다.'고 표현한 것을 통해 '성스러운' 분위기를 느낄 수 있다.

22 　　　정답 ③

'손을 씻다.'는 '부정적인 일이나 찜찜한 일에 대하여 관계를 청산한다.'는 뜻의 관용구로, 도박에 빠져 재산을 탕진했던 이가 그것을 끊고 건실히 살고 있는 상황을 표현하는 것에 적합하다.

오답확인
① 서로 약속하다.
② 하던 일을 그만두거나 잠시 멈추다.
④ 오라는 표시로 손짓을 하다.

23 　　　정답 ②

제시된 문장은 괄호 안에 모두 신체 부위 '코'가 들어가는 관용구이다.
• 코가 빠지다 : 근심에 싸여 기가 죽고 맥이 빠지다.
• 코를 맞대다 : 몹시 가까이 하다.
• 코가 땅에 닿다 : 머리를 깊이 숙이다.
• 코가 삐뚤어지다 : 몹시 취할 정도이다.
• 코가 납작해지다 : 몹시 무안을 당하거나 기가 죽어 위신이 뚝 떨어지다.

24 　　　정답 ④

'말소리를 입에 넣다.'는 '다른 사람에게 들리지 아니하도록 중얼중얼 낮은 목소리로 말하는 것'을 의미하며, '입 안의 소리'와 같은 뜻이다.

25 　　　정답 ①

'바늘 뼈에 두부 살'은 말 그대로 '뼈가 가늘고 무른 살'을 가졌다는 의미로 '아주 허약하여 조금만 아파도 몹시 엄살을 부리는 사람'을 이르는 말이다. 매우 연약한 사람을 비유할 때 쓰기도 한다.

오답확인
② 침착하고 여유가 있는 사람
③ 마음이 여리고 약한 사람
④ 어물어물 망설이기만 하고 결단성이 없는 사람

26

정답 ③

- 단단한 땅에 물이 괸다 : 검소하고 절약하는 결심이 굳어야 재산을 모을 수 있다.

27

정답 ①

힘과 세력이 없어 어찌할 수 없는 외로운 신세를 비유적으로 이르는 말은 ①이다.

오답확인
② 바깥출입을 안 하고 집에만 가만히 있는 사람을 비유적으로 이르는 말
③ 은혜나 원한은 시일이 지나면 쉬이 잊게 됨을 비유적으로 이르는 말
④ 의지가 약하고 무슨 일에나 걸핏하면 싱겁게 잘 웃음을 비유적으로 이르는 말

28

정답 ④

적요 : 적적하고 고요함

오답확인
① 서거 : 죽어서 세상을 떠남의 높임말
② 붕어 : 임금이 세상을 떠남
③ 소천 : 하늘의 부름을 받았다는 뜻으로 개신교에서는 죽음을 이르는 말

29

정답 ①

제시된 속담은 능력도 기력도 없는 사람이 장차 큰일을 할 듯이 서둘 때 이를 놀리면서 하는 말이다. 따라서 할아버지가 그럴만한 기력이 없으면서 하겠다고 우기는 상황에서 할머니가 핀잔을 주는 ①의 상황이 제일 잘 어울린다.

30

정답 ③

- 눈 밖에 나다 : 신임을 잃고 미움을 받게 되다.

31

정답 ③

오답확인
① 동감(同感) : 어떤 견해나 의견에 같은 생각을 가짐. 또는 그 생각
② 동일(同一) : 어떤 것과 비교하여 똑같음

④ 동기(同期) : 같은 시기. 또는 같은 기간

32

정답 ①

문맥상 먼저 속담을 제시하고 그 속담에 얽힌 이야기가 순서대로 나와야 하므로 (라) 문단이 가장 먼저 나온다. (라) 문단 다음으로 '앞집'과 '뒷집'의 다툼이 시작되는 (가) 문단이 나오고, 적반하장 격으로 뒷집이 앞집에 닭한 마리 값을 물어주게 된 상황을 설명하는 (다) 문단이 (가) 문단 뒤로 이어지며, 이야기를 전체적으로 요약하고 평가하는 (나) 문단이 마지막에 배열되어야 한다. 따라서 (라) - (가) - (다) - (나)가 정답이다.

33

정답 ②

(가) 문단에서는 전자 상거래 시장에서 소셜 커머스 열풍이 불고 있다는 내용을 소개하고 국내 소셜 커머스 현황을 제시하고 있다. (다) 문단은 소셜 커머스가 주로 SNS를 이용해 공동 구매자를 모으는 것에서 그 명칭이 유래되었다고 언급하며, (나) 문단은 소셜 쇼핑과 개인화된 쇼핑 등 소셜 커머스의 유형과 향후 전망을 제시하였다.

34

정답 ④

〈보기〉의 예가 들어갈 자리로는 요즘 지식인의 직업을 얻는 태도에 대해 비판하고 있는 (라) 뒤가 가장 적절하다.

35

정답 ②

첫 단락은 '다양성'이 크게 줄어든 바다 속의 해파리와 불가사리의 생태를 통해 우리 사회의 특징을 유추하고 있고, 둘째 단락은 양계장의 닭을 통해 '다양성 확보는 사회 집단의 생존과도 무관하지 않다.'라는 주장을 끌어내고 있다. 결국 첫째 단락과 둘째 단락의 구체적 보조관념으로 셋째 단락의 추상적 원관념(다양성 확보가 중요한 이유)을 '유추'의 방법을 통해 설명하고 있다. 유추(類推)는 '확장된 비교'로 추상적인 원관념을 그와 유사성을 지닌 다른 범주의 구체적 보조관념을 통해 설명하는 방식이다.

36

정답 ④

과학과 사법체계를 '자연'이라는 큰 테두리에 종속된 개념으로 포함하는 주제이다. 몇 가지 새로운 분야가 동등한 위치로 합쳐져서 시너지 효과를 낳는 '융합, 컨버전

스'와는 다른 개념의 주제이다. 나머지는 과학기술과 법이 융합된 새로운 패러다임의 주제이다.

37

정답 ④

제시문은 '프레임'이라는 영화의 형식적 단위를 제재로, 프레임의 통합 과정과 형식적 제약성·예술성 등을 고찰하고 있다. 배우의 대사나 연기를 살펴보는 것은 이 글의 내용과 거리가 있다.

38

정답 ④

제시문은 절차의 정당성을 근거로 한 다수의 권력, 즉 무제한적 민주주의에 대해 비판적인 논조를 취하고 있는 글이다. 따라서 빈칸에는 무제한적 민주주의의 문제점을 보완할 수 있는 해결책이 제시되어야 한다.

39

정답 ①

제시된 글은 언어의 일반적인 특성인 '언어 습득의 균등성, 언어판단의 직관성, 언어의 개방성' 등을 구체적인 사례를 들어 독자의 이해를 돕고 있다.

오답확인
②는 대조, ③은 구분, ④는 과정에 대한 설명이다.

40

정답 ②

'너는 냉면 먹어라. 나는 냉면 먹을게.'에서 조사 '는'은 '어떤 대상이 다른 것과 대조됨을 나타내는 보조사'로서 차이나 대조의 의미를 지니고 있다. 그러므로 같은 냉면을 먹으려면 '우리 냉면 먹자.'고 해야 할 것이고, '는'을 사용하려면 '너는 냉면 먹어라. 나는 쫄면 먹을게.'라는 식으로 다른 대상을 말해야 한다.

2 수리능력

01	02	03	04	05	06	07	08	09	10	11	12	13	14	15	16	17	18	19	20
②	③	②	①	③	②	④	②	④	①	②	③	①	②	③	①	④	②	③	①

21	22	23	24	25	26	27	28	29	30										
③	②	②	③	④	④	④	③	③	④										

01　정답 ②

$$\frac{1}{2}\times\frac{2}{3}\div\frac{4}{3}\times\frac{4}{5}\div\frac{1}{5}-\frac{1}{2}\div 3\div 2$$

$$=\frac{1}{2}\times\frac{2}{3}\times\frac{3}{4}\times\frac{4}{5}\times 5-\frac{1}{2}\times\frac{1}{3}\times\frac{1}{2}$$

$$=1-\frac{1}{12}=\frac{11}{12}$$

02　정답 ③

735

오답확인

① 738

② 763

④ 755

03　정답 ②

909

오답확인

① 903

③ 888

④ 893

04　정답 ①

정상가로 판매하는 제품으로 3kg을 사려면 총 30,000원이 필요하고, 1+1 제품을 사려면 29,000원이 필요하다. 따라서 1,000원의 이득을 보게 된다.

05　정답 ③

1월의 난방요금을 $7k$만 원, 6월의 난방요금을 $3k$만 원이라 하면(단, k는 비례상수)

$(7k-2) : 3k = 2 : 1$

따라서 $k=2$이고, 1월의 난방요금은 14만 원이다.

06

정답 ②

학력이 높을수록 도덕적 제재를 선호하는 비중이 증가한다.

오답확인

① 나이가 많을수록 높은 것은 맞지만, 학력과는 무관하게 나타났다.
③ 대졸자와 중졸자의 응답자 수를 알 수 없으므로 판단할 수 없다.
④ 대한민국 국민을 약 5,000만 명이라고 할 때, 1,200명은 약 0.0024%에 해당하므로 대표한다고 볼 수 없다.

07

정답 ④

(A의 증감률)=0
(B의 증감률)=(1,337−28)÷28×100=4,675%
(C의 증감률)=(16,377−10,855)÷10,855×100=50.87%
(D의 증감률)=(28,883−21,342)÷21,342×100=35.33%
(E의 증감률)=(1,474−677)÷677×100=117.72%
증감률이 0인 A가 상급종합병원, 증감률이 가장 큰 B가 요양병원이다. 남겨진 C, D, E 간의 증감률을 비교했을 때 E>C>D이므로 C가 내과의원, D가 치과의원, E가 신경과의원이다.

08

정답 ②

100,000원의 10%를 빼면 남은 돈은 90,000원이다. 남은 돈의 10%는 9,000원이므로 이 돈을 다시 입금하면 은행 계좌에는 99,000원이 남게 된다.

09

정답 ④

집과 영화관 사이의 거리를 $x$km라고 하면

$$\frac{x}{60}+\frac{15}{60}=\frac{x}{30}-\frac{4}{60}$$

$$\frac{x}{30}-\frac{x}{60}=\frac{19}{60}$$

$$2x-x=19$$

$$\therefore x=19$$

10

정답 ①

(3+9)−2=10이므로 −는 +로, +는 −로 계산한다.

11

정답 ②

㉠ 2015년 전체 업종 대비 상위 2개 업종이 차지하고 있는 비율은 (40,223+5,949)÷51,019×100≒90.5%, 2014년 전체 업종 대비 상위 2개 업종이 차지하고 있는 비율은 (40,874+6,047)÷51,556×100≒91%로 2014년에 비해 낮아졌다.
㉢ 합계의 수치를 살펴보면 외국인근로자의 수는 2013년까지 증가했다가 이후 감소하는 것을 알 수 있다.
㉣ 3,079÷38,481×100≒8%

ⓒ 서비스업에 종사하는 외국인근로자 수는 2010년보다 2015년에 증가했지만 2014년보다 2015년에 오히려 감소하였다.
ⓔ 주어진 자료에서는 확인할 수 없는 정보이다.

12
정답 ③

의자의 개수를 x개라고 하면, 아이들의 수는 $(8x+2)$명 또는 $\{9(x-3)+4\}$명이다.
$8x+2=9(x-3)+4$
$\therefore x=25$
따라서 아이들의 수는 $8 \times 25+2=202$명이다.

13
정답 ①

톱니바퀴가 회전하여 다시 처음의 위치로 돌아오려면 두 톱니수의 최소공배수만큼 회전해야 한다. 25와 35의 최소공배수는 $25=5^2$, $35=5 \times 7$에서 $5^2 \times 7=175$이다. 따라서 A는 $175 \div 25=7$바퀴를 회전해야 한다.

14
정답 ②

전체 일의 양을 1이라 하면 민수와 아버지가 1분 동안 하는 일의 양은 각각 $\frac{1}{60}$, $\frac{1}{15}$이다.

민수가 아버지와 함께 일한 시간을 x분이라 하면, $\frac{1}{60} \times 30+\left(\frac{1}{60}+\frac{1}{15}\right) \times x=1$

따라서 x는 6이다.

15
정답 ③

$(4-1) \times 2 \div 1.5=4$

16
정답 ①

$\frac{23}{10}-\frac{1}{5}+\frac{13}{3}=\frac{193}{30}$

17
정답 ④

두 카페를 선호하지 않는 가구 수가 50이므로, A 또는 B 카페를 선호하는 가구 수는 100이다. 두 카페를 모두 선호하는 가구 수를 x라 하면, $100=45+70-x$이고, $x=15$이다. 따라서 B 카페만 선호하는 가구의 수는 $70-15=55$이다.

18
정답 ②

• 고속버스를 이용할 경우 : 68,400(어른요금 2명)+34,200(아동요금 2명)=102,600원
• 승용차를 이용할 경우 : 87,156원(경차), 99,706원(경차 외)

① • 경차를 이용할 경우 : 74,606(주유비)+12,550(통행료)=87,156원
　 • 승용차를 이용할 경우 : 74,606(주유비)+25,100(통행료)=99,706원

③ • 어른 두 명이 고속버스 이용할 경우 : 68,400원
  • 어른 두 명이 경차를 이용할 경우 : 74,606(주유비)+12,550(통행료)=87,156원
④ • KTX를 이용할 경우 : 114,600(어른요금 2명)+57,200(아동요금 2명)=171,800원

19

정답 ③

비만 또는 성인병을 가진 인구는 $60-12=48$명이다.
비만과 성인병을 동시에 가진 인구수를 x명이라 하면
$48=44+20-x$
$\therefore x=16$
따라서 비만인 사람 중에서 성인병이 없는 사람의 수는 $44-16=28$명이다.

20

정답 ①

효진이의 나이를 x살이라 하면, 연경이의 나이는 $3x$살이다.
5년 후의 효진이의 나이는 $(x+5)$살, 연경이의 나이는 $(3x+5)$살이므로
$(3x+5):(x+5)=7:4$
$7(x+5)=4(3x+5)$
$\therefore x=3$
따라서 연경이의 나이는 9살, 효진이의 나이는 3살이다.

21

정답 ③

호인이와 수민이가 만날 때까지 걸린 시간을 x분이라 하면
$60x+40x=2,000$
$100x=2,000$
$\therefore x=20$

22

정답 ②

$12\div4-6\div3=1$

23

정답 ②

$8^x\times2^{4x}=4^{14}$
$2^{3x}\times2^{4x}=4^{14}$
$2^{7x}=4^{14}$
$2^{7x}=2^{28}$
$7x=28$
$\therefore x=4$

24

정답 ③

$(a-b)(a+b)=a^2-b^2$
$3(2^2+1)(2^4+1)(2^8+1)=2^x-1$
$(4-1)(2^2+1)(2^4+1)(2^8+1)=2^x-1$
$(2^2-1)(2^2+1)(2^4+1)(2^8+1)=2^x-1$
$(2^4-1)(2^4+1)(2^8+1)=2^x-1$
$(2^8-1)(2^8+1)=2^x-1$
$2^{16}-1=2^x-1$
$\therefore x=16$

25

정답 ④

1940년대와 1950년대의 자살률은 하락했다.

26

정답 ④

15~24세 연령대의 인구수를 계산하면 $2,500\times0.168=420$만 명이고, 남자와 여자의 비율이 같으므로 각각 210만 명이다.
- 남자의 자살 추정치 : $2,100,000\times0.00022=462$명
- 여자의 자살 추정치 : $2,100,000\times0.00004=84$명
$\therefore$ 15~24세 연령대의 자살 추정치 : $462+84=546$명

27

정답 ④

어떤 수를 소인수분해를 했을 때, 지수가 짝수이면 그 수는 제곱수이다. 따라서 120을 소인수분해하면 $2^3\times3\times5$이고, 제곱수가 되려면 최소 $2\times3\times5=30$을 더 곱해야 한다.

28

정답 ③

$(x+y)^2=x^2+2xy+y^2$
$100=x^2+2\times5+y^2$
$\therefore x^2+y^2=90$

29

정답 ③

국산, 미국산, 호주산의 소 가격은 각각 모두 증가와 감소가 함께 나타나는 것을 알 수 있다.

오답확인

① 표를 통해 쉽게 알 수 있다.
② • 2~3월 양파 가격 평균의 합 : $2,392+2,373=4,765$
   • 6~7월 배추 가격 평균의 합 : $2,775+2,967=5,742$
④ • 1~2월 계란 가격 변동 폭 : $|5,473-5,493|=20$
   • 1~2월 닭 가격 변동 폭 : $|5,107-5,265|=158$

30

정답 ④

해당 기간 동안 이용자 수의 증감률이 가장 낮은 분야는 PC 기반 오픈마켓(전년 상반기 대비 증감률 : 약 -0.06%)이다.

오답확인

① 모바일 쇼핑 어플의 월평균 이용자 수는 조사 기간 동안 계속 증가하였다.
② $\{(5,480,000+1,530,000+6,604,000)-(3,675,000+868,000+4,057,000)\}\div(3,675,000+868,000+4,057,000)\times$ $100\fallingdotseq58.3\%$
③ 표를 통해 쉽게 확인할 수 있다.

01	02	03	04	05	06	07	08	09	10	11	12	13	14	15	16	17	18	19	20
④	②	②	③	④	③	③	②	④	①	④	③	②	①	③	④	④	②	③	③
21	22	23	24	25	26	27	28	29	30	31	32	33	34	35	36	37	38	39	40
②	④	①	③	④	②	④	①	②	④	②	①	③	②	②	④	①	②	③	③

01
정답 ④

앞의 항에 ÷2를 하는 수열이다.

02
정답 ②

+2.7, ÷2가 반복되는 수열이다.

03
정답 ②

(앞의 항)−(뒤의 항)=(다음 항)

04
정답 ③

(앞의 항)+(뒤의 항)−1=(다음 항)

05
정답 ④

(앞의 항)+(뒤의 항)+2=(다음 항)

06
정답 ③

(앞의 항)×(뒤의 항)=(다음 항)

07
정답 ③

{(앞의 항+뒤의 항)}×2=(다음 항)

08
정답 ②

홀수 항은 −4, 짝수 항은 −7을 하는 수열이다.

09
정답 ④

홀수 항은 +10, 짝수 항은 ÷3을 하는 수열이다.

10

홀수 항은 ×(−3), 짝수 항은 ÷5를 하는 수열이다.

정답 ①

11

+8, ÷2가 반복되는 수열이다.

정답 ④

12

÷2, ×(−4)가 반복되는 수열이다.

정답 ③

13

×(−5), ×2+1이 반복되는 수열이다.

정답 ②

14

$\underline{A\,B\,C} \to A \times B + 2 = C$

정답 ①

15

$\underline{A\,B\,C} \to (A + B) \div 3 = C$

정답 ③

16

$\underline{A\,B\,C} \to A \times B - 5 = C$

정답 ④

17

정답 ④

앞의 항에서 4씩 빼는 수열이다.

Y	(U)	Q	M	I	E
25	21	17	13	9	5

18

정답 ②

(왼쪽 문자)×2=(중간 문자)
(중간 문자)×2=(오른쪽 문자)

19

정답 ③

홀수 항은 ×2, 짝수 항은 ÷2를 하는 수열이다.

20　　　　　　　　　　　　　　　　　　　　　　　　　　　　　　정답 ③

앞의 항에 ×2를 하는 수열이다.

21　　　　　　　　　　　　　　　　　　　　　　　　　　　　　　정답 ②

(앞의 항)+3=(뒤의 항)

22　　　　　　　　　　　　　　　　　　　　　　　　　　　　　　정답 ④

홀수 항은 +1, 짝수 항은 +3을 하는 수열이다.

23　　　　　　　　　　　　　　　　　　　　　　　　　　　　　　정답 ①

홀수 항은 +2, +4, +6, …을 하는 수열이고, 짝수 항은 +2를 하는 수열이다.

24　　　　　　　　　　　　　　　　　　　　　　　　　　　　　　정답 ③

앞의 항에 +2, +4, +6, +8, …을 하는 수열이다.

25　　　　　　　　　　　　　　　　　　　　　　　　　　　　　　정답 ④

(앞의 항)+(뒤의 항)=(다음 항)

26　　　　　　　　　　　　　　　　　　　　　　　　　　　　　　정답 ②

홀수 항은 +1, 짝수 항은 -1을 하는 수열이다.

27　　　　　　　　　　　　　　　　　　　　　　　　　　　　　　정답 ④

'스티로폼'은 '열'이 통하지 않는 열적부도체이다. '고무'는 '전기'가 통하지 않는 전기적부도체이다.

28　　　　　　　　　　　　　　　　　　　　　　　　　　　　　　정답 ①

제시문은 반의 관계이다. '취직'의 반대말을 '실직'이며, '추상'의 반대말은 '구체'이다.

29　　　　　　　　　　　　　　　　　　　　　　　　　　　　　　정답 ②

제시된 낱말은 원인과 결과의 관계이다. '부상'은 '흉터'가 생기게 하고, '바이러스'는 '병'이 나게 한다.

30　　　　　　　　　　　　　　　　　　　　　　　　　　　　　　정답 ④

'고전주의'와 '낭만주의'는 반대되는 개념이고, '보수'와 '진보'도 반대되는 개념이다.

31

'청심환'은 '긴장'을 완화해주며, '지사제'는 '설사'를 완화해준다.

32

'클래식'은 '음악'의 한 장르이고, '팝아트'는 '미술'의 한 장르이다.

33

제시문은 반의 관계이다. '다툼'의 반대말은 '화해'이며, '성공'의 반대말은 '실패'이다.

34

제시문은 유의 관계이다. '이름'은 '존함'과 유사한 의미를 가지며, '인연'은 '연분'과 유사한 의미를 가진다.

35

'대중교통'의 하위어는 '지하철'이며, '집'의 하위어는 '아파트'이다.

36

'새'는 '매'의 상위어이고, '꽃'은 '개나리'의 상위어이다.

37

'립스틱'은 '화장'을 하기 위해 필요하고, '약'은 '치료'를 하기 위해 필요하다.

38

'세탁소'는 '수선'하는 곳이고, '마트'는 '판매'하는 곳이다.

39

'편지지'를 구매하려면 '문구점'에 가야하고, '연고'를 구매하려면 '약국'에 가야 한다.

40

'늦잠'으로 인해 '지각'이 발생하고, '폐수'로 인해 '수질오염'이 발생한다.

4 사무지각능력

01	02	03	04	05	06	07	08	09	10	11	12	13	14	15	16	17	18	19	20
①	②	③	③	②	①	②	③	③	④	②	③	①	②	①	②	②	①	①	②
21	22	23	24	25	26	27	28	29	30	31	32	33	34	35	36	37	38	39	40
④	②	②	①	②	①	①	②	②	②	③	②	④	②	④	③	④	③	④	②

01 정답 ①

ⓘⓜ(x)ⓨⓜⓣⓘ — ⓘⓝ(x)(y)Ⓦⓣⓘ

02 정답 ②

리ㅄㅁ쯔ㅎ존러끼 — 리ㅃㅁ쓰ㅎ레러끼

03 정답 ③

57869325 — 57068245

04 정답 ③

15982664 — 15387168

05 정답 ②

51802934 — 56703732

06 정답 ①

舡央商勝應翁盈 — 舡英商勝應翁盈

07 정답 ②

후훈호혼하한허헌 — 후혼호훈하한허헌

08 정답 ③

15926434 — 18826736

09 정답 ③

94652065 — 84457064

10

정답 ④

141378450 — 151296450

11

정답 ②

甫往敎勢聖畵携縮 — 甫往敎勢聖畫携縮

12

정답 ③

ⅧⅨⅣⅢⅡⅣⅩⅦ — ⅧⅨⅣⅢⅡⅥⅩⅦ
㉮㉨㉧㉯㉠㉰㉡㉪ — ㉮㉣㉧㉯㉠㉰㉡㉪

13

정답 ①

☉▶♠♡◁♣☞☞ — ♥▶♠♡◁♣☞☞

14

정답 ②

양배추소고기볶음 — 양배추소고기복음

15

정답 ①

좌우 문자열 같음

16

정답 ②

やづごしどなる — やづごじどなる

17

정답 ②

傑琉浴賦忍杜家 — 傑瑜浴賦忍杜家

18

정답 ①

오답확인
② Mozort requiem K626
③ Mozart requiem K629
④ Mozart repuiem K626

19

오답확인

② Violin Son<u>o</u>ta BB.124 − Ⅲ

③ Violin Sonata BB.124 − <u>Ⅱ</u>

④ Violin Sonata B<u>P</u>.124 − Ⅲ

20

정답 ②

오답확인

① ⑤09①36⑤7④③3

③ ⑤09①36⑤7④⑤3

④ ⑤09①36⑤7④③<u>8</u>

21

정답 ④

DeCa<u>q</u>ua&Listz(1968)

22

정답 ②

하사날고<u>미</u>다히여 − 하사날고<u>마</u>다히여

23

정답 ②

⑦65④①9⑧5 − ⑦65④<u>①</u>⑨⑧5

24

정답 ①

ㅋㄷ<u>ㄹ</u>ㅌㄷㅋㅋㄷㄴㅁ<u>ㄹ</u>ㅋㄴ∧∨∪<u>ㄹ</u>≫ㅌㄷㅋ≫≪∪<u>ㄹ</u>≥≤<u>ㄹ</u>〉〉〉<u>ㄹ</u>ㅌ∪ㅌ<u>ㄹ</u>ㅋ∪ㅌ

25

정답 ②

1#%&(2=5($43!^<u>%</u>&9&#=0)9%<u>×</u>=!)^60!*3#<u>%</u>2×6+0#<u>%</u>!@($^)5)<u>%</u>&!5*68$1

26

정답 ①

AK＝6＋4＝10

오답확인

② · ④ 17

③ 9

72 AI면접은 win 시대로 www.sdedu.co.kr/winsidaero

27

$$BH = 1 + 9 = 10$$

오답확인

② 11

③ 8

④ 15

정답 ①

28

$$DX = 4 + 1 = 5$$

오답확인

① 11

③ 3

④ 1

정답 ②

29

$$ED = 9 + 18 = 27$$

오답확인

① 26

③ 29

④ 23

정답 ②

30

$$LQ = 15 + 6 = 21$$

오답확인

① 15

③ · ④ 19

정답 ②

31

정답 ③

θ	δ	π	ω	Ο	ρ	Ω	δ	η	φ	ψ	θ
φ	α	ψ	θ	φ	Ο	ζ	ω	θ	<u>Θ</u>	ζ	ρ
η	θ	α	δ	π	θ	Ο	Ω	α	δ	θ	Φ
Ο	Ω	<u>Θ</u>	ζ	Φ	δ	φ	Ο	ψ	α	Ω	δ
ρ	ζ	φ	π	θ	ω	π	ρ	ζ	ρ	η	<u>Θ</u>

32 정답 ②

<u>080</u>	003	686	020	800	020	868	800	030	090	008	686
668	020	086	030	003	008	090	020	800	868	086	668
003	800	020	686	<u>080</u>	086	800	030	868	090	686	090
800	686	003	868	008	030	020	090	800	086	008	800

33 정답 ④

당과	통쾌	탕과	통궤	당과	통궤	통쾌	<u>통과</u>	투과	당과	동과	당과
동과	통궤	당과	<u>통과</u>	탕과	투과	통궤	통쾌	<u>통과</u>	동과	통궤	동과
당과	<u>통과</u>	동과	탕과	통쾌	<u>통과</u>	투과	통쾌	투과	<u>통과</u>	탕과	당과
탕과	<u>통과</u>	동과	통궤	동과	<u>통과</u>	탕과	통쾌	<u>통과</u>	투과	<u>통과</u>	통궤

34 정답 ②

<u>ホ</u>	ハ	エ	ウ	<u>ホ</u>	ヒ	ハ	ア	ケ	ハ	ア	ケ
エ	<u>ホ</u>	ウ	エ	ケ	ヒ	ケ	ア	ハ	ヒ	ア	エ
エ	ケ	ウ	ア	ウ	エ	ケ	ハ	ケ	ヒ	ハ	ア
ハ	ケ	ハ	ウ	ア	<u>ホ</u>	ケ	ヒ	<u>ホ</u>	ア	エ	ケ

35 정답 ④

0.75	0.24	<u>0.58</u>	0.18	0.67	0.28	0.56	0.48	0.62	0.53	0.82	<u>0.58</u>
0.18	0.48	0.11	0.53	0.49	<u>0.58</u>	0.98	0.82	0.71	<u>0.58</u>	0.64	0.82
0.51	0.85	0.51	0.53	0.82	0.38	0.68	0.18	0.26	0.49	0.45	0.27
<u>0.58</u>	0.61	0.79	0.82	0.38	0.53	0.49	<u>0.58</u>	0.48	0.28	0.14	0.53

36 정답 ③

2489	5892	8291	4980	2842	5021	5984	1298	8951	3983	9591	5428
<u>5248</u>	5147	1039	7906	9023	5832	5328	1023	8492	6839	7168	9692
7178	1983	9572	5928	4726	9401	<u>5248</u>	<u>5248</u>	4557	4895	1902	5791
4789	9109	7591	8914	9827	2790	9194	3562	8752	7524	6751	1248

37

정답 ④

5190	5123	5918	2756	3829	5027	5321	4827	9301	5912	<u>5690</u>	5990
5417	5001	5890	1204	2940	9690	4920	5960	<u>5690</u>	4011	7207	7923
<u>5690</u>	<u>5690</u>	3479	1246	3272	5178	5698	5973	1268	6784	2561	8928
5228	7912	2546	<u>5690</u>	5680	1456	<u>5690</u>	5390	8257	9031	3683	1234

38

정답 ③

560	572	578	591	502	589	587	593	521	<u>569</u>	523	507
<u>569</u>	562	520	571	530	572	512	588	572	553	597	<u>569</u>
572	<u>569</u>	589	515	566	596	522	555	<u>569</u>	500	543	568
529	560	542	<u>569</u>	558	587	517	524	584	516	534	<u>569</u>

39

정답 ④

<u>α</u>	ε	δ	γ	ε	β	δ	ε	δ	β	γ	δ
β	σ	β	σ	<u>α</u>	δ	ε	γ	γ	σ	β	ε
γ	ε	δ	<u>α</u>	β	σ	δ	σ	<u>α</u>	δ	<u>α</u>	σ
δ	σ	ε	γ	ε	γ	γ	ε	δ	δ	γ	δ

40

정답 ②

지배(<u>支配</u>)의 ― 지배(<u>技配</u>)의

01	02	03	04	05	06	07	08	09	10	11	12	13	14	15	16	17	18	19	20
④	①	③	③	①	②	③	④	②	④	④	②	①	③	③	④	①	③	①	②

21	22	23	24	25	26	27	28	29	30										
②	①	②	①	①	③	①	③	②	①										

01
정답 ④

파란 구슬과 노란 구슬 중 어느 것이 더 무거운지는 알 수 없지만 빨간 구슬은 다른 두 구슬보다 무겁다. 빨간 구슬이 노란 구슬보다 무거우므로, 파란 구슬과 빨간 구슬을 합쳐도 노란 구슬보다 무거울 것이다.

02
정답 ①

감자꽃은 유채꽃보다 늦게 피므로 유채꽃이 피기 전이라면 감자꽃도 피지 않았다.

03
정답 ③

'털이 흰 토끼는 당근을 먹는다.'의 대우는 '당근을 먹지 않는다면 흰 토끼가 아니다.'이다. 명제의 대우는 항상 참이므로 ③이 옳다.

04
정답 ③

A와 D는 각각 501호, 505호에 살고 B · C · E는 주어진 조건만으로는 502~504호 중 어디에 사는지 알 수 없다. 다만, C가 504호에 살면, B는 C의 바로 왼쪽 방에 살기 때문에 503호에 사는 것을 알 수 있다.

오답확인

① · ② · ④ 주어진 조건만으로는 알 수 없다.

05
정답 ①

'승우가 도서관에 간다.'를 A, '민우가 도서관에 간다.'를 B, '견우가 도서관에 간다.'를 C, '연우가 도서관에 간다.'를 D, '정우가 도서관에 간다.'를 E라고 하면 ~D → E → ~A → B → C이므로 정우가 도서관에 가면 민우와 견우도 도서관에 간다.

06
정답 ②

'축구를 좋아한다.'를 A, '골프를 좋아한다.'를 B, '야구를 좋아한다.'를 C, '농구를 좋아한다.'를 D라고 하면 A → ~B → ~C → D가 성립한다. 따라서 축구를 좋아하는 한영이는 농구도 좋아한다.

07
정답 ③

B와 E의 이야기에서 C와 A의 성적에 대한 진술이 엇갈린다. 즉, B와 E 중 한 사람이 거짓말을 하고 있다. 'B의 진술이 거짓'인 경우, 나머지 진술에 따라 성적순으로 나열하면 E − B − A − D − C 또는 E − B − D − A − C가 가능하다. 또한 'E의 진술이 거짓'인 경우, 나머지 진술에 따라 성적순으로 나열하면 E − B − D − C − A 또는 E − D − B − C − A가 가능하다. 따라서 올바른 결론은 ③이다.

08
정답 ④

주어진 정보를 기호로 나타내면 B>F, E · F>G>D, B는 처음이 아님, D>A, G>C, A와 D 계약의 체결시간은 떨어져 있음이므로 E>B>F>G>D>C>A의 순이다.

09
정답 ②

세 번째, 네 번째, 다섯 번째 조건에 의해 8등이 될 수 있는 사람은 A, C이다. 첫 번째 조건을 만족해야 하므로 8등은 A이다. 또한 두 번째 조건에 의해 B는 4등이다. 그러면 네 번째 조건에 의해 E는 5등이다. 마지막으로 첫 번째 조건에 의해 C는 6등이 될 수 없으므로 1, 2, 3등 중에 하나이다.

10
정답 ④

첫 번째 조건과 네 번째 조건에서 여학생 X와 남학생 B가 동점이 아니므로, 여학생 X와 남학생 C가 동점이다. 세 번째 조건에서 여학생 Z와 남학생 A가 동점임을 알 수 있고, 두 번째 조건에서 여학생 Y와 남학생 B가 동점임을 알 수 있다. 남는 남학생 D는 여학생 W와 동점이 된다.

11
정답 ④

갑의 점수 : 을의 점수보다 15점이 낮다.
병의 점수 : 을의 점수보다 10점이 낮다.
따라서 수학 점수는 갑<병<을의 순이다.

12
정답 ②

영록이는 만수네 집에 간 적이 있는데, 만수는 복실이와 같은 마을에 산다.

오답확인

① 영록이와 만수가 같은 마을에 사는지는 알 수 없다.
③ 영희는 언급되지 않아 알 수 없다.
④ 영록이가 만수네 집에 온 적이 있다.

13
정답 ①

'제주도로 신혼여행을 간다.'를 A, '몰디브로 여름휴가를 간다.'를 B, '겨울에 세부를 간다.'를 C라고 하면 전제는 A → B이다. ~B → C라는 결론이 성립하기 위해서는 ~A → C 또는 ~C → A가 필요하다.

14
정답 ③

'비가 내린다.'를 A, '검은색 옷을 입는다.'를 B, '흰색 모자를 쓴다.'를 C라고 하면 전제는 A → B이다. ~B → ~C라는 결론을 얻기 위해서는 C → A, ~A → ~C라는 명제가 필요하다.

15
정답 ③

사탕에 대하여 '딸기 맛이다.'를 A, '빨간색이다.'를 B, '동그랗다.'를 C라고 하면 '~B → ~A → C'가 성립하므로 빈칸에는 ~B → C 혹은 그 대우인 ~C → B가 들어가야 한다.

16
정답 ④

새끼양에 대하여 '검은 양이다.'를 A, '더위를 많이 탄다.'를 B, '어미양이 검은 양이다.'를 C라고 하면 C → A → B임을 알 수 있다. 따라서 C → B 또는 ~B → ~C가 알맞다.

17
정답 ①

'겨울에 눈이 온다.'를 A, '여름에 비가 온다.'를 B, '가을에 서리가 내린다.'를 C라고 하면 전제는 A → B이다. ~B → C라는 결론이 성립하기 위해서는 ~A → C 또는 ~C → A가 필요하다.

18
정답 ③

'바람이 분다.'를 A, '별이 회색이다.'를 B, '사과가 떨어진다.'를 C라고 한다면 전제는 A → B이다. ~B → ~C라는 결론을 얻기 위해서는 C → A 또는 ~A → ~C라는 명제가 필요하다.

19
정답 ①

짖지 않는 강아지는 아파트에서 키울 수 있다. 이 강아지는 짖지 않는다. 그러므로 이 강아지는 아파트에서 키울 수 있다.

20
정답 ②

우선 A의 자녀가 아들이라고 하면 그 대답은 성립하므로 B, C의 자녀도 아들인데, 이것은 아들이 2명밖에 없다는 조건에 모순된다. 그러므로 A의 자녀는 딸이다. 다음에 C의 자녀가 아들이라고 하면 C의 대답에 의해 D의 자녀는 딸이 되므로 B의 자녀는 아들이어야 한다. 그런데 이것은 사실을 말해야 하는 B의 대답과 모순된다. 따라서 C의 자녀도 딸이다. 그러므로 아들을 가진 아버지는 B와 D이다.

21
정답 ②

이번 달의 1일이 월요일이라면 첫째, 셋째 주에는 혜빈이가 4번, 동준이가 3번 출근했을 것이므로 혜빈이가 돈을 더 많이 벌었을 것이다.

22　　　　　　　　　　　　　　　정답 ①

이번 달이 30일까지 있다면 짝수인 날과 홀수인 날이 같으므로 한 달 동안 두 사람이 번 돈은 같을 것이다.

23　　　　　　　　　　　　　　　정답 ②

한 달의 마지막 날이 30일이라면 둘이 번 돈이 같고, 마지막 날이 31일이라면 혜빈이가 번 돈이 더 많다. 따라서 마지막 날이 31일인 달이 한 달이라도 있는 이상 혜빈이가 번 돈이 더 많을 수밖에 없다.

24　　　　　　　　　　　　　　　정답 ①

초콜릿을 가장 많이 받은 남자아이는 3개를 받았고 1명이라고 했으므로, 전체 초콜릿 6개 중 1명은 3개, 1명은 2개, 1명은 1개를 받았을 것이다.

25　　　　　　　　　　　　　　　정답 ①

혜교가 3명의 남자아이들에게 초콜릿을 각각 1개씩 주었다면 남자아이 1은 3개, 남자아이 2는 2개, 남자아이 3은 1개를 받게 된다. 조건에 어긋나는 점이 없으므로 초콜릿을 각각 1개씩 주는 것도 가능하다.

26　　　　　　　　　　　　　　　정답 ③

혜교가 남자아이들에게 초콜릿을 각각 1개씩 주었다면 남자아이 1은 3개, 남자아이 2는 2개, 남자아이 3은 1개가 되므로 남자아이 1이 가장 많이 받은 것이다. 그러나 남자아이 2에게 2개, 남자아이 3에게 1개를 주었다면 남자아이 1은 2개, 남자아이 2는 3개, 남자아이 3은 1개로 남자아이 3이 초콜릿을 가장 적게 받았지만 초콜릿을 가장 많이 받은 아이는 남자아이 2가 된다. 따라서 남자아이 1과 남자아이 2 중 누가 가장 많은 초콜릿을 받았는지 정확히 알 수 없다.

27　　　　　　　　　　　　　　　정답 ①

혜원이는 현수보다 많이, 지연이보다 적게 사탕을 먹었으므로 5개를 먹었을 것이다.

28　　　　　　　　　　　　　　　정답 ③

현수＜민아, 현수＜혜원＜지연＜정원이지만 민아와 정원이 중 누가 사탕을 더 많이 먹었는지는 확실히 알 수 없다.

29　　　　　　　　　　　　　　　정답 ②

제시문의 조건에 따르면 다음과 같은 4가지 경우가 발생할 수 있다.

구 분	첫 번째	두 번째	세 번째	네 번째	다섯 번째
〈경우 1〉	A	B	E	C	D
〈경우 2〉	A	B	C	D	E
〈경우 3〉	A	C	D	B	E
〈경우 4〉	C	D	A	B	E

〈경우4〉에서 A가 세 번째 순서일 때, D는 두 번째 순서이다. 또한, 제시된 조건에서 C가 D보다 앞선 번호이기 때문에 D는 C보다 축제에 먼저 참여할 수 없다.

30　　　　　　　　　　　　　　　정답 ①

E가 세 번째 순서일 때, 첫 번째부터 다섯 번째까지 A → B → E → C → D의 순서가 된다. 따라서 E가 세 번째 순서일 때, D는 마지막 순서이다.

01	02	03	04	05	06	07	08	09	10	11	12	13	14	15	16	17	18	19	20
①	①	①	②	③	④	④	③	①	④	③	④	④	①	①	④	④	②	②	④
21	22	23	24	25	26	27	28	29	30	31	32	33	34	35	36	37	38	39	40
②	②	①	④	④	③	②	②	④	④	③	①	②	④	①	④	②	③	④	④

01
정답 ①

오퍼레이션 트위스트(Operation Twist)
장기국채를 사들이고 단기국채를 팔아 장기금리 인하를 유도하는 공개 시장 조작방식이다. 장기금리가 하락하게 되면 기업은 투자를 늘리고, 가계는 새로 주택을 구입하는 등 내수가 활성화된다.

02
정답 ①

환율이 상승하면 인플레이션을 가져올 수 있다. 따라서 물가안정은 나타나는 현상이 아니다.

03
정답 ①

디플레이션은 통화량 감소와 물가하락 등으로 인하여 경제활동이 침체되는 현상을 말한다.

04
정답 ②

오답확인

① 쥐어짤 만큼 어려운 경제상황에서 체감물가가 올라가는 상태
③ 소프트패치보다 더 나쁜 경제상황으로, 소프트패치 국면이 상당 기간 길어질 수 있음을 의미
④ 경제가 침체에서 벗어나 조금씩 회복되면서 발전할 조짐을 보이는 것

05
정답 ③

미소금융은 서민들에게 희망과 자활의 가능성을 심어주기 위해 2009년 12월에 시작된 친 서민 금융지원제도이다.

06
정답 ④

헤지펀드란 투자 위험 대비 고수익을 추구하는 투기성 자본으로, 소수의 고액투자자를 대상으로 하는 사모 투자자본이다. 다수의 소액투자자를 대상으로 공개모집하는 펀드는 뮤추얼펀드이다.

07
정답 ④

발행이율은 액면에 대한 1년당 연이율을 의미하며, 이표채는 이표가 첨부되어 있고 할인채는 할인율로 표시한다.

08
정답 ③

오답확인

① 국내 종합주가지수
② 다우존스 평균지수가 직전 분기 최종월 평균종가의 2% 이상 상승 또는 하락하면 차익프로그램 거래의 매수·매도가격이 직전가 이상 또는 이하로 제한되는 제도
④ 주식시장에서 주가가 급등 또는 급락하는 경우 주식매매를 일시 정지하는 제도

09
정답 ①

지주회사는 콘체른형 복합기업의 대표적인 형태로서 모자회사 간의 지배관계를 형성할 목적으로 자회사의 주식총수에서 과반수 또는 지배에 필요한 비율을 소유·취득하여 해당 자회사의 지배권을 갖고 자본적으로나 관리기술적인 차원에서 지배관계를 형성하는 기업을 말한다.

10

정답 ④

삼한은 정치적 지배자인 군장과 제사장인 천군이 지배하는 지역이 구분된 제정분리 사회였다. 그중 소도는 제사장인 천군이 다스리는 곳으로 국법이 미치지 못하는 지역이었기 때문에 죄인들이 숨어도 체포할 수 없었다.

11

정답 ③

삼국 통일 후 전제 왕권을 확립한 신문왕의 업적이다.

12

정답 ④

최초의 인류는 오스트랄로피테쿠스 아파렌시스이다. 오스트랄로피테쿠스 아파렌시스는 '남방의 원숭이'라는 뜻으로, 직립 보행을 하고 간단한 도구를 사용하였다.

13

정답 ④

이집트는 다신교를 믿었고, 내세적인 종교관을 가지고 있었다. 문자는 그림 문자를 사용하였으며 실용적인 기술이 발달하였다.
④ 쐐기 문자는 메소포타미아 문명에서 사용하였다.

14

정답 ①

이순신 장군은 옥포대첩, 사천포해전, 당포해전, 1차 당항포해전, 안골포해전, 부산포해전, 명량대첩, 노량해전 등에서 승리했다.
행주대첩
임진왜란 때 행주산성에서 권율이 지휘하는 조선군과 백성들이 일본군과 싸워 크게 이긴 전투이다. 행주대첩은 진주대첩, 한산대첩과 함께 임진왜란 3대 대첩으로 불린다.

15

정답 ①

최초의 근대적 조약인 강화도 조약(1876)의 조항으로, ①의 최혜국 대우는 조미 수호 통상 조약(1882)에서 처음으로 보장된 바 있다.

16

정답 ④

소수서원
1541년(중종 36)에 풍기군수로 부임한 주세붕이 이듬해에 이곳 출신 유학자인 안향을 배향하기 위해 사묘를 설립하였다가 1543년에 유생교육을 겸비한 백운동서원을 설립한 것이 소수서원의 시초이다.

17

정답 ④

「사서」는 「논어」, 「맹자」, 「대학」, 「중용」을 말하고, 「삼경」은 「시경」, 「서경」, 「역경」을 말한다. 「삼경」에 「춘추」와 「예기」를 합해 오경이라 부른다. 「사서오경」은 고대 중국의 자연현상과 사회생활의 기록이며, 제왕의 정치, 고대의 가요, 가정생활, 공자가 태어난 노(魯)나라 역사 등의 기록을 담고 있다.

18

정답 ②

제시문은 고조선의 '8조법'의 내용이다. 현재 3개의 조목만 전해지는 8조법을 통해 고조선은 사유재산제의 사회로서 개인의 생명 보호를 중시했으며 계급 사회였음을 알 수 있다.

19

정답 ②

태닝 기계는 적정량의 자외선을 이용하여 멜라닌 세포의 활동성을 일시적으로 증가시켜 외피 각질층에 색소를 증가시켜서 피부를 구릿빛으로 만들어준다. 즉, 태닝 기계에 이용되는 전자기파는 자외선이다.

20

정답 ④

시간 데이터는 세미콜론(;)이 아니라 콜론(:)을 사용한다.

21

정답 ②

인쇄 중인 문서를 일시 정지시킬 수 있으며 일시 정지된 문서를 다시 이어서 출력할 수도 있지만, 다른 프린터로 출력하도록 할 수는 없다. 다른 프린터로 출력을 원할 경우 처음부터 다른 프린터로 출력해야 한다.

22

정답 ②

가장 먼저 휴지통에 들어온 파일부터 지워진다.

23

정답 ①

독수독과(毒樹毒果)
고문이나 불법 도청 등 위법한 방법으로 수집한 증거는 증거로 쓸 수 없다는 말로 '독이 있는 나무의 열매도 독이 있다.'는 뜻을 가진 법률 용어이다.

24

정답 ④

헌법재판소의 의결정족수
헌법재판소법 제23조에 의거하여 재판부는 재판관 7명 이상의 출석으로 사건을 심리하며, 재판부는 종국심리에 관여한 재판관 과반수의 찬성으로 사건에 관한 결정을 한다. 다만 법률의 위헌결정, 탄핵의 결정, 정당해산의 결정 또는 헌법소원에 관한 인용결정(認容決定)을 하는 경우나 종전에 헌법재판소가 판시한 헌법 또는 법률의 해석 적용에 관한 의견을 변경하는 경우 재판관 6명 이상의 찬성이 있어야 한다.

25

정답 ④

오답확인
① 재적의원 과반수의 출석과 출석의원 2/3 이상의 찬성이 있어야 한다.
② 재적의원 과반수의 찬성이 있어야 한다.
③ 재적의원 과반수의 찬성이 있어야 한다.

26

정답 ③

유니언 숍(Union Shop)
클로즈드 숍과 오픈 숍의 중간 형태로서 고용주는 노동조합 이외의 노동자까지도 자유롭게 고용할 수 있으나, 일단 고용된 노동자는 일정 기간 내에 조합에 가입해야 한다.

27

정답 ②

체크오프(Check-off)제도
노동조합의 안정과 독립을 위한 방법으로, 조합비를 징수할 때 급여에서 일괄 공제하여 조합에 인도하는 제도이다. 조합원 2/3 이상의 동의가 있으면 조합은 그 세력 확보의 수단으로 체크오프의 조항을 둘 수 있다.

28

정답 ②

독일의 작곡가. 오페라 외에도 거대한 규모의 악극을 여러 편 남겼는데, 모든 대본을 손수 썼고 많은 음악론과 예술론을 집필했다.

오답확인
① 독일 민족주의자 바그너와 인류 보편의 예술을 추구했던 브람스. 그러나 두 사람은 정반대의 존재였다. 바그너는 혁명적이고 미래지향적인 데 반해, 브람스는 신고전파였고 추상적 형식을 주로 다루었기에 오페라는 물론이고 표제음악조차 쓰지 않았던 것으로 유명하다.
③ 독일의 작곡가. 잡지 「음악신보」를 발행하여 작곡과 함께 평론활동을 하였으며 쇼팽과 브람스 등을 소개하기도 하였다. 낭만주의와 슈베르트의 영향을 받았고 피아노 독주곡과 가곡 작곡에 특히 뛰어났으며 〈피아노협주곡〉, 〈사육제〉 등의 작품을 남겼다.
④ 이탈리아 오페라 작곡가. 대표적인 작품으로 〈세빌리아의 이발사〉, 〈오셀로〉(1816), 〈신데렐라〉(1817), 〈호상(湖上)의 미인〉(1819) 등이 있다. 로시니는 세련된 선율미를 추구하고 성악기교를 오페라 부파에 적용시켜 대중적인 인기와 함께 오페라 부파의 전성기를 만들었다.

29

정답 ④

오답확인
① 미국 음반 예술 산업 아카데미에서 음반 분야의 탁월한 업적에 대해 수여하는 상으로 음악 분야에서 미국 최고의 상
② 미국 영화계에서 권위 있는 영화상으로 아카데미상이라고도 부른다.
③ 미국 TV 프로그램계 최고의 상

30
정답 ④

오답확인

① 한국의 서양화가(1913~1974)로, 호는 수화(樹話)이다. 구체적인 이미지 대신 연속적인 사각 공간 속에 점묘(點描)를 배열해 한국 근대회화의 추상적 방향을 여는 데 선구자 역할을 하였다. 작품으로 〈어디서 무엇이 되어 다시 만나랴〉, 〈론도〉, 〈해와 달〉 등이 있다.

② 한국의 비디오 아티스트(1932~2006)로, 전위적이고 실험적인 공연과 전시회를 선보였다. 비디오 아트를 예술 장르로 편입시킨 비디오 예술의 창시자로 불린다.

③ 한국의 서양화가(1924~2015)로, 그 자신의 생활감정을 포함하여 자연의 아름다움, 생명의 신비, 인간의 내면세계, 문학적인 사유의 세계 등 폭넓은 영역의 작품을 제작했다. 작품으로 〈정〉, 〈생태〉, 〈꽃무리〉 등이 있다.

31
정답 ③

컨트롤의 위치를 이동시키려면 Ctrl을 누른 상태에서 방향키를 움직인다.

32
정답 ①

문단을 강제로 분리할 때는 Enter를 사용한다.

33
정답 ②

오답확인

① 새로 고침
③ 작업 전환창이 열리면서 다른 창으로 전환
④ 이름 변경

34
정답 ④

승무원에게 반말하지 않고 예의를 지킨다.

35
정답 ①

짐을 무릎 위에 안고 있으면 이착륙 시나 기체에 흔들림이 있을 때 떨어질 수 있으므로 머리 위 선반에 넣어두거나 발아래에 내려두어야 한다.

36
정답 ②

지정된 좌석을 바꾸고 싶다면 개인적으로 움직이지 말고 승무원에게 이야기해야 한다.

37
정답 ③

웃어른은 답배 시 반절을 한다.

38
정답 ④

the girl 다음에 going이라는 현재분사가 이어지므로 동사가 빠졌음을 알 수 있다. 현재진행형이 '~하려 한다.'라는 가까운 미래의 결정된 사실을 나타내는 경우가 있다. 이를 현재진행 시제의 미래 대용이라고 한다. be going to~ '~에 가려고 한다.'의 구문이 문제풀이의 핵심이다. be going to do '~하려고 한다, ~할 것이다.'의 구문과 혼동하는 일이 없도록 주의해야 한다.

> 그녀는 이번 토요일에 남자 친구와 영화 보러 갈 예정이다.

39
정답 ②

> 브라운 영어 선생님께서 네가 수술 때문에 입원했다고 방금 우리에게 말씀해 주셨어. 네가 좀 괜찮아지고 빨리 완치되면 좋겠다. 우리 모두 네가 얼른 돌아오길 바라고 있어. 부디 빨리 좋아지길 빌게.

40
정답 ④

마지막 문장에서 배우의 risky acts(위험한 연기)를 막는다는 내용을 통해 스턴트맨이 정답임을 알 수 있다.

> 이 사람은 영화나 텔레비전에서 위험한 연기를 수행하는 사람이다. 그는 배우의 나이가 많아 격한 활동을 못하게 되거나 위험한 연기를 하는 것이 계약상으로 금지되었을 경우에 활동한다.

금호아시아나그룹 직무적성검사 최종정리 모의고사 답안지

언어능력

문번	1	2	3	4	문번	1	2	3	4
1	①	②	③	④	21	①	②	③	④
2	①	②	③	④	22	①	②	③	④
3	①	②	③	④	23	①	②	③	④
4	①	②	③	④	24	①	②	③	④
5	①	②	③	④	25	①	②	③	④
6	①	②	③	④	26	①	②	③	④
7	①	②	③	④	27	①	②	③	④
8	①	②	③	④	28	①	②	③	④
9	①	②	③	④	29	①	②	③	④
10	①	②	③	④	30	①	②	③	④
11	①	②	③	④	31	①	②	③	④
12	①	②	③	④	32	①	②	③	④
13	①	②	③	④	33	①	②	③	④
14	①	②	③	④	34	①	②	③	④
15	①	②	③	④	35	①	②	③	④
16	①	②	③	④	36	①	②	③	④
17	①	②	③	④	37	①	②	③	④
18	①	②	③	④	38	①	②	③	④
19	①	②	③	④	39	①	②	③	④
20	①	②	③	④	40	①	②	③	④

수리능력

문번	1	2	3	4	문번	1	2	3	4
1	①	②	③	④	21	①	②	③	④
2	①	②	③	④	22	①	②	③	④
3	①	②	③	④	23	①	②	③	④
4	①	②	③	④	24	①	②	③	④
5	①	②	③	④	25	①	②	③	④
6	①	②	③	④	26	①	②	③	④
7	①	②	③	④	27	①	②	③	④
8	①	②	③	④	28	①	②	③	④
9	①	②	③	④	29	①	②	③	④
10	①	②	③	④	30	①	②	③	④
11	①	②	③	④					
12	①	②	③	④					
13	①	②	③	④					
14	①	②	③	④					
15	①	②	③	④					
16	①	②	③	④					
17	①	②	③	④					
18	①	②	③	④					
19	①	②	③	④					
20	①	②	③	④					

추리능력

문번	1	2	3	4	문번	1	2	3	4
1	①	②	③	④	21	①	②	③	④
2	①	②	③	④	22	①	②	③	④
3	①	②	③	④	23	①	②	③	④
4	①	②	③	④	24	①	②	③	④
5	①	②	③	④	25	①	②	③	④
6	①	②	③	④	26	①	②	③	④
7	①	②	③	④	27	①	②	③	④
8	①	②	③	④	28	①	②	③	④
9	①	②	③	④	29	①	②	③	④
10	①	②	③	④	30	①	②	③	④
11	①	②	③	④	31	①	②	③	④
12	①	②	③	④	32	①	②	③	④
13	①	②	③	④	33	①	②	③	④
14	①	②	③	④	34	①	②	③	④
15	①	②	③	④	35	①	②	③	④
16	①	②	③	④	36	①	②	③	④
17	①	②	③	④	37	①	②	③	④
18	①	②	③	④	38	①	②	③	④
19	①	②	③	④	39	①	②	③	④
20	①	②	③	④	40	①	②	③	④

사무지각능력

문번	1	2	3	4	문번	1	2	3	4
1	①	②	③	④	21	①	②	③	④
2	①	②	③	④	22	①	②	③	④
3	①	②	③	④	23	①	②	③	④
4	①	②	③	④	24	①	②	③	④
5	①	②	③	④	25	①	②	③	④
6	①	②	③	④	26	①	②	③	④
7	①	②	③	④	27	①	②	③	④
8	①	②	③	④	28	①	②	③	④
9	①	②	③	④	29	①	②	③	④
10	①	②	③	④	30	①	②	③	④
11	①	②	③	④	31	①	②	③	④
12	①	②	③	④	32	①	②	③	④
13	①	②	③	④	33	①	②	③	④
14	①	②	③	④	34	①	②	③	④
15	①	②	③	④	35	①	②	③	④
16	①	②	③	④	36	①	②	③	④
17	①	②	③	④	37	①	②	③	④
18	①	②	③	④	38	①	②	③	④
19	①	②	③	④	39	①	②	③	④
20	①	②	③	④	40	①	②	③	④

금호아시아나그룹 직무적성검사 최종정리 모의고사 답안지

분석판단능력

문번	1	2	3	4		문번	1	2	3	4
1	①	②	③	④		21	①	②	③	④
2	①	②	③	④		22	①	②	③	④
3	①	②	③	④		23	①	②	③	④
4	①	②	③	④		24	①	②	③	④
5	①	②	③	④		25	①	②	③	④
6	①	②	③	④		26	①	②	③	④
7	①	②	③	④		27	①	②	③	④
8	①	②	③	④		28	①	②	③	④
9	①	②	③	④		29	①	②	③	④
10	①	②	③	④		30	①	②	③	④
11	①	②	③	④						
12	①	②	③	④						
13	①	②	③	④						
14	①	②	③	④						
15	①	②	③	④						
16	①	②	③	④						
17	①	②	③	④						
18	①	②	③	④						
19	①	②	③	④						
20	①	②	③	④						

상황판단능력

문번	1	2	3	4		문번	1	2	3	4
1	①	②	③	④		21	①	②	③	④
2	①	②	③	④		22	①	②	③	④
3	①	②	③	④		23	①	②	③	④
4	①	②	③	④		24	①	②	③	④
5	①	②	③	④		25	①	②	③	④
6	①	②	③	④		26	①	②	③	④
7	①	②	③	④		27	①	②	③	④
8	①	②	③	④		28	①	②	③	④
9	①	②	③	④		29	①	②	③	④
10	①	②	③	④		30	①	②	③	④
11	①	②	③	④						
12	①	②	③	④						
13	①	②	③	④						
14	①	②	③	④						
15	①	②	③	④						
16	①	②	③	④						
17	①	②	③	④						
18	①	②	③	④						
19	①	②	③	④						
20	①	②	③	④						

직무상식능력

문번	1	2	3	4		문번	1	2	3	4
1	①	②	③	④		21	①	②	③	④
2	①	②	③	④		22	①	②	③	④
3	①	②	③	④		23	①	②	③	④
4	①	②	③	④		24	①	②	③	④
5	①	②	③	④		25	①	②	③	④
6	①	②	③	④		26	①	②	③	④
7	①	②	③	④		27	①	②	③	④
8	①	②	③	④		28	①	②	③	④
9	①	②	③	④		29	①	②	③	④
10	①	②	③	④		30	①	②	③	④
11	①	②	③	④		31	①	②	③	④
12	①	②	③	④		32	①	②	③	④
13	①	②	③	④		33	①	②	③	④
14	①	②	③	④		34	①	②	③	④
15	①	②	③	④		35	①	②	③	④
16	①	②	③	④		36	①	②	③	④
17	①	②	③	④		37	①	②	③	④
18	①	②	③	④		38	①	②	③	④
19	①	②	③	④		39	①	②	③	④
20	①	②	③	④		40	①	②	③	④

금호아시아나그룹 직무적성검사 최종정리 모의고사 답안지

※ 절취선을 따라 분리하여 실제 시험과 같이 사용하면 더욱 효과적입니다.

언어능력

문번	1 2 3 4	문번	1 2 3 4
1	① ② ③ ④	21	① ② ③ ④
2	① ② ③ ④	22	① ② ③ ④
3	① ② ③ ④	23	① ② ③ ④
4	① ② ③ ④	24	① ② ③ ④
5	① ② ③ ④	25	① ② ③ ④
6	① ② ③ ④	26	① ② ③ ④
7	① ② ③ ④	27	① ② ③ ④
8	① ② ③ ④	28	① ② ③ ④
9	① ② ③ ④	29	① ② ③ ④
10	① ② ③ ④	30	① ② ③ ④
11	① ② ③ ④	31	① ② ③ ④
12	① ② ③ ④	32	① ② ③ ④
13	① ② ③ ④	33	① ② ③ ④
14	① ② ③ ④	34	① ② ③ ④
15	① ② ③ ④	35	① ② ③ ④
16	① ② ③ ④	36	① ② ③ ④
17	① ② ③ ④	37	① ② ③ ④
18	① ② ③ ④	38	① ② ③ ④
19	① ② ③ ④	39	① ② ③ ④
20	① ② ③ ④	40	① ② ③ ④

수리능력

문번	1 2 3 4	문번	1 2 3 4
1	① ② ③ ④	21	① ② ③ ④
2	① ② ③ ④	22	① ② ③ ④
3	① ② ③ ④	23	① ② ③ ④
4	① ② ③ ④	24	① ② ③ ④
5	① ② ③ ④	25	① ② ③ ④
6	① ② ③ ④	26	① ② ③ ④
7	① ② ③ ④	27	① ② ③ ④
8	① ② ③ ④	28	① ② ③ ④
9	① ② ③ ④	29	① ② ③ ④
10	① ② ③ ④	30	① ② ③ ④
11	① ② ③ ④		
12	① ② ③ ④		
13	① ② ③ ④		
14	① ② ③ ④		
15	① ② ③ ④		
16	① ② ③ ④		
17	① ② ③ ④		
18	① ② ③ ④		
19	① ② ③ ④		
20	① ② ③ ④		

추리능력

문번	1 2 3 4	문번	1 2 3 4
1	① ② ③ ④	21	① ② ③ ④
2	① ② ③ ④	22	① ② ③ ④
3	① ② ③ ④	23	① ② ③ ④
4	① ② ③ ④	24	① ② ③ ④
5	① ② ③ ④	25	① ② ③ ④
6	① ② ③ ④	26	① ② ③ ④
7	① ② ③ ④	27	① ② ③ ④
8	① ② ③ ④	28	① ② ③ ④
9	① ② ③ ④	29	① ② ③ ④
10	① ② ③ ④	30	① ② ③ ④
11	① ② ③ ④	31	① ② ③ ④
12	① ② ③ ④	32	① ② ③ ④
13	① ② ③ ④	33	① ② ③ ④
14	① ② ③ ④	34	① ② ③ ④
15	① ② ③ ④	35	① ② ③ ④
16	① ② ③ ④	36	① ② ③ ④
17	① ② ③ ④	37	① ② ③ ④
18	① ② ③ ④	38	① ② ③ ④
19	① ② ③ ④	39	① ② ③ ④
20	① ② ③ ④	40	① ② ③ ④

사무지각능력

문번	1 2 3 4	문번	1 2 3 4
1	① ② ③ ④	21	① ② ③ ④
2	① ② ③ ④	22	① ② ③ ④
3	① ② ③ ④	23	① ② ③ ④
4	① ② ③ ④	24	① ② ③ ④
5	① ② ③ ④	25	① ② ③ ④
6	① ② ③ ④	26	① ② ③ ④
7	① ② ③ ④	27	① ② ③ ④
8	① ② ③ ④	28	① ② ③ ④
9	① ② ③ ④	29	① ② ③ ④
10	① ② ③ ④	30	① ② ③ ④
11	① ② ③ ④	31	① ② ③ ④
12	① ② ③ ④	32	① ② ③ ④
13	① ② ③ ④	33	① ② ③ ④
14	① ② ③ ④	34	① ② ③ ④
15	① ② ③ ④	35	① ② ③ ④
16	① ② ③ ④	36	① ② ③ ④
17	① ② ③ ④	37	① ② ③ ④
18	① ② ③ ④	38	① ② ③ ④
19	① ② ③ ④	39	① ② ③ ④
20	① ② ③ ④	40	① ② ③ ④

금호아시아나그룹 직무적성검사 최종정리 모의고사 답안지

분석판단능력

문번	1	2	3	4	문번	1	2	3	4
1	①	②	③	④	21	①	②	③	④
2	①	②	③	④	22	①	②	③	④
3	①	②	③	④	23	①	②	③	④
4	①	②	③	④	24	①	②	③	④
5	①	②	③	④	25	①	②	③	④
6	①	②	③	④	26	①	②	③	④
7	①	②	③	④	27	①	②	③	④
8	①	②	③	④	28	①	②	③	④
9	①	②	③	④	29	①	②	③	④
10	①	②	③	④	30	①	②	③	④
11	①	②	③	④					
12	①	②	③	④					
13	①	②	③	④					
14	①	②	③	④					
15	①	②	③	④					
16	①	②	③	④					
17	①	②	③	④					
18	①	②	③	④					
19	①	②	③	④					
20	①	②	③	④					

상황판단능력

문번	1	2	3	4	문번	1	2	3	4
1	①	②	③	④	21	①	②	③	④
2	①	②	③	④	22	①	②	③	④
3	①	②	③	④	23	①	②	③	④
4	①	②	③	④	24	①	②	③	④
5	①	②	③	④	25	①	②	③	④
6	①	②	③	④	26	①	②	③	④
7	①	②	③	④	27	①	②	③	④
8	①	②	③	④	28	①	②	③	④
9	①	②	③	④	29	①	②	③	④
10	①	②	③	④	30	①	②	③	④
11	①	②	③	④					
12	①	②	③	④					
13	①	②	③	④					
14	①	②	③	④					
15	①	②	③	④					
16	①	②	③	④					
17	①	②	③	④					
18	①	②	③	④					
19	①	②	③	④					
20	①	②	③	④					

직무상식능력

문번	1	2	3	4	문번	1	2	3	4
1	①	②	③	④	21	①	②	③	④
2	①	②	③	④	22	①	②	③	④
3	①	②	③	④	23	①	②	③	④
4	①	②	③	④	24	①	②	③	④
5	①	②	③	④	25	①	②	③	④
6	①	②	③	④	26	①	②	③	④
7	①	②	③	④	27	①	②	③	④
8	①	②	③	④	28	①	②	③	④
9	①	②	③	④	29	①	②	③	④
10	①	②	③	④	30	①	②	③	④
11	①	②	③	④	31	①	②	③	④
12	①	②	③	④	32	①	②	③	④
13	①	②	③	④	33	①	②	③	④
14	①	②	③	④	34	①	②	③	④
15	①	②	③	④	35	①	②	③	④
16	①	②	③	④	36	①	②	③	④
17	①	②	③	④	37	①	②	③	④
18	①	②	③	④	38	①	②	③	④
19	①	②	③	④	39	①	②	③	④
20	①	②	③	④	40	①	②	③	④

금호아시아나그룹 직무적성검사 최종정리 모의고사 답안지

언어능력

문번	1	2	3	4	문번	1	2	3	4
1	①	②	③	④	21	①	②	③	④
2	①	②	③	④	22	①	②	③	④
3	①	②	③	④	23	①	②	③	④
4	①	②	③	④	24	①	②	③	④
5	①	②	③	④	25	①	②	③	④
6	①	②	③	④	26	①	②	③	④
7	①	②	③	④	27	①	②	③	④
8	①	②	③	④	28	①	②	③	④
9	①	②	③	④	29	①	②	③	④
10	①	②	③	④	30	①	②	③	④
11	①	②	③	④	31	①	②	③	④
12	①	②	③	④	32	①	②	③	④
13	①	②	③	④	33	①	②	③	④
14	①	②	③	④	34	①	②	③	④
15	①	②	③	④	35	①	②	③	④
16	①	②	③	④	36	①	②	③	④
17	①	②	③	④	37	①	②	③	④
18	①	②	③	④	38	①	②	③	④
19	①	②	③	④	39	①	②	③	④
20	①	②	③	④	40	①	②	③	④

수리능력

문번	1	2	3	4	문번	1	2	3	4
1	①	②	③	④	21	①	②	③	④
2	①	②	③	④	22	①	②	③	④
3	①	②	③	④	23	①	②	③	④
4	①	②	③	④	24	①	②	③	④
5	①	②	③	④	25	①	②	③	④
6	①	②	③	④	26	①	②	③	④
7	①	②	③	④	27	①	②	③	④
8	①	②	③	④	28	①	②	③	④
9	①	②	③	④	29	①	②	③	④
10	①	②	③	④	30	①	②	③	④
11	①	②	③	④					
12	①	②	③	④					
13	①	②	③	④					
14	①	②	③	④					
15	①	②	③	④					
16	①	②	③	④					
17	①	②	③	④					
18	①	②	③	④					
19	①	②	③	④					
20	①	②	③	④					

추리능력

문번	1	2	3	4	문번	1	2	3	4
1	①	②	③	④	21	①	②	③	④
2	①	②	③	④	22	①	②	③	④
3	①	②	③	④	23	①	②	③	④
4	①	②	③	④	24	①	②	③	④
5	①	②	③	④	25	①	②	③	④
6	①	②	③	④	26	①	②	③	④
7	①	②	③	④	27	①	②	③	④
8	①	②	③	④	28	①	②	③	④
9	①	②	③	④	29	①	②	③	④
10	①	②	③	④	30	①	②	③	④
11	①	②	③	④	31	①	②	③	④
12	①	②	③	④	32	①	②	③	④
13	①	②	③	④	33	①	②	③	④
14	①	②	③	④	34	①	②	③	④
15	①	②	③	④	35	①	②	③	④
16	①	②	③	④	36	①	②	③	④
17	①	②	③	④	37	①	②	③	④
18	①	②	③	④	38	①	②	③	④
19	①	②	③	④	39	①	②	③	④
20	①	②	③	④	40	①	②	③	④

사무지각능력

문번	1	2	3	4	문번	1	2	3	4
1	①	②	③	④	21	①	②	③	④
2	①	②	③	④	22	①	②	③	④
3	①	②	③	④	23	①	②	③	④
4	①	②	③	④	24	①	②	③	④
5	①	②	③	④	25	①	②	③	④
6	①	②	③	④	26	①	②	③	④
7	①	②	③	④	27	①	②	③	④
8	①	②	③	④	28	①	②	③	④
9	①	②	③	④	29	①	②	③	④
10	①	②	③	④	30	①	②	③	④
11	①	②	③	④	31	①	②	③	④
12	①	②	③	④	32	①	②	③	④
13	①	②	③	④	33	①	②	③	④
14	①	②	③	④	34	①	②	③	④
15	①	②	③	④	35	①	②	③	④
16	①	②	③	④	36	①	②	③	④
17	①	②	③	④	37	①	②	③	④
18	①	②	③	④	38	①	②	③	④
19	①	②	③	④	39	①	②	③	④
20	①	②	③	④	40	①	②	③	④

금호아시아나그룹 직무적성검사 최종정리 모의고사 답안지

분석판단능력

문번	1 2 3 4	문번	1 2 3 4
1	① ② ③ ④	21	① ② ③ ④
2	① ② ③ ④	22	① ② ③ ④
3	① ② ③ ④	23	① ② ③ ④
4	① ② ③ ④	24	① ② ③ ④
5	① ② ③ ④	25	① ② ③ ④
6	① ② ③ ④	26	① ② ③ ④
7	① ② ③ ④	27	① ② ③ ④
8	① ② ③ ④	28	① ② ③ ④
9	① ② ③ ④	29	① ② ③ ④
10	① ② ③ ④	30	① ② ③ ④
11	① ② ③ ④		
12	① ② ③ ④		
13	① ② ③ ④		
14	① ② ③ ④		
15	① ② ③ ④		
16	① ② ③ ④		
17	① ② ③ ④		
18	① ② ③ ④		
19	① ② ③ ④		
20	① ② ③ ④		

상황판단능력

문번	1 2 3 4	문번	1 2 3 4
1	① ② ③ ④	21	① ② ③ ④
2	① ② ③ ④	22	① ② ③ ④
3	① ② ③ ④	23	① ② ③ ④
4	① ② ③ ④	24	① ② ③ ④
5	① ② ③ ④	25	① ② ③ ④
6	① ② ③ ④	26	① ② ③ ④
7	① ② ③ ④	27	① ② ③ ④
8	① ② ③ ④	28	① ② ③ ④
9	① ② ③ ④	29	① ② ③ ④
10	① ② ③ ④	30	① ② ③ ④
11	① ② ③ ④		
12	① ② ③ ④		
13	① ② ③ ④		
14	① ② ③ ④		
15	① ② ③ ④		
16	① ② ③ ④		
17	① ② ③ ④		
18	① ② ③ ④		
19	① ② ③ ④		
20	① ② ③ ④		

직무상식능력

문번	1 2 3 4	문번	1 2 3 4
1	① ② ③ ④	21	① ② ③ ④
2	① ② ③ ④	22	① ② ③ ④
3	① ② ③ ④	23	① ② ③ ④
4	① ② ③ ④	24	① ② ③ ④
5	① ② ③ ④	25	① ② ③ ④
6	① ② ③ ④	26	① ② ③ ④
7	① ② ③ ④	27	① ② ③ ④
8	① ② ③ ④	28	① ② ③ ④
9	① ② ③ ④	29	① ② ③ ④
10	① ② ③ ④	30	① ② ③ ④
11	① ② ③ ④	31	① ② ③ ④
12	① ② ③ ④	32	① ② ③ ④
13	① ② ③ ④	33	① ② ③ ④
14	① ② ③ ④	34	① ② ③ ④
15	① ② ③ ④	35	① ② ③ ④
16	① ② ③ ④	36	① ② ③ ④
17	① ② ③ ④	37	① ② ③ ④
18	① ② ③ ④	38	① ② ③ ④
19	① ② ③ ④	39	① ② ③ ④
20	① ② ③ ④	40	① ② ③ ④

좋은 책을 만드는 길
독자님과 함께하겠습니다.

도서에 궁금한 점, 아쉬운 점, 만족스러운 점이
있으시다면 어떤 의견이라도 말씀해 주세요.
시대인은 독자님의 의견을 모아 더 좋은 책으로 보답하겠습니다.

www.edusd.co.kr

2019 금호아시아나그룹 직무적성검사 및 한자시험 종합편

개정10판1쇄 발행	2019년 10월 10일 (인쇄 2019년 08월 27일)
초 판 발 행	2014년 04월 01일 (인쇄 2014년 03월 24일)
발 행 인	박영일
책 임 편 집	이해욱
저 자	SD적성검사연구소
편 집 진 행	김효진
표지디자인	박수영
편집디자인	최혜윤 · 장성복
발 행 처	(주)시대고시기획
출 판 등 록	제 10-1521호
주 소	서울시 마포구 큰우물로 75 [도화동 538 성지 B/D] 9F
전 화	1600-3600
팩 스	02-701-8823
홈 페 이 지	www.sidaegosi.com
I S B N	979-11-254-6314-6(13320)
정 가	22,000원

시대에듀의 막강한 회원 혜택

IT강좌, 할인권, 적립금 등 특별한 혜택을 드립니다.

회원가입만 해도 **혜택**이 쏟아진다!

동영상 수강 회원만 누릴 수 있는 **138**만원 상당의 IT강좌 무료제공!

필수스킬!
영역별기초 강좌

1. 인터넷정보 검색 강좌
인터넷 활용강좌 제공

2. 정보보호 개념잡기 강좌
정보보호 기술관련 강좌제공

3. 초보자 회계기초 강좌
재무제표, 회계관련 강좌제공

요즘엔 내가 대세!
SNS 강좌

f **1. Facebook 잘 활용하기 강좌**
스마트폰 페이스북 기능 활용강좌 제공

2. Twiter 잘 활용하기 강좌
스마트폰 트위터 기능 활용강좌 제공

취업, 승진에 필수!
자격증 강좌

P **1. 파워포인트 강좌**
MS Office 2014 강좌제공

W **2. 워드/엑셀 강좌**
MS Office 2014 강좌제공

3. 한컴오피스 2014 강좌
워드프로세서 필수강좌제공

4. 정보처리/사무자동화 강좌
인터넷 활용강좌 제공

5. 컴퓨터활용능력
실기, 필기, 데이터베이스 강좌 제공

6. 사무자동화 강좌
필기/실기(모의고사) 강좌 제공

IT강좌 수강방법

STEP 1
강좌제공은
회원가입 및 로그인이
필요합니다.

STEP 2
회원가입, 구매를
진행합니다.

STEP 3
회원가입, 구매 후
마이페이지에
접속합니다.

STEP 4
제공되는 무료강의를
바로 수강가능합니다.

㈜시대고시기획

대기업 인적성검사 시리즈

신뢰와 책임의 마음으로 수험생 여러분에게 다가갑니다.

시대고시만의 특별한 학습 서비스!

시대고시기획에서는 수험생 여러분의 합격을 위하여

"시대PLUS" 서비스를 통해

》 sdedu.co.kr/plus로 접속! 《

약 100개 분야에 걸쳐
약 3,000개 강의 & 2,000개 자료를
무료로 제공합니다.

공무원
9급/7급/5급부터
경찰, 소방, 임용 등
각종 공무원 관련
무료강의 약
950강

자격증
어학, 기능사, 산업기사
국가자격, 기술자격 등 각종
자격증 관련 무료강의 약
860강

상식, IT교육
각종 기초 상식 및
시사 상식, IT관련
무료강의 약
270강

All Free

취업
NCS, 기업체, 군장교,
부사관 등 각종 취업
관련 무료강의 약
400강

학습, 독학사, 검정고시
대입, 독학사, 영재,
중고등 검정고시 관련
무료강의 약
330강